배경지식이
문해력
이다

5단계

초등 5 ~ 6학년 권장

교과서를 혼자 읽지 못하는 우리 아이?
평생을 살아가는 힘, '문해력'을 키워 주세요!

'배경지식이 문해력이다'

배경지식 학습으로 문해력 키우기

1 **교과서 개념 학습의 배경지식이 되는 내용으로
문해력을 키울 수 있습니다.**

어려운 뜻의 개념어를 학습자의 눈높이에 맞게 이해하기 쉽게 풀어서 설명하였습니다.

2 **학년별&교과별 성취 수준에 맞는
개념어로 구성하였습니다.**

각 학년 주요 교과인 국어, 수학, 사회, 과학 교과서의 학습 기준이 되는 성취 기준을 바탕으로 한
개념어 학습이 가능합니다.

3 **하나의 개념어를 중심으로
개념을 확장하며 학습할 수 있습니다.**

개념어 중심의 학습 내용에서 한 발짝 더 나아간 개념 설명을 제시하여 배경지식을 폭넓게
확장할 수 있습니다.

4 **학습 내용을 시각화한 마인드맵과 확인 문제를 통해
배경지식을 체계적으로 익힐 수 있습니다.**

개념어와 관련된 학습 내용을 간단한 구조의 마인드맵으로 구성하였습니다.
여러 가지 유형의 확인 문제로 배경지식을 제대로 학습하였는지 확인할 수 있습니다.

5 **학습 내용과 함께 인성 동화를 제시하여
인성적인 측면을 강조하였습니다.**

9가지 인성 덕목인 효, 예절, 정직, 책임, 존중, 배려, 협동, 소통, 용기를 주제로 한 동화를 구성하여
인성 발달에 도움이 되도록 하였습니다.

EBS 〈당신의 문해력〉 교재 시리즈는 약속합니다.

교과서를 잘 읽고 더 나아가 많은 책과 온갖 글을 읽는 능력을 갖출 수 있도록
문해력을 이루는 **핵심 분야별, 학습 단계별** 교재를 준비하였습니다.
한 권 **5회×4주 학습**으로
아이의 공부하는 힘, 평생을 살아가는 힘을 EBS와 함께 키울 수 있습니다.

어휘가 문해력이다

어휘 실력이 교과서를 읽고 이해할 수 있는지를 결정하는 척도입니다.
〈어휘가 문해력이다〉는 교과서 진도를 나가기 전에 꼭 예습해야 하는 교재입니다.
20일이면 한 학기 교과서 필수 어휘를 완성할 수 있습니다.
국어, 수학, 사회, 과학 교과서 수록 필수 어휘들을 교과서 진도에 맞춰
날짜별, 과목별로 공부하세요.

쓰기가 문해력이다

쓰기는 자기 생각을 표현하는 미래 역량입니다.
서술형, 논술형 평가의 비중은 점점 커지고 있습니다.
객관식과 단답형만으로는 아이들의 생각과 미래를 살펴볼 수 없기 때문입니다.
막막한 쓰기 공부. 이제 단어와 문장부터 하나씩 써 보며 차근차근 학습하는
〈쓰기가 문해력이다〉와 함께 쓰기 지구력을 키워 보세요.

ERI 독해가 문해력이다

독해를 잘하려면 체계적이고 객관적인 단계별 공부가 필수입니다.
기계적으로 읽고 문제만 푸는 독해 학습은 체격만 키우고 체력은 미달인 아이를 만듭니다.
〈ERI 독해가 문해력이다〉는 특허받은 독해 지수 산출 프로그램을 적용하여 글의 난이도를
체계화하였습니다.
단어 · 문장 · 배경지식 수준에 따라 설계된 단계별 독해 학습을 시작하세요.

배경지식이 문해력이다

배경지식은 문해력의 중요한 뿌리입니다.
하루 두 장, 교과서의 핵심 개념을 글과 재미있는 삽화로 익히고 한눈에 정리할 수 있습니다.
시간이 부족하여 다양한 책을 읽지 못하더라도 교과서의 중요 지식만큼은 놓치지 않도록
〈배경지식이 문해력이다〉로 학습하세요.

디지털독해가 문해력이다

디지털독해력은 다양한 디지털 매체 속 정보를 읽어내는 힘입니다.
아이들이 접하는 디지털 매체는 매일 수많은 정보를 만들어 내기 때문에
디지털 매체의 정보를 판단하는 문해력은 현대 사회의 필수 능력입니다.
〈디지털독해가 문해력이다〉로 교과서 내용을 중심으로 디지털 매체 속 정보를 확인하고
다양한 과제를 해결해 보세요.

교재의 구성과 특징

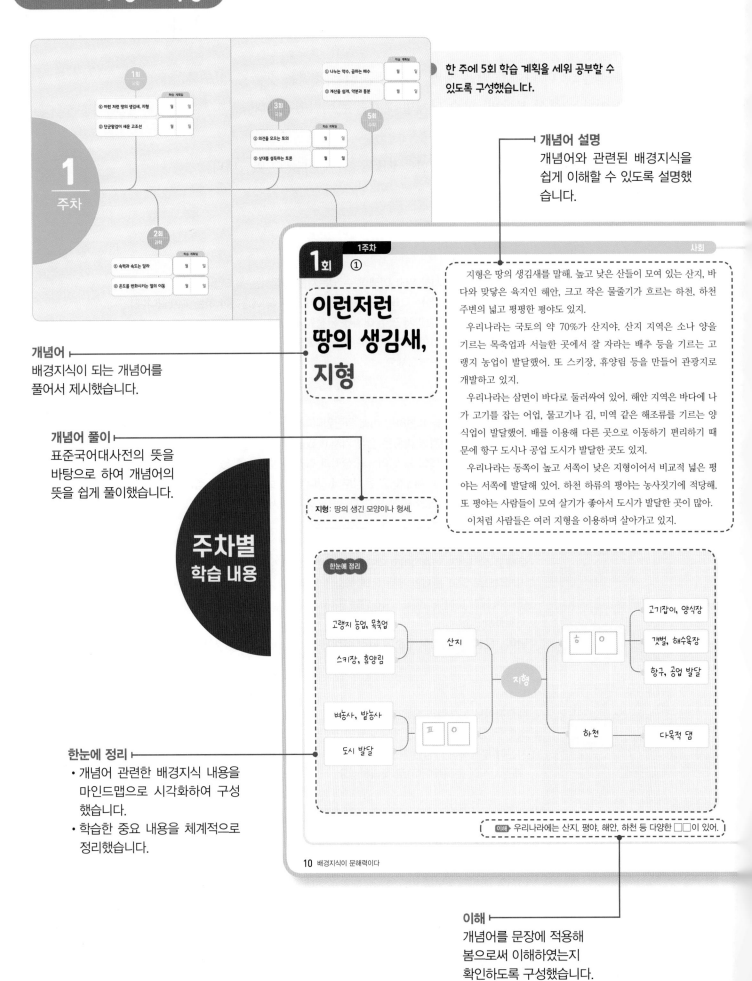

한 주에 5회 학습 계획을 세워 공부할 수 있도록 구성했습니다.

개념어 설명
개념어와 관련된 배경지식을 쉽게 이해할 수 있도록 설명했습니다.

개념어
배경지식이 되는 개념어를 풀어서 제시했습니다.

개념어 풀이
표준국어대사전의 뜻을 바탕으로 하여 개념어의 뜻을 쉽게 풀이했습니다.

주차별 학습 내용

한눈에 정리
• 개념어 관련한 배경지식 내용을 마인드맵으로 시각화하여 구성했습니다.
• 학습한 중요 내용을 체계적으로 정리했습니다.

1주차 ① 사회

이런저런 땅의 생김새, 지형

지형: 땅의 생긴 모양이나 형세.

지형은 땅의 생김새를 말해. 높고 낮은 산들이 모여 있는 산지, 바다와 맞닿은 육지인 해안, 크고 작은 물줄기가 흐르는 하천, 하천 주변의 넓고 평평한 평야도 있지.

우리나라는 국토의 약 70%가 산지야. 산지 지역은 소나 양을 기르는 목축업과 서늘한 곳에서 잘 자라는 배추 등을 기르는 고랭지 농업이 발달했어. 또 스키장, 휴양림 등을 만들어 관광지로 개발하고 있지.

우리나라는 삼면이 바다로 둘러싸여 있어. 해안 지역은 바다에 나가 고기를 잡는 어업, 물고기나 김, 미역 같은 해조류를 기르는 양식업이 발달했어. 배를 이용해 다른 곳으로 이동하기 편리하기 때문에 항구 도시나 공업 도시가 발달한 곳도 있지.

우리나라는 동쪽이 높고 서쪽이 낮은 지형이어서 비교적 넓은 평야는 서쪽에 발달해 있어. 하천 하류의 평야는 농사짓기에 적당해. 또 평야는 사람들이 모여 살기가 좋아서 도시가 발달한 곳이 많아.

이처럼 사람들은 여러 지형을 이용하며 살아가고 있지.

한눈에 정리

이해 우리나라에는 산지, 평야, 해안, 하천 등 다양한 □□이 있어.

이해
개념어를 문장에 적용해 봄으로써 이해하였는지 확인하도록 구성했습니다.

10 배경지식이 문해력이다

개념어 학습

개념어 학습과 보충 학습으로 배경지식을 확장할 수 있게 구성했습니다.

문제

간단한 유형의 학습 내용 관련 문제를 제시했습니다.

▶ 정답과 해설 3쪽

산지와 관련된 독특한 지형

고원

고원은 일반적인 산지와 달리 높으면서도 평평한 지형을 말해. 강원도의 대관령 일대가 대표적인 고원 지대야. 이곳은 여름에도 기후가 서늘하기 때문에 고랭지 농업이 발달했지. 그리고 바람의 힘을 이용해서 친환경 에너지를 만드는 풍력 발전기도 볼 수 있어.

분지

분지는 주변이 산으로 둘러싸여 있는 평평한 땅이야. 대구와 춘천 등이 대표적인 분지 지역이야. 이곳은 하천이 가까워서 농사를 짓기에 알맞지. 분지는 산으로 둘러싸여 있어 바람이 잘 통하지 않고 열이 빠져나가지 못해 여름철에 몹시 무덥지. 특히 대구는 여름과 겨울의 기온 차가 크고, 여름에 무척 더워. 그런데 요즘에는 나무를 많이 심어서 도시에 그늘이 많아졌고, 나무와 흙이 뜨거운 열을 흡수해서 대구의 여름철 기온이 조금씩 떨어지고 있어.

화산 활동으로 생긴 지형이 있다고?

지형에 영향을 주는 요소는 매우 다양해. 땅속의 암석에 따라 달라지기도 하고, 강물의 흐름이나 파도, 기후에도 영향을 받지. 또 화산 폭발이나 지진에 의해 땅의 생김새가 달라지기도 해.

화산 폭발로 생겨난 지형을 화산 지형이라고 하는데 우리나라의 경우 제주도의 용암 동굴과 오름, 울릉도의 나리 분지, 백두산 천지 등이 화산 지형에 속해.

◉ 알맞은 말에 ○표를 하세요.

> 우리나라는 국토의 약 70%가 (산지 , 평야)이고, 삼면이 바다로 둘러 싸여 있다. 그리고 하천이 운반해 온 모래나 흙들이 쌓여 만들어진 넓고 기름진 평야도 있다.

◉ 알맞게 선으로 이으세요.

산지	•	•	논농사
해안	•	•	스키장
평야	•	•	갯벌 체험

◉ 분지 지형의 특징으로 알맞은 것에 ○표를 하세요.

> 여름과 겨울의 기온 차가 크고, 특히 여름에 무척 덥다.

> 바람의 힘을 이용해서 친환경 에너지를 만드는 풍... 있다.

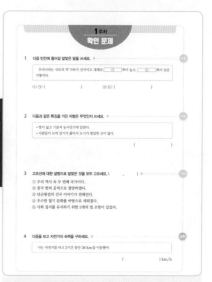

확인 문제

한 주 동안 학습한 내용을 다양한 문제 유형으로 확인할 수 있도록 구성했습니다.

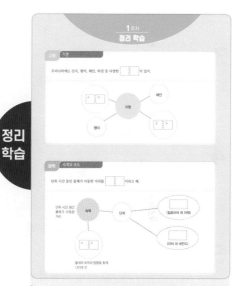

정리 학습

한 주의 학습 내용을 빈칸 학습을 통해 정리할 수 있도록 구성했습니다.

인성 동화

9가지 인성 덕목(효, 예절, 정직, 책임, 존중, 배려, 협동, 소통, 용기)을 담아 생활 속 이야기로 구성했습니다.

차례

1
주차

1회
사회

① 이런 저런 땅의 생김새, 지형

학습 계획일
월 　 일

② 단군왕검이 세운 고조선

학습 계획일
월 　 일

2회
과학

① 속력과 속도는 달라

학습 계획일
월 　 일

② 온도를 변화시키는 열의 이동

월 　 일

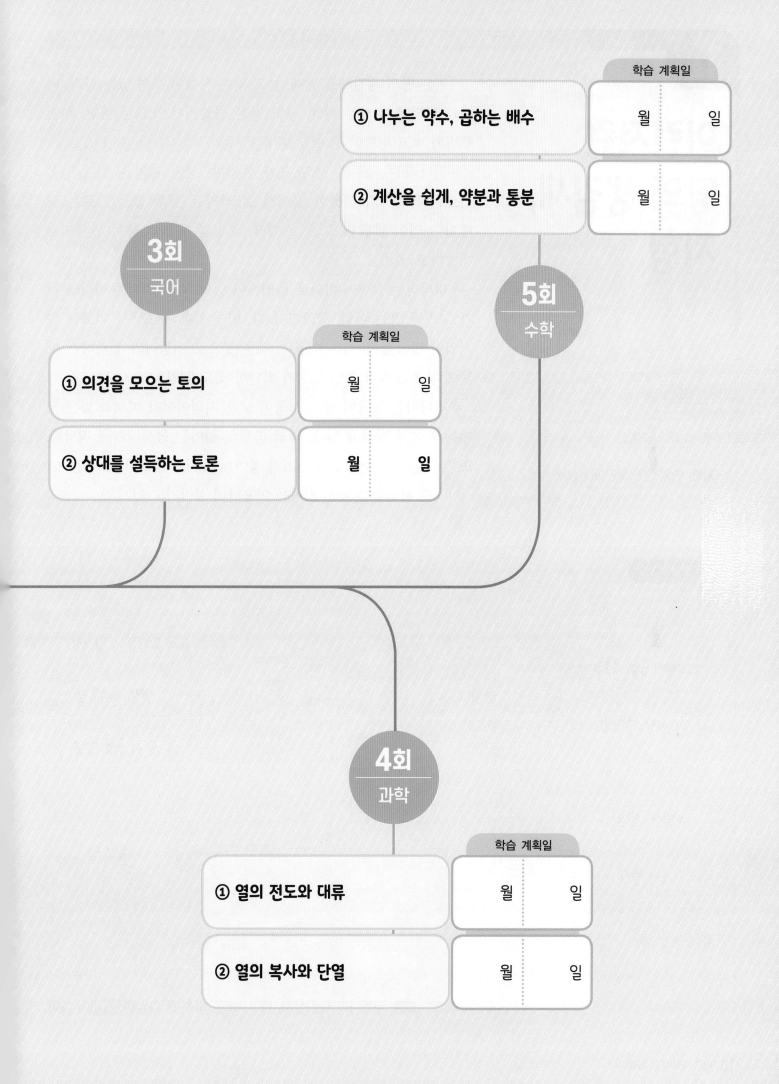

① 나누는 약수, 곱하는 배수

학습 계획일

월 　 일

② 계산을 쉽게, 약분과 통분

월 　 일

3회
국어

① 의견을 모으는 토의

학습 계획일

월 　 일

② 상대를 설득하는 토론

월 　 일

5회
수학

4회
과학

① 열의 전도와 대류

학습 계획일

월 　 일

② 열의 복사와 단열

월 　 일

이런저런 땅의 생김새, 지형

지형: 땅의 생긴 모양이나 형세.

지형은 땅의 생김새를 말해. 높고 낮은 산들이 모여 있는 산지, 바다와 맞닿은 육지인 해안, 크고 작은 물줄기가 흐르는 하천, 하천 주변의 넓고 평평한 평야도 있지.

우리나라는 국토의 약 70%가 산지야. 산지 지역은 소나 양을 기르는 목축업과 서늘한 곳에서 잘 자라는 배추 등을 기르는 고랭지 농업이 발달했어. 또 스키장, 휴양림 등을 만들어 관광지로 개발하고 있지.

우리나라는 삼면이 바다로 둘러싸여 있어. 해안 지역은 바다에 나가 고기를 잡는 어업, 물고기나 김, 미역 같은 해조류를 기르는 양식업이 발달했어. 배를 이용해 다른 곳으로 이동하기 편리하기 때문에 항구 도시나 공업 도시가 발달한 곳도 있지.

우리나라는 동쪽이 높고 서쪽이 낮은 지형이어서 비교적 넓은 평야는 서쪽에 발달해 있어. 하천 하류의 평야는 농사짓기에 적당해. 또 평야는 사람들이 모여 살기가 좋아서 도시가 발달한 곳이 많아.

이처럼 사람들은 여러 지형을 이용하며 살아가고 있지.

한눈에 정리

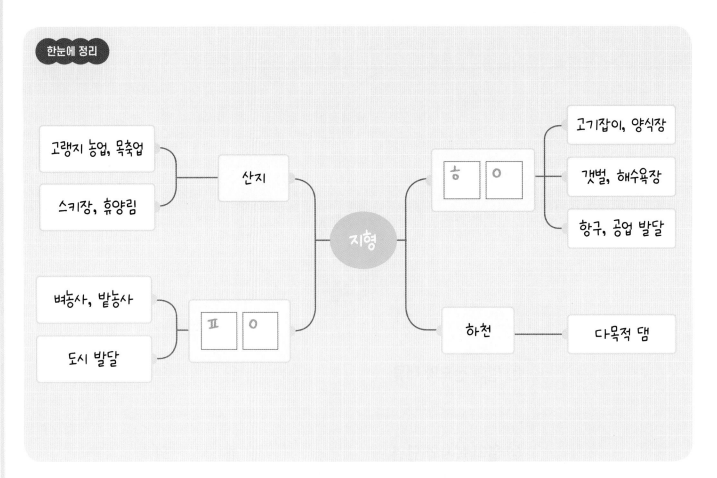

이해 우리나라에는 산지, 평야, 해안, 하천 등 다양한 □□이 있어.

산지와 관련된 독특한 지형

고원

고원은 일반적인 산지와 달리 높으면서도 평평한 지형을 말해. 강원도의 대관령 일대가 대표적인 고원 지대야. 이곳은 여름에도 기후가 서늘하기 때문에 고랭지 농업이 발달했지. 그리고 바람의 힘을 이용해서 친환경 에너지를 만드는 풍력 발전기도 볼 수 있어.

분지

분지는 주변이 산으로 둘러싸여 있는 평평한 땅이야. 대구와 춘천 등이 대표적인 분지 지역이야. 이곳은 하천이 가까워서 농사를 짓기에 알맞지. 분지는 산으로 둘러싸여 있어 바람이 잘 통하지 않고 열이 빠져나가지 못해 여름철에 몹시 무덥지. 특히 대구는 여름과 겨울의 기온 차가 크고, 여름에 무척 더워. 그런데 요즘에는 나무를 많이 심어서 도시에 그늘이 많아졌고, 나무와 흙이 뜨거운 열을 흡수해서 대구의 여름철 기온이 조금씩 떨어지고 있어.

화산 활동으로 생긴 지형이 있다고?

지형에 영향을 주는 요소는 매우 다양해. 땅속의 암석에 따라 달라지기도 하고, 강물의 흐름이나 파도, 기후에도 영향을 받지. 또 화산 폭발이나 지진에 의해 땅의 생김새가 달라지기도 해.

화산 폭발로 생겨난 지형을 화산 지형이라고 하는데 우리나라의 경우 제주도의 용암 동굴과 오름, 울릉도의 나리 분지, 백두산 천지 등이 화산 지형에 속해.

◉ 알맞은 말에 ○표를 하세요.

우리나라는 국토의 약 70%가 (산지 , 평야)이고, 삼면이 바다로 둘러 싸여 있다. 그리고 하천이 운반해 온 모래나 흙들이 쌓여 만들어진 넓고 기름진 평야도 있다.

◉ 알맞게 선으로 이으세요.

산지	논농사
해안	스키장
평야	갯벌 체험

◉ 분지 지형의 특징으로 알맞은 것에 ○표를 하세요.

여름과 겨울의 기온 차가 크고, 특히 여름에 무척 덥다. ☐

바람의 힘을 이용해서 친환경 에너지를 만드는 풍력 발전기를 볼 수 있다. ☐

단군왕검이 세운 고조선

고조선: 청동기 문화를 바탕으로 세워진 우리 역사상 최초의 국가.

한반도와 주변 지역은 구석기 시대와 신석기 시대를 지나 청동기 시대로 접어들었어. 청동기 시대에는 권력을 가진 사람들이 나타나 다른 사람들을 지배하기 시작했어. 이들 중 가장 강한 세력이 주변 세력을 정복해 나갔지. 이 과정에서 우리 역사상 최초의 국가인 고조선이 세워졌어.

고조선은 청동기 문화를 바탕으로 세워졌어. 그리고 중국으로부터 철기를 받아들여 농기구와 무기를 만들어 쓰면서 더욱 발전했지.

고조선은 사회 질서를 유지하기 위해 '8조법'을 만들었어. 여덟 개의 법 조항 중 지금까지 전해지는 것은 '사람을 죽인 자는 사형에 처하고, 남에게 상처를 입힌 자는 곡식으로 갚아야 하며, 도둑질을 한 자는 노비로 삼고 만약 용서를 받으려면 돈을 내야 한다.'는 세 가지 조항이야.

고조선은 한반도 남쪽의 나라와 중국의 한 사이에서 중계무역을 하여 크게 성장했어. 하지만 고조선의 성장에 위협을 느낀 중국 한의 공격을 받아 멸망했어.

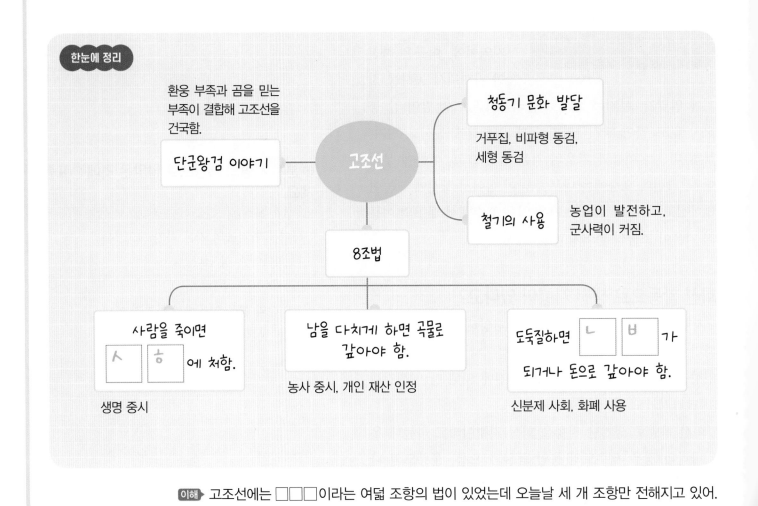

한눈에 정리

환웅 부족과 곰을 믿는 부족이 결합해 고조선을 건국함.

단군왕검 이야기 — 고조선

청동기 문화 발달
거푸집, 비파형 동검, 세형 동검

철기의 사용
농업이 발전하고, 군사력이 커짐.

8조법

사람을 죽이면 ㅅ ㅎ 에 처함.
생명 중시

남을 다치게 하면 곡물로 갚아야 함.
농사 중시, 개인 재산 인정

도둑질하면 ㄴ ㅂ 가 되거나 돈으로 갚아야 함.
신분제 사회, 화폐 사용

이해 고조선에는 □□□이라는 여덟 조항의 법이 있었는데 오늘날 세 개 조항만 전해지고 있어.

8조법을 통해 알 수 있는 고조선 사회

사람을 죽인 사람은 사형에 처한다.

고조선에서는 살인에 대해 엄격하게 다스렸다는 것을 알 수 있어. 그만큼 사람의 생명을 소중하게 여겼다는 뜻이지.

남을 다치게 한 사람은 곡식으로 갚는다.

사람을 다치게 하면 다친 사람은 일을 할 수 없게 되기 때문에 곡식으로 갚게 한 거야. 농사와 노동력을 매우 중요하게 여겼다는 것을 짐작하게 해 줘.

도둑질을 한 사람은 노비로 삼고, 만약 죄를 면하려면 돈을 내야 한다.

도둑질을 한 사람을 노비로 삼았다는 것은 고조선이 신분이 나뉜 사회였다는 것을 알게 해 줘. 또 죄를 면하려면 돈을 내야 한다는 것으로 보아 고조선에서는 화폐가 사용되었다는 것을 알 수 있어.

단군 신화는 그대로 믿을 수 있는 것일까?

신화를 대할 때 중요한 점은 그 속에서 어떤 역사적 의미가 담겨 있는지 알아내는 것이야. 고조선은 하늘을 최고 신으로 섬겼어. 그래서 고조선을 건국한 단군을 하늘의 자손이라고 한 거야. 환웅이 바람, 비, 구름의 신을 거느리고 왔다는 것은 고조선이 농사를 중요하게 여긴 사회라는 것을 말해. 환웅과 웅녀의 결혼은 하늘을 숭배하는 부족과 곰을 숭배하는 부족이 결합했다는 것을 의미해. 이처럼 건국 이야기는 국가가 등장할 무렵의 역사적 상황이나 사실을 간접적으로 반영하고 있지.

◉ 알맞은 말에 ○표를 하세요.

> 고조선은 (청동기 , 철기) 문화를 바탕으로 세워진 우리 역사상 최초의 국가이다.

◉ 고조선의 다음 법 조항을 통해 알 수 있는 것에 ○표를 하세요.

> 사람을 죽인 사람은 사형에 처한다.

사람의 생명을 소중하게 생각했다.	
사람들의 신분이 구분된 사회였다.	

◉ 알맞은 말에 ○표를 하세요.

> 환웅이 웅녀와 결혼하여 아들을 낳았고, 그 아들이 후에 단군왕검이 되어 우리나라 최초의 국가인 고조선을 세웠다는 내용은 (단군 신화 , 『조선왕조실록』)을/를 통해 알 수 있다.

2회 ①

속력과 속도는 달라

속력: 단위 시간 동안 물체가 이동한 거리.

속도: 단위 시간 동안 물체의 위치 변화량으로 속력에 방향을 함께 나타낸 것.

물체의 빠르기는 이동한 거리, 시간과 밀접한 관계가 있어.

친구와 100 m 달리기를 했을 때 출발선에서 동시에 출발했다면 결승선에 먼저 도착한 사람이 빠른 거야. 또 운동장에 나란히 서서 출발 신호에 동시에 달리기를 시작해서 정지 신호에 동시에 멈추었다면 가장 멀리 간 사람이 가장 빠른 거지.

이처럼 일정한 거리를 이동하는 데 더 짧은 시간이 걸리거나 일정한 시간 동안 더 긴 거리를 이동한 물체가 더 빠르다고 할 수 있어.

이동하는 데 걸린 시간과 이동 거리가 모두 다른 물체의 빠르기는 어떻게 비교할까? 이때는 1초, 1분, 1시간 등과 같은 단위 시간 동안 물체가 이동한 거리를 비교하면 돼. 단위 시간 동안 물체가 이동한 거리를 속력이라고 하며, 속력은 이동 거리를 걸린 시간으로 나눈 값이야. 움직이는 물체의 빠르기는 속도로 나타내기도 해. 속도는 단위 시간당 이동한 거리뿐만 아니라 방향을 함께 나타내. 고속도로에서 자동차가 '100 km/h'로 달린다면 속력을 말하는 것이고, '남쪽으로 100 km/h'로 달린다면 속도를 말하는 거야.

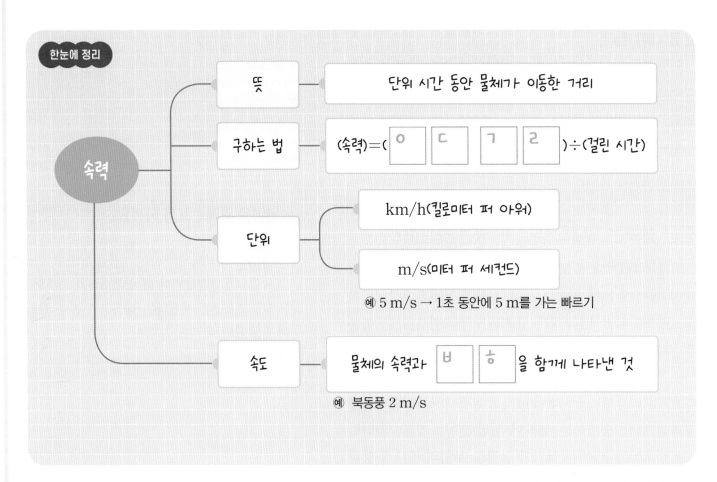

한눈에 정리

속력
- 뜻 — 단위 시간 동안 물체가 이동한 거리
- 구하는 법 — (속력)=(ㅇ ㄷ ㄱ ㄹ)÷(걸린 시간)
- 단위
  - km/h(킬로미터 퍼 아워)
  - m/s(미터 퍼 세컨드)
  - 예 5 m/s → 1초 동안에 5 m를 가는 빠르기
- 속도 — 물체의 속력과 ㅂ ㅎ 을 함께 나타낸 것
  - 예 북동풍 2 m/s

이해▶ 단위 시간 동안 물체가 이동한 거리를 □□이라고 해.

이동 거리

속력은 단위 시간 동안 물체가 이동한 거리로, 물체의 이동 거리를 걸린 시간으로 나누어 구해.

예를 들어 아래 그림과 같이 집에서 학교까지 직선 거리로는 2 km, 굽은 도로를 따라 가면 4 km 떨어져 있다고 생각해 봐. 내가 집에서 나와 굽은 도로를 따라 걸어서 1시간 만에 학교에 도착했다면 내 걸음의 속력은 얼마일까? 이동 거리는 방향에 관계없이 물체가 움직인 경로의 길이를 모두 합한 값이야. 그래서 이동 거리는 4 km이고, 시간은 1시간이 걸렸으니까 4 km÷1h이므로 속력은 4 km/h야.

다시 한번 강조하자면 이동 거리는 물체가 실제로 이동한 경로를 모두 합한 값이야.

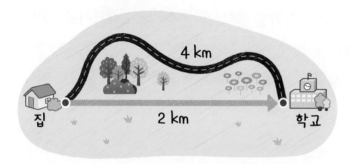

속력의 단위와 읽는 법

속력의 단위는 길이 단위와 시간 단위를 조합하여 표시해. 'm/s', 'km/h' 등으로 나타내.

속력의 단위는 크게 두 가지 방법으로 읽어. 첫 번째 방법은 속력의 단위를 글자 순서대로 읽는 거야. 'km/h'는 '킬로미터 퍼 아워'라고 읽고, 'm/s'는 '미터 퍼 세컨드'라고 읽어. '/'는 영어에서 'per'를 나타내는 기호로 '~에 대해'를 뜻하며, '퍼'라고 읽어. 'h'와 's'는 각각 시간과 초를 나타내는 단위야.

두 번째 방법은 속력의 단위를 우리말의 뜻을 담아서 읽는 거야. '50 km/h'는 물체가 1시간 동안 이동한 거리를 km 단위로 나타낸 것으로 '시속 오십 킬로미터'라고 읽어. 또 '50 m/s'는 1초 동안 이동한 거리를 m 단위로 나타낸 것으로 '초속 오십 미터'라고 읽어.

◉ 알맞은 말에 ○표를 하세요.

> 1초, 1분, 1시간 등과 같은 단위 시간 동안 물체가 이동한 거리를 (속력 , 속도)(이)라고 한다.

◉ 2시간 동안 160 km를 이동한 자동차의 속력을 구하는 과정입니다. 빈칸에 들어갈 알맞은 숫자를 쓰세요.

> (자동차의 속력)=(이동 거리)÷(걸린 시간)
> 이므로 160 km÷( )h=80 km/h

◉ 알맞게 선으로 이으세요.

2회 ②

온도를 변화시키는 열의 이동

온도: 차갑거나 따뜻한 정도를 숫자에 단위 ℃(섭씨도)를 붙여 나타낸 것.
열의 이동: 온도가 높은 물질에서 낮은 물질로 열이 이동함.

여름에 에어컨이 켜져 있는 건물에 들어갔을 때 춥다고 느끼는 사람도 있고 시원하다고 느끼는 사람도 있지? 이렇게 같은 장소에서도 차갑거나 따뜻한 정도를 사람마다 다르게 느낄 수 있어. 이럴 때 온도를 사용하면 물질의 차갑거나 따뜻한 정도를 정확하게 표현할 수 있어. 온도는 숫자에 단위 ℃(섭씨도)를 붙여 나타내. 공기의 온도는 기온, 물의 온도는 수온, 몸의 온도는 체온이라고 하지.

온도를 측정할 때는 온도계를 사용하는데 온도를 재려는 물질에 맞는 온도계를 사용해야 정확한 온도를 알 수 있어. 귀 체온계는 체온을 측정할 때, 알코올 온도계는 주로 액체나 기체의 온도를 측정할 때, 적외선 온도계는 고체의 온도를 측정할 때 사용해.

온도가 다른 두 물질이 접촉하면 두 물질의 온도는 어떻게 변할까? 삶은 면을 차가운 물에 헹구면 면이 차가워져. 온도가 높은 삶은 면에서 온도가 낮은 차가운 물로 열이 이동했기 때문이야. 달걀부침 요리를 할 때는 온도가 높은 프라이팬에서 온도가 낮은 달걀로 열이 이동돼. 이처럼 열은 온도가 높은 물질에서 낮은 물질로 이동해.

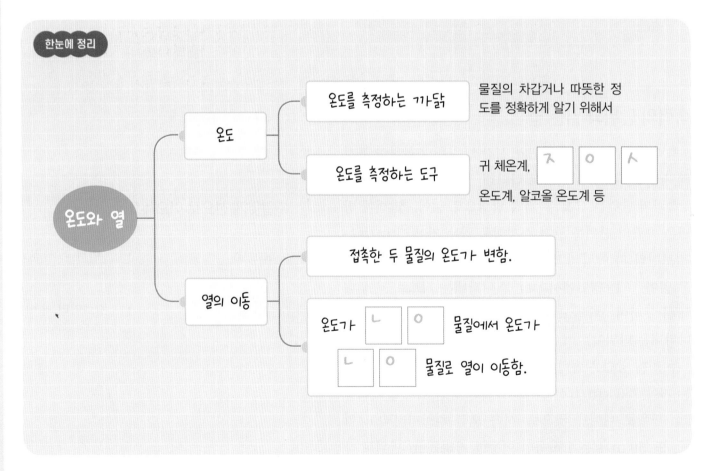

한눈에 정리

온도와 열
- 온도
  - 온도를 측정하는 까닭 → 물질의 차갑거나 따뜻한 정도를 정확하게 알기 위해서
  - 온도를 측정하는 도구 → 귀 체온계, ㅈㅇㅅ 온도계, 알코올 온도계 등
- 열의 이동
  - 접촉한 두 물질의 온도가 변함.
  - 온도가 ㄴㅇ 물질에서 온도가 ㄴㅇ 물질로 열이 이동함.

이해 ▶ 물질의 차갑거나 따뜻한 정도는 □□를 사용하면 정확하게 나타낼 수 있어.

온도를 정확하게 측정해야 할 때

우리 생활에서 온도를 정확하게 측정해야 할 때는 언제 일까? 병원에서 환자의 체온을 잴 때, 갓난아기의 분유를 타거나 목욕물 온도를 확인할 때, 튀김 요리를 할 때 등 다양해. 또 온도를 일정하게 유지해야 하는 박물관이나 냉장고 등의 온도도 정확하게 측정해야 하지.

온도계의 종류

귀 체온계

몸에 열이 날 때는 귀 체온계로 체온을 측정해. 귀 체온 계를 귓속에 넣고 측정 버튼을 1~2초 정도 눌러. 알람 소 리가 울리면 체온계를 빼고 온도 표시창에 나타난 온도를 확인해.

적외선 온도계

고체 물질의 온도를 측정할 때는 적외선 온도계를 사용 해. 적외선 온도계로 온도를 재려는 물질을 겨누고 측정 버튼을 눌러. 측정 버튼에서 손을 떼고 온도 표시창에 나 타난 온도를 확인해.

여름에 아이스크림을 사면 왜 금방 녹아버리지?

여름철 공기 중에 아이스크림이 있으면 열이 공기에서 차가운 아이스크림으로 이동해. 그래서 아이스크림 주변 공기는 차가워지지만 아이스크림은 온도가 높아져서 빨 리 녹아버리는 거야.

◉ 온도에 대한 설명으로 맞은 것에 ○표를 하세 요.

공기의 온도는 수온이라고 한다.	

적외선 온도계는 액체나 기체의 온 도를 측정할 때 사용한다.	

온도가 다른 두 물질이 접촉하면 두 물질의 온도가 변한다.	

◉ 알맞은 말에 ○표를 하세요.

열은 온도가 (높은 , 낮은) 물질에서 온도가 (높은 , 낮은) 물질로 이동한다.

◉ 삶은 면을 차가운 물로 헹굴 때 처음보다 온 도가 높아지는 것에 ○표를 하세요.

삶은 면	

차가운 물	

3회 ①

의견을 모으는 토의

토의: 어떤 문제를 여러 사람이 협력해 해결하는 방법.

어떤 문제에 대한 좋은 해결책을 찾으려면 어떻게 해야 할까? 바로 이때 필요한 것이 토의야. 토의를 하면 문제 상황을 더 잘 이해할 수 있고, 적절한 문제 해결 방법을 찾을 수 있어.

토의의 절차는 '토의 주제 정하기 → 의견 마련하기 → 의견 모으기 → 의견 결정하기'로 진행돼.

토의 주제를 정할 때에는 토의하고 싶은 주제를 자유롭게 이야기해. 그러고 나서 그 주제가 우리 모두와 관련이 있는지, 해결 방법을 찾을 수 있는지 살펴서 알맞은 토의 주제를 결정해.

그런 다음 토의 주제에 맞게 자신의 의견과 그 의견을 낸 까닭을 말해야 해.

문제 해결 과정에는 여러 사람이 참여하는 것이 좋아. 이때 서로의 의견을 존중하고 다른 사람의 의견을 끝까지 듣고나서 자신의 의견을 말하는 태도를 가져야 하지. 의견을 충분히 주고받았으면 이제 각 의견의 장단점을 찾고 어떤 의견이 알맞은지 판단할 기준을 세워 그 기준에 따라 가장 알맞은 의견으로 결정하면 돼.

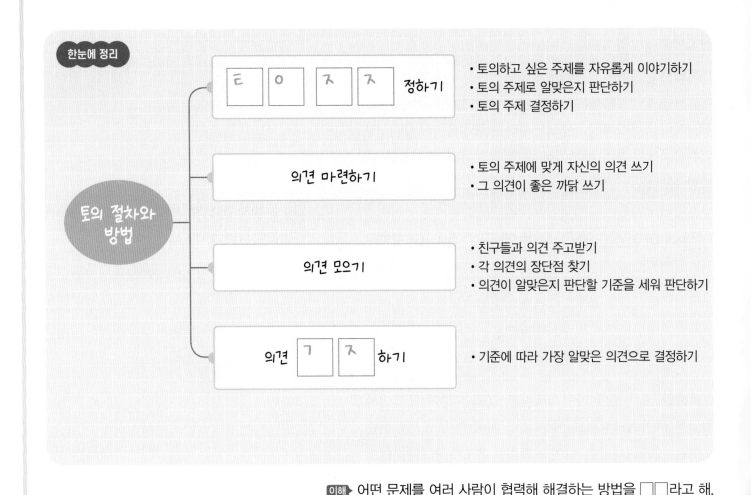

한눈에 정리

토의 절차와 방법

| ㅌ ㅇ ㅈ ㅈ 정하기
- 토의하고 싶은 주제를 자유롭게 이야기하기
- 토의 주제로 알맞은지 판단하기
- 토의 주제 결정하기

의견 마련하기
- 토의 주제에 맞게 자신의 의견 쓰기
- 그 의견이 좋은 까닭 쓰기

의견 모으기
- 친구들과 의견 주고받기
- 각 의견의 장단점 찾기
- 의견이 알맞은지 판단할 기준을 세워 판단하기

의견 ㄱ ㅈ 하기
- 기준에 따라 가장 알맞은 의견으로 결정하기

이해 ▶ 어떤 문제를 여러 사람이 협력해 해결하는 방법을 □□라고 해.

토의의 종류

심포지엄

특정한 문제에 대해 다른 의견을 가진 전문가나 그 방면의 권위자 몇 명이 각각 의견을 발표하고 그 후에 청중들도 토의에 참가하는 토의 방식이야.

패널 토의

각 분야의 전문가 여러 명이 모여 청중 앞에서 각각의 입장을 발표하고 청중이 참여하여 공동으로 생각하는 토의 방식이야. 주로 정치적이고 시사적인 문제를 해결하는 데 좋은 토의 방식이지.

포럼

특정 문제에 대해 직접 관련이 있는 사람들이 모여 공개적으로 토의하는 것으로, 처음부터 청중의 참여로 이루어지는 토의 방식이야.

원탁 토의

10명 내외의 소수 집단이 원탁에 모여 앉아 토의 주제에 대해 의견을 나누는 것을 말해. 주제에 대한 이해를 더하는 것 자체가 목적이므로 내용과 형식이 가장 자유로운 반면 자칫 산만해지기 쉬운 토의 방식이야.

토의를 통해 문제를 해결하려면 어떻게 해야 해?

한 사람의 의견대로 결정하는 것보다 여러 사람이 의견을 나누는 게 좋아. 여럿이 의견을 나누어 다양한 해결 방법을 의논해 보고 가장 좋은 의견으로 결정해야 해.

토의에서 많은 사람이 찬성하는 의견을 뽑아 결정하는 것을 '다수결'이라고 해. 다수결로 문제를 해결할 때는 충분한 대화와 타협을 하고, 소수의 의견이라도 좋은 의견은 충분히 살펴보는 자세를 가져야 해.

◉ 토의의 절차에 맞게 차례대로 번호를 쓰세요.

의견 모으기	
의견 마련하기	
의견 결정하기	
토의 주제 정하기	

◉ 알맞은 말에 ○표를 하세요.

각 분야의 전문가 여러 명이 모여 청중 앞에서 각각의 입장을 발표하고 청중이 참여해 공동으로 생각하는 토의 방식은 (패널 , 원탁) 토의이다. 주로 정치적이고 시사적인 문제를 해결하는 데 좋은 토의 방식이다.

◉ 토의에서 의견을 주고받는 태도로 알맞은 것에 ○표를 하세요.

의견을 말할 때에는 그 까닭과 함께 말해야 한다.	
자신과 의견이 다른 친구의 의견은 듣지 않아도 된다.	

3회 ②

상대를 설득하는 토론

토론: 어떤 문제에 대하여 찬성과 반대로 나뉘어 각각 의견을 말하며 논의하는 것.

토론은 찬성과 반대의 입장으로 나뉘어 각자 자기 쪽의 의견을 받아들이도록 상대편을 설득하는 의사소통 과정이야. 그래서 토론 주제는 찬성과 반대로 분명히 나누어질 수 있는 것이어야 해.

토론의 절차는 '주장 펼치기 → 반론하기 → 주장 다지기'로 진행돼. '주장 펼치기' 단계에서는 찬성편과 반대편이 근거를 들어 주장을 펼치고, 근거를 뒷받침하는 구체적인 자료를 제시해야 해.

'반론하기' 단계에서는 상대편이 제시한 근거에 대해 반론 및 질문을 하고, 그 질문에 대한 답을 하는 과정이야.

마지막으로 '주장 다지기' 단계에서는 자기편의 주장과 근거를 강조하고 상대편에서 제기한 반론이 타당하지 않다는 것을 밝혀서 자기편 주장을 다시 한번 강조하고 효과적으로 정리해.

토론을 하면 타당한 근거를 들어 말하기 때문에 자신의 주장과 근거를 명확하게 정리할 수 있어. 또 자신과 생각이 다른 사람의 입장도 이해하게 되어 문제 해결에 더 나은 방법이 무엇인지 결정하는 데 도움이 돼.

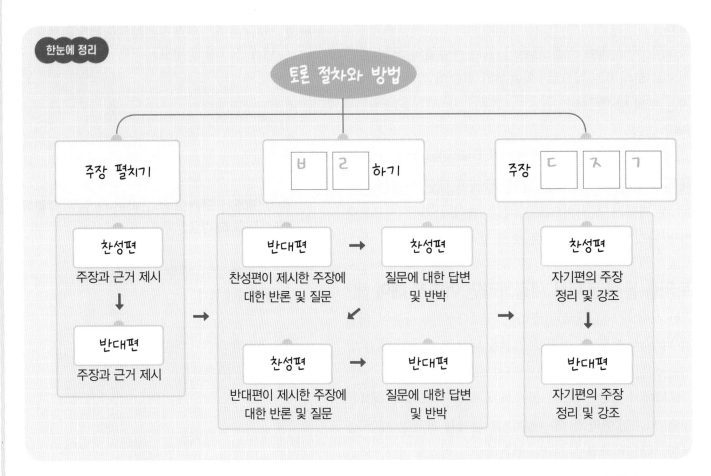

한눈에 정리

토론 절차와 방법

주장 펼치기

찬성편
주장과 근거 제시
↓
반대편
주장과 근거 제시

ㅂ ㄹ 하기

반대편	→	찬성편
찬성편이 제시한 주장에 대한 반론 및 질문		질문에 대한 답변 및 반박

찬성편	→	반대편
반대편이 제시한 주장에 대한 반론 및 질문		질문에 대한 답변 및 반박

주장 ㄷ ㅈ ㄱ

찬성편
자기편의 주장 정리 및 강조
↓
반대편
자기편의 주장 정리 및 강조

이해 ▶ 어떤 문제에 대하여 찬성과 반대로 나뉘어 각각 의견을 말하며 논의하는 것을 □□이라고 해.

토의와 토론의 공통점과 차이점

토의와 토론의 공통점

토의와 토론은 하나의 주제로 여러 사람이 함께 의견을 나누는 활동이야. 또 문제를 해결하는 것을 목적으로 하고 있다는 점에서 공통점이 있어.

토의와 토론의 차이점

토의는 어떤 문제에 대하여 각자의 의견을 나누고 그것들을 모아 의견의 일치나 결정을 하는 활동이야. 반면 토론은 어떤 문제에 대하여 찬성과 반대로 나누어 각자의 의견을 주장하고 상대의 의견을 반박하며 자신의 정당함을 논하는 활동이야.

토의는 문제를 해결하기 위한 의논하는 말하기야.

토론은 자신의 주장이 옳다고 상대를 설득하는 말하기지.

토론을 잘하려면 어떻게 해야 해?

토론 참여자의 역할을 잘 알고 지켜야 해. 토론에 참여하는 사람들은 사회자, 찬성편 토론자와 반대편 토론자, 판정인이야. 사회자는 토론 내용이 주제에서 벗어나지 않도록 노력하고, 찬성편과 반대편에 말할 기회를 공평하게 주어야 해. 또 토론의 중요한 내용을 요약하며 토론 결과를 정리해야 하지. 찬성편 토론자와 반대편 토론자는 각각의 입장에서 근거를 들어 자신의 주장을 펼치고 상대편의 주장을 귀기울여 듣는 태도를 가져야 해. 판정인은 한쪽의 의견에 치우쳐 불공정한 판단을 내리지 않도록 하는 게 중요해.

주장을 뒷받침하는 자료가 타당해야 해. 찬성편 토론자와 반대편 토론자는 타당한 자료로 주장을 뒷받침해야 해. 믿을 만한 전문가의 의견(면담 자료, 설문 조사 자료)인지, 자료의 출처가 정확한지, 조사 범위가 적절한지 잘 살펴봐야 해.

◉ 토론의 절차에 맞게 차례대로 번호를 쓰세요.

주장 다지기	
주장 펼치기	
반론하기	

◉ 알맞은 말에 ○표를 하세요.

(토론 , 토의)은/는 어떤 문제에 대하여 서로 의견을 나누는 활동이고, (토론 , 토의)은/는 찬성과 반대로 나뉘어 각자의 의견을 주장하고 상대를 설득하는 과정이다.

◉ 토론에서 사회자의 역할로 알맞은 것에 ○표를 하세요.

타당한 근거를 들어 자신의 주장을 펼쳐야 한다.	
토론의 중요한 내용을 요약하며 토론 결과를 정리해야 한다.	

열의 전도와 대류

전도: 고체에서 열이 이동하는 방법.
대류: 액체와 기체에서 열이 이동하는 방법.

고체, 액체, 기체에서 열이 이동하는 방법은 달라.

뜨거운 물에 숟가락을 담가 두면 숟가락도 뜨거워져. 그런데 물에 직접 닿지 않았던 숟가락 손잡이까지 뜨거워지는 까닭은 뭘까? 그건 뜨거운 물에 담갔던 부분에서 숟가락 손잡이 쪽으로 열이 이동했기 때문이야. 이처럼 고체에서 열은 온도가 높은 곳에서 낮은 곳으로 고체 물질을 따라 이동하지. 이러한 열의 이동 방법을 전도라고 해. 고체 물질의 종류에 따라 열이 이동하는 빠르기가 달라. 유리나 나무, 플라스틱보다는 금속에서 더 빨리 이동하고, 금속의 종류에 따라서도 열이 이동하는 빠르기가 달라.

물을 가열하면 온도가 높아진 물은 위로 올라가고 위에 있던 물은 아래로 밀려 내려오게 돼. 이 과정이 반복되면서 물이 전체적으로 따뜻해지는 거야. 난방 기구를 한 곳에만 켜두어도 집안 전체 공기가 따뜻해지는 까닭도 마찬가지야. 이렇게 액체나 기체에서 온도가 높아진 물질이 위로 올라가고 위에 있던 물질이 아래로 밀려 내려와 열이 이동하는 방법을 대류라고 해.

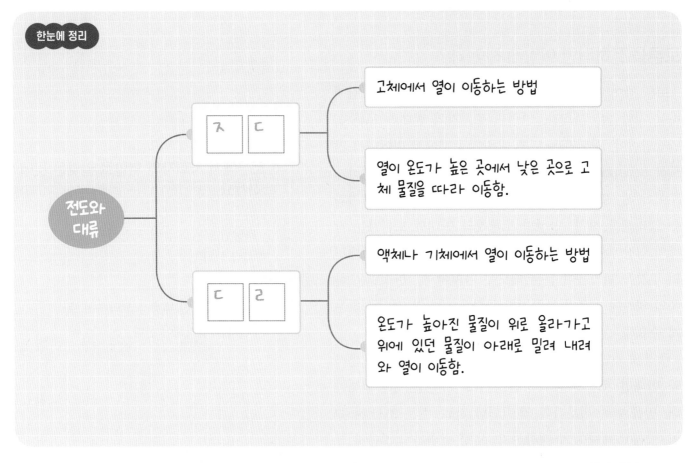

한눈에 정리

전도와 대류

ㅈ ㄷ
- 고체에서 열이 이동하는 방법
- 열이 온도가 높은 곳에서 낮은 곳으로 고체 물질을 따라 이동함.

ㄷ ㄹ
- 액체나 기체에서 열이 이동하는 방법
- 온도가 높아진 물질이 위로 올라가고 위에 있던 물질이 아래로 밀려 내려와 열이 이동함.

이해 고체에서 열이 이동하는 방법을 □□, 액체나 기체에서 열이 이동하는 방법을 □□라고 해.

열은 어떤 방법으로 이동할까?

고체에서 열의 이동(전도)

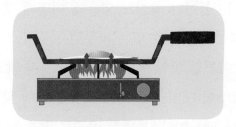

프라이팬에 달걀을 깨뜨려 넣고 가열하면 불과 가까이 있는 프라이팬 바닥으로 열이 이동해 달궈져. 다시 프라이팬에서 달걀로 열이 이동해서 달걀이 익어.

액체와 기체에서 열의 이동(대류)

물이 담긴 주전자를 가열하면 주전자 바닥의 물이 먼저 따뜻해져서 위로 올라가고, 위에 있던 물은 아래로 밀려 내려와 다시 가열되지. 이러한 과정이 반복되면서 물 전체가 뜨거워져.

에어컨과 난로는 어디에 설치하는 게 좋을까?

에어컨

에어컨에서 나오는 차가운 공기는 아래로 내려오는 성질이 있기 때문에 높은 곳에 설치해야 실내가 골고루 시원해져.

난로

난로 주변에서 데워진 따뜻한 공기는 위로 올라가는 성질이 있기 때문에 낮은 곳에 설치해야 실내가 골고루 따뜻해져.

◉ 열이 가장 빨리 이동하는 고체 물질에 ◯표를 하세요.

나무	유리	고무	금속

◉ 열의 대류가 나타나는 사례에 모두 ◯표를 하세요.

주전자에 물을 끓일 때	
프라이팬에 고기를 구울 때	
겨울철에 난방 기구를 켤 때	

◉ 실내에서 높은 곳에 설치해야 하는 것에 ◯표를 하세요.

에어컨	
난로	

열의 복사와 단열

복사: 열이 다른 물질을 거치지 않고 전달되는 것.
단열: 두 물질 사이에 열이 이동되지 않게 막는 것.

우리가 지구에서 살 수 있는 건 태양에서 빛과 열을 보내주기 때문이야. 태양과 지구 사이에는 전도를 일으킬 수 있는 고체도 없고 대류를 일으킬 수 있는 물이나 공기도 없는데 어떻게 열이 전달되는 걸까? 태양에서 뿜어져 나오는 열은 아무런 물질을 거치지 않고 직접 지구에 전달돼. 이처럼 열이 어떤 물질을 거치지 않고 직접 전달되는 것을 복사라고 해. 햇빛을 쬐거나 모닥불 앞에 앉아 있으면 따뜻해지는 것도 복사 때문이야. 투명한 유리로 온실을 만드는 것도 이런 복사열을 이용하기 위해서지.

반대로 두 물질 사이에 열이 통하지 않게 막는 것을 단열이라고 해. 전도, 대류, 복사에 의한 열의 이동을 막는 거지. 단열을 하면 열의 이동을 막아 일정한 온도를 유지할 수 있어. 열의 이동을 막기 위해 사용되는 재료를 단열재라고 해. 건물을 지을 때 집의 벽면이나 지붕, 창문에 단열재를 넣으면 여름에는 시원하고 겨울에는 따뜻하게 실내 온도를 유지할 수 있어. 보온병, 방한복, 소방복, 이중 유리창 등도 단열의 원리를 이용한 거야.

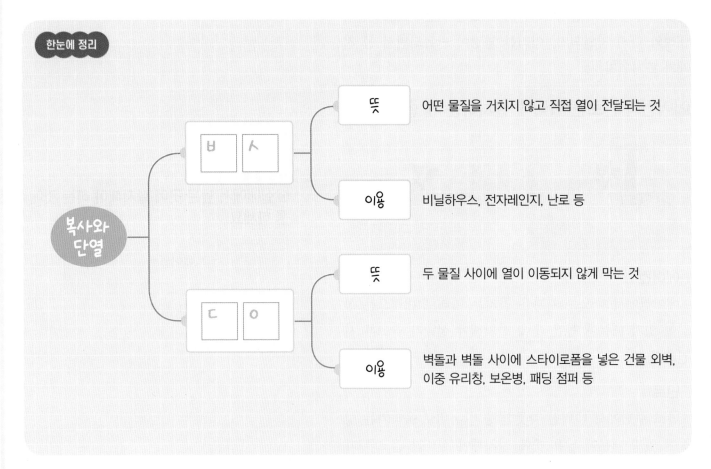

한눈에 정리

복사와 단열

ㅂ ㅅ
- 뜻 : 어떤 물질을 거치지 않고 직접 열이 전달되는 것
- 이용 : 비닐하우스, 전자레인지, 난로 등

ㄷ ㅇ
- 뜻 : 두 물질 사이에 열이 이동되지 않게 막는 것
- 이용 : 벽돌과 벽돌 사이에 스타이로폼을 넣은 건물 외벽, 이중 유리창, 보온병, 패딩 점퍼 등

이해 ▶ 열이 다른 물질을 거치지 않고 직접 전달되는 것을 □□라고 해.

단열을 이용하는 경우

건물 외벽 벽돌과 벽돌 사이에 스타이로폼이나 기포 콘크리트 같은 단열재를 넣어 열의 이동을 막아.

이중 유리창 이중 유리창 속에는 공기가 있어서 열이 잘 이동되지 못해.

패딩 점퍼 패딩 점퍼 안에는 오리털이나 거위털, 폴리에스테르 같은 합성 섬유가 들어 있어서 열의 이동을 막아 주지.

피자 배달 가방 피자 배달 가방에는 피자가 오랫동안 따뜻하게 유지될 수 있도록 두꺼운 단열재가 들어 있어.

북극곰 털의 공기층 추운 극지방에서 사는 북극곰의 털 사이에는 공기층이 많이 있는데, 이 공기층이 체온을 빼앗기지 않도록 도와줘.

색깔에 따라 복사를 이용하는 방법

검은색 복사열을 잘 흡수해서 겨울에 검은색 옷을 입으면 덜 추워.

흰색 복사열을 잘 반사해서 여름에 흰색 옷을 입으면 덜 더워.

비닐하우스에도 복사열이 이용된다고?

농작물을 키우는 비닐하우스를 본 적 있어? 햇빛이 비닐을 통과해 열이 안으로 직접 전달되면 식물이나 땅이 그 빛을 흡수하지. 또 비닐은 열이 밖으로 빠져나가지 않게 막아 줘. 그래서 비닐하우스에 들어가면 겨울에는 따뜻하고 여름에는 찜질방처럼 더운 거야. 식물을 키우는 유리 온실도 같은 원리가 이용된 거지.

◉ 열이 어떤 물질을 거치지 않고 직접 전달되는 것을 뜻하는 말에 ○표를 하세요.

전도	대류	복사

◉ 알맞게 선으로 이으세요.

여름에 열을 반사하기 위해	•	•	검은색
겨울에 열을 흡수하기 위해	•	•	흰색

◉ 단열의 원리가 이용된 경우를 모두 골라 ○표를 하세요.

피자 배달 가방	☐
프라이팬 바닥	☐
스타이로폼을 넣은 건물 외벽	☐

5회 ①

나누는 약수, 곱하는 배수

약수: 어떤 수를 나누어떨어지게 하는 수.

배수: 어떤 수의 몇 배가 되는 수.

사탕 8개를 친구들에게 똑같이 나누어 주려면 몇 개씩 나누어 주어야 할까? 맞아, 8을 나누어떨어지게 하는 수를 구해 보면 알 수 있어. 사탕 8개를 1명에게 주면 8개, 2명에게 주면 4개, 4명에게 주면 2개, 8명에게 주면 1개씩 똑같이 줄 수 있지. 이처럼 어떤 수를 나누어떨어지게 하는 수를 약수라고 해.

이번엔 사탕 8개, 초콜릿 12개를 최대한 많은 친구들에게 똑같이 나누어 주려면 몇 명에게 나누어 주어야 할까? 이럴 땐 8과 12의 공통된 약수인 공약수를 구한 다음 그중 가장 큰 수를 찾으면 돼. 이때 가장 큰 수가 바로 최대공약수야.

'그 장난감 가격은 나의 한 달 용돈의 두 배야.'처럼 어떤 수의 몇 배가 되는 수를 배수라고 해.

30분과 40분에 각각 한 번씩 알람이 울리는 두 시계가 오전 8시에 알람이 동시에 울렸다면 바로 다음번에 두 시계의 알람이 울리는 때는 언제일까? 이럴 때 두 수의 공통된 배수인 공배수 중에서 가장 작은 수인 최소공배수를 구하여 알아보면 돼.

한눈에 정리

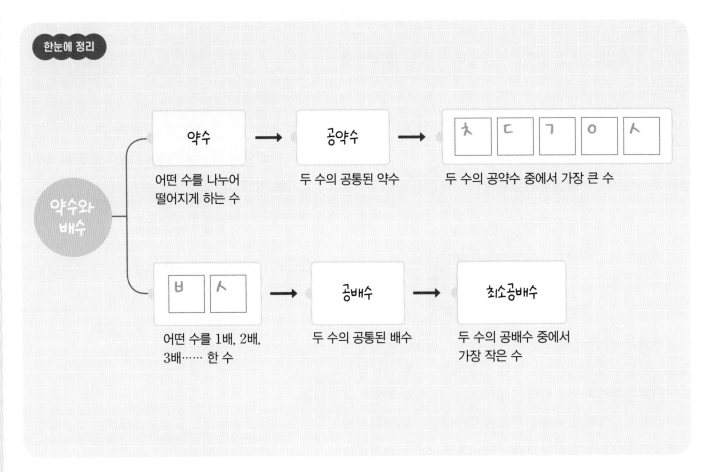

약수와 배수

약수 → 공약수 → ㅊ ㄷ ㄱ ㅇ ㅅ

어떤 수를 나누어 떨어지게 하는 수

두 수의 공통된 약수

두 수의 공약수 중에서 가장 큰 수

ㅂ ㅅ → 공배수 → 최소공배수

어떤 수를 1배, 2배, 3배…… 한 수

두 수의 공통된 배수

두 수의 공배수 중에서 가장 작은 수

이해 ▶ 어떤 수를 나누어떨어지게 하는 수를 ☐☐라고 해.

약수와 배수의 성질

약수의 성질

약수는 나눗셈을 이용해 나누어떨어지는 수를 구하면 돼. 어떤 수의 약수에는 1과 어떤 수 자신이 항상 포함되는 걸 알 수 있어. 그래서 약수 중 가장 작은 수는 1, 가장 큰 수는 어떤 수 자신이 돼.

$$1 \times 10 = 10$$
$$2 \times 5 = 10$$
$$5 \times 2 = 10$$
$$10 \times 1 = 10$$

➡ 10의 약수는
①, 2, 5, ⑩

배수의 성질

배수는 곱셈을 이용해 구하면 돼. 자연수는 끝이 없기 때문에 어떤 수의 배수는 무수히 많아. 그래서 어떤 수의 배수 중에서 가장 작은 수는 어떤 수 자신이지만 가장 큰 배수는 구할 수 없어.

$$5 \times 1 = 5$$
$$5 \times 2 = 10$$
$$5 \times 3 = 15$$
$$\vdots$$

➡ ⑤, 10, 15……는
5의 배수

약수와 배수의 관계 알아보기

약수와 배수의 관계

두 수가 약수와 배수의 관계인지 알아보려면 나누거나 곱해 보면 돼. 큰 수를 작은 수로 나누었을 때 나누어떨어지거나 반대로 작은 수에 어떤 수를 곱해 큰 수가 나오면 두 수는 약수와 배수의 관계라는 걸 알 수 있어.

●×▲=■ ➡ ●, ▲는 ■의 약수
➡ ■는 ●와 ▲의 배수

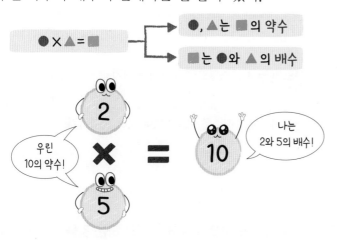

우린 10의 약수!   2 ✖ 5 = 10   나는 2와 5의 배수!

◉ 빈칸에 들어갈 알맞은 말을 쓰세요.

> 6을 1배, 2배, 3배……한 수를 6의 (   )라고 한다.

◉ 알맞은 내용에 ○표를 하세요.

> 두 수의 공약수 중 가장 큰 수를 (최소공배수 , 최대공약수)라고 한다.

◉ 맞으면 ○표, 틀리면 ✕표를 하세요.

> 어떤 수의 배수 중에서 가장 작은 수는 1이다.

> 두 수에서 큰 수를 작은 수로 나누어떨어지면 두 수는 서로 약수와 배수의 관계이다.

5회 ②

계산을 쉽게, 약분과 통분

약분: 분모와 분자를 공약수로 나누어 간단히 하는 것.

통분: 분수의 분모를 같게 하는 것.

오늘 간식은 맛있는 피자야. 나는 전체의 $\frac{1}{3}$을 먹고, 동생은 전체의 $\frac{200}{800}$을 먹을 거야. 한눈에 보기에는 동생이 더 많이 먹는 것 같아 보이지만 $\frac{200}{800}$을 약분하면 기약분수 $\frac{1}{4}$로 나타낼 수 있어.

약분은 분모와 분자를 공약수로 나누어 간단한 분수로 만드는 것이야. 기약분수는 분모와 분자를 최대공약수로 나누어 분모와 분자의 공약수가 1뿐인 분수를 말해.

피자를 나누어 먹을 때 나는 전체의 $\frac{1}{3}$을 먹고, 동생은 전체의 $\frac{1}{4}$을 먹는다면 누가 더 많이 먹는 걸까? 분모가 다른 분수의 크기를 비교하려면 분모를 같게 하는 통분을 해서 비교하면 돼.

이처럼 약분을 하면 분수가 간단해져서 분수의 곱셈과 나눗셈을 쉽게 할 수 있어. 또 통분을 하면 분수의 크기를 비교하기 편리하고 분모가 다른 분수의 덧셈과 뺄셈도 쉽게 할 수 있지.

분수에서 약분과 통분은 계산을 편리하게 하기 위한 것이라고 할 수 있어.

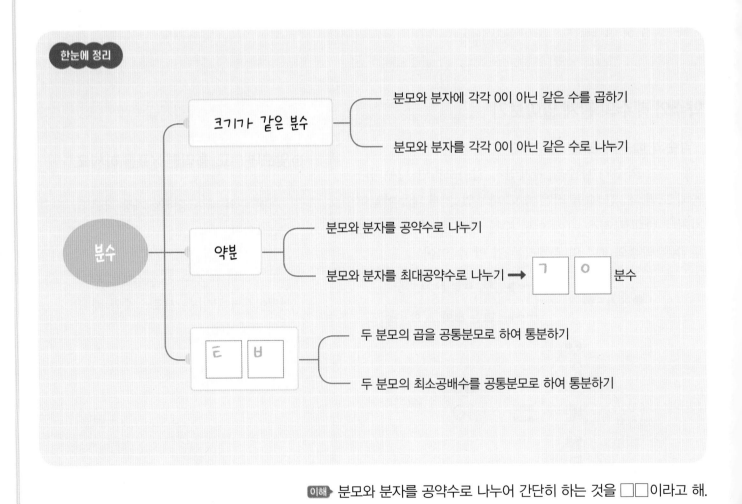

한눈에 정리

크기가 같은 분수
- 분모와 분자에 각각 0이 아닌 같은 수를 곱하기
- 분모와 분자를 각각 0이 아닌 같은 수로 나누기

약분
- 분모와 분자를 공약수로 나누기
- 분모와 분자를 최대공약수로 나누기 → ㄱㅇ 분수

ㄷㅂ
- 두 분모의 곱을 공통분모로 하여 통분하기
- 두 분모의 최소공배수를 공통분모로 하여 통분하기

이해 분모와 분자를 공약수로 나누어 간단히 하는 것을 □□이라고 해.

분수를 간단하게 나타내기

약분

약분할 때에는 분모와 분자의 공약수로 나누어야 분수의 크기가 변하지 않아. 이와 같이 분모와 분자를 그들의 공약수로 나누어 간단히 하는 것을 약분한다고 해.

기약분수

기약분수는 분모와 분자의 공약수가 1뿐인 분수로 더 이상 약분할 수 없는 분수란 뜻이야. 약분은 분모와 분자를 그들의 공약수로 나누는 방법과 최대공약수로 나누는 방법이 있는데 공약수로 약분하면 또다른 공약수로 약분해야 하지만 최대공약수로 약분하면 더 이상 약분할 필요가 없는 기약분수가 돼.

$$\frac{\overset{3}{24}}{\underset{5}{40}} \begin{matrix} \div 8 \\ \div 8 \end{matrix} = \frac{3}{5}$$

→ 40과 24의 최대공약수인 8로 약분하여 $\frac{3}{5}$이라는 기약분수를 구했어.

분모가 같은 분수로 나타내기

통분

분수의 분모를 같게 만드는 것을 통분한다고 하고, 통분한 분모를 공통분모라고 해. 공통분모가 같은 두 분수를 찾아보면 셀 수 없이 많다는 것을 알 수 있어.

통분하는 방법

두 분모의 곱으로 통분하면 최소공배수를 구하지 않아서 편리하지만 분모의 곱이 커서 계산이 힘들 수 있어. 하지만 두 분모의 최소공배수로 통분하면 최소공배수를 먼저 찾아야 하는 번거로움은 있지만 수가 작아지므로 계산이 편리해져.

두 분모의 곱으로 통분 $\left(\frac{1}{6}, \frac{3}{8} \right)$ 두 분모의 최소공배수로 통분

$\left(\frac{8}{48}, \frac{18}{48} \right)$ $\left(\frac{4}{24}, \frac{9}{24} \right)$

◉ 다음에서 설명하는 말을 쓰세요.

> 분모와 분자의 공약수가 1뿐인 분수이다.

☐ ☐ ☐ ☐

◉ 맞는 것에 ○표를 하세요.

> 약분할 때에는 분모와 분자의 공약수로 나누어야 한다.
☐

> 약분할 때 분모와 분자의 최소공배수로 나누면 기약분수가 된다.
☐

◉ 알맞은 내용에 ○표를 하세요.

> 통분하는 방법은 두 분모의 (합 , 곱)으로 통분하거나 두 분모의 최소공배수로 통분하는 방법이 있다.

1 다음 빈칸에 들어갈 알맞은 말을 쓰세요. 》 .... 사회

> 우리나라는 국토의 약 70%가 산지이고 대체로 [㉠]쪽이 높고, [㉡]쪽이 낮은 지형이다.

(1) ㉠: (   )   (2) ㉡: (   )

2 다음과 같은 특징을 가진 지형은 무엇인지 쓰세요. 》 .... 사회

> • 땅이 넓고 기름져 농사짓기에 알맞다.
> • 사람들이 모여 살기가 좋아서 도시가 발달한 곳이 많다.

(   )

3 고조선에 대한 설명으로 알맞은 것을 모두 고르세요. (,   ) 》 .... 사회

① 우리 역사 속 두 번째 국가이다.
② 중국 한의 공격으로 멸망하였다.
③ 단군왕검의 건국 이야기가 전해진다.
④ 우수한 철기 문화를 바탕으로 세워졌다.
⑤ 사회 질서를 유지하기 위한 3개의 법 조항이 있었다.

4 다음을 보고 자전거의 속력을 구하세요. 》 .... 과학

> 나는 자전거를 타고 2시간 동안 36 km를 이동했어.

(   ) km/h

▶ 정답과 해설 **12**쪽

5 다음 경우에 필요한 온도계를 선으로 이으세요. 》 ··· 과학

어항 속 물의 온도를 측정할 때 •		• 귀 체온계
열이 나는 사람의 체온을 잴 때 •		• 알코올 온도계
화분에 있는 흙의 온도를 측정할 때 •		• 적외선 온도계

6 온도와 열에 대한 설명으로 알맞은 것을 모두 고르세요. (　　　,　　　) 》 ········ 과학

① 온도가 다른 두 물질이 접촉하면 열이 이동한다.

② 사람마다 차갑거나 따뜻하다고 느끼는 정도가 같다.

③ 삶은 메밀면을 차가운 물로 헹구면 메밀면은 더 따뜻해진다.

④ 고체에서 열은 온도가 낮은 물질에서 온도가 높은 물질로 이동한다.

⑤ 물을 끓일 때 온도가 높은 냄비에서 온도가 낮은 물로 열이 이동한다.

7 다음은 토의의 절차 중 어느 단계에 해당하는 것인가요? (　　　) 》 ············ 국어

> • 토의하고 싶은 주제를 자유롭게 이야기한다.
>
> • 토의 주제가 공동의 문제인지, 해결 방법을 찾을 수 있는지 판단한다.

① 토의 주제 정하기

② 의견 마련하기

③ 의견 모으기

④ 의견 결정하기

8 다음은 어떤 토의 방법에 대한 설명인지 쓰세요. 》 ····································· 국어

> 　특정 주제에 대해 여러 전문가들이 청중 앞에서 자유롭게 각자의 입장을 발표하고, 청중이 참여하여 공동으로 생각하는 토의 방법이다. 주로 정치적이고 시사적인 문제를 해결하는 데 좋은 토의 방식이다.

(　　　　　　　　　)

9 다음은 토론의 절차입니다. 빈칸에 들어갈 알맞은 단계를 쓰세요. 》 ─────────── 국어

> 주장 펼치기 → ☐ → 주장 다지기

(   )

10 다음 경우에 열이 이동하는 방향을 (   ) 안에 화살표로 표시하세요. 》 ─────────── 과학

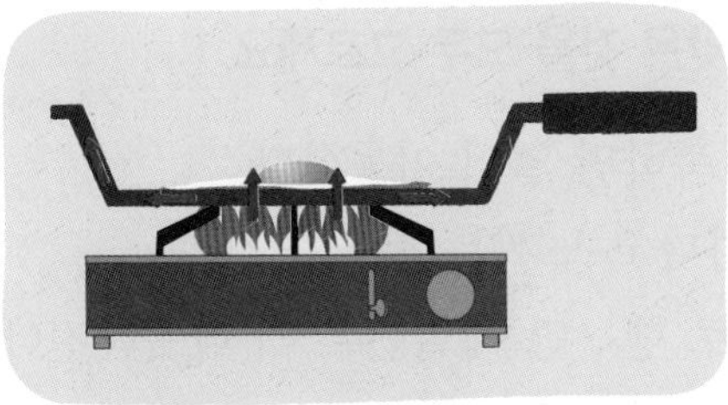

| 프라이팬 | (   ) | 달걀 |

11 다음 빈칸에 들어갈 알맞은 말을 쓰세요. 》 ─────────── 과학

> 어떤 물질을 거치지 않고 직접 열이 전달되는 것을 ☐ ㉠ ☐(이)라고 하고, 두 물질 사이에 열이 이동되지 않게 하는 것을 ☐ ㉡ ☐(이)라고 한다.

(1) ㉠: (   )　　　　(2) ㉡: (   )

12 단열을 이용한 사례로 맞는 것을 골라 기호를 쓰세요. 》 ─────────── 과학

> ㉮ 모닥불을 쬐는 것
> ㉯ 에어컨을 집 안의 높은 곳에 설치한 것
> ㉰ 냄비의 바닥과 몸체를 금속으로 만든 것
> ㉱ 건물 외벽의 벽돌 사이에 스타이로폼을 넣은 것

(   )

▶ 정답과 해설 **13쪽**

13 다음 곱셈식을 보고, 약수와 배수를 찾아 빈칸에 알맞은 수를 써 넣으세요. » 수학

$$1 \times 16 = 16 \qquad 2 \times 8 = 16 \qquad 4 \times 4 = 16 \qquad 8 \times 2 = 16 \qquad 16 \times 1 = 16$$

(1) 16은 (　　　), (　　　), (　　　), (　　　), (　　　)의 배수입니다.

(2) (　　　), (　　　), (　　　), (　　　), (　　　)은/는 16의 약수입니다.

14 다음은 $\dfrac{24}{32}$ 를 약분한 것입니다. 빈칸에 알맞은 수를 쓰세요. » 수학

$$\frac{24}{32} \ \Rightarrow \ \frac{ⓐ}{16}, \ \frac{6}{ⓑ}, \ \frac{ⓒ}{4}$$

(1) ㉠: (　　　　　　)　　(2) ㉡: (　　　　　　)　　(3) ㉢: (　　　　　　)

15 다음 분수를 통분하려고 합니다. 빈칸에 알맞은 분수를 쓰세요. » 수학

$$\left(\frac{4}{7}, \ \frac{4}{5} \right) \ \Rightarrow \ (\quad ㉠ \quad, \quad ㉡ \quad)$$

(1) ㉠: (　　　　　　)　　　　　　(2) ㉡: (　　　　　　)

사회 지형

우리나라에는 산지, 평야, 해안, 하천 등 다양한 ☐ ☐ 이 있어.

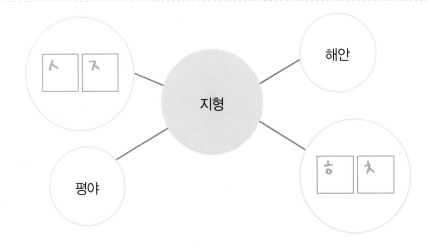

과학 속력과 속도

단위 시간 동안 물체가 이동한 거리를 ☐ ☐ 이라고 해.

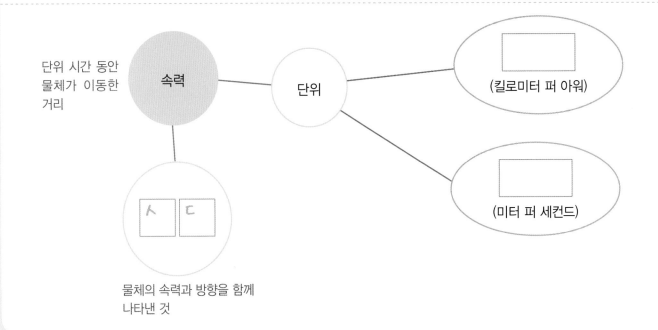

과학 열과 온도

물질의 차갑거나 따뜻한 정도는 [ ] [ ]를 사용하면 정확하게 나타낼 수 있어.

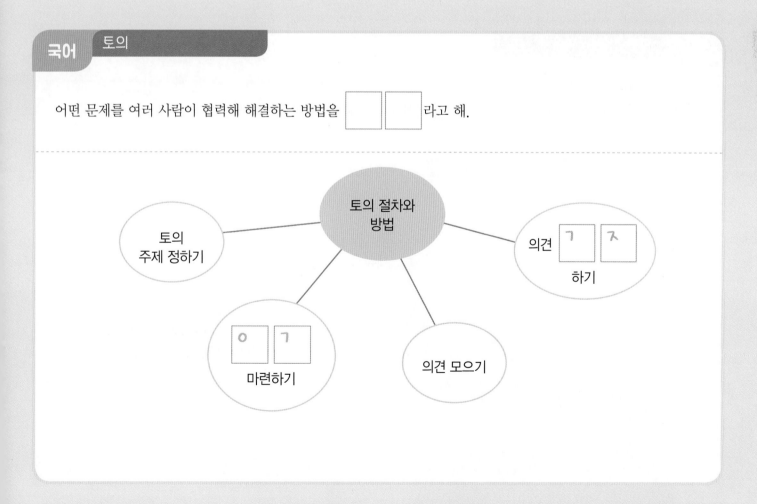

차갑거나 따뜻한 정도를 숫자에 ℃(섭씨도)를 붙여 나타냄.

[ㅇ] [ㄷ]

온도와 열

[ㅇ]의 이동

• 접촉한 두 물질의 온도가 변함.
• 온도가 높은 물질에서 온도가 낮은 물질로 열이 이동함.

측정하는 도구

귀 체온계, 적외선 온도계,
알코올 온도계 등

국어 토의

어떤 문제를 여러 사람이 협력해 해결하는 방법을 [ ] [ ]라고 해.

토의 절차와 방법

토의 주제 정하기

의견 [ㄱ] [ㅈ] 하기

[ㅇ] [ㄱ] 마련하기

의견 모으기

어떤 문제에 대하여 찬성과 반대로 나뉘어 각각 의견을 말하며 논의하는 것을 ☐ ☐ 이라고 해.

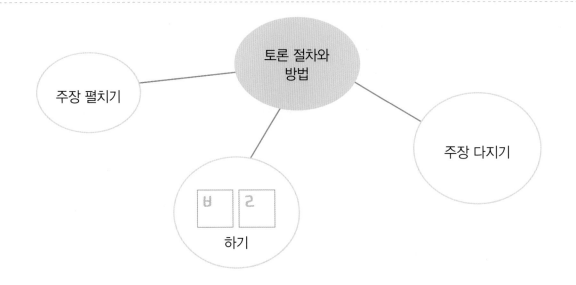

고체에서 열이 이동하는 방법을 ☐ ☐ , 액체나 기체에서 열이 이동하는 방법을 ☐ ☐ 라고 해.

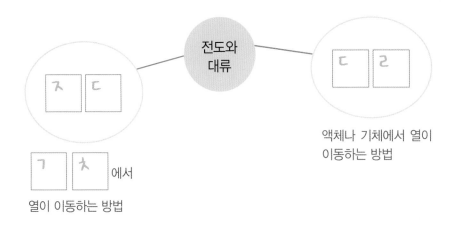

과학 열의 복사와 단열

열이 다른 물질을 거치지 않고 직접 전달되는 것을 ☐☐ 라고 해.

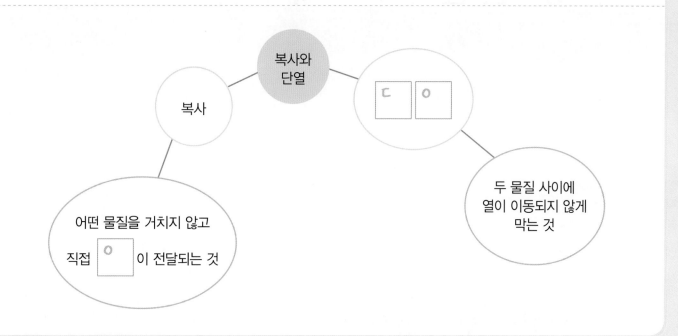

수학 약수와 배수

어떤 수를 나누어떨어지게 하는 수를 ☐☐ 라고 해.

어떤 수를 나누어 떨어지게 하는 수

|ㅇ|ㅅ|

약수와 배수

배수

공약수

최대공약수

|ㄱ|ㅂ|ㅅ| 두 수의 공통인 배수

최소공배수

방 탈출 프로젝트

신기한 사회 수업

사회 시간.

담임 선생님인 나대로 선생님이 칠판에 큼지막하게 글씨를 썼어요.

"방 탈출 프로젝트"

그러고는 아이들에게 물으셨지요.

"이게 뭔지 아는 사람 있나요?"

아이들은 서로 멀뚱멀뚱 쳐다보기만 했지요. 그때 서준이가 손을 들었어요.

"제가 직접 해본 적은 없지만, 텔레비전에서 '방 탈출 카페'라는 것을 봤

어요. 어두컴컴한 방에서 탈출하는 게임 아닌가요?"

"으흠. 반만 맞췄어요. 방을 탈출하는 게임은 맞습니다.

그러면 거기에서 얻을 수 있는 사회 과목의 주제

는 무엇일까요?"

아이들이 웅성거리는 소리 끝에 주아가 손을 들었지요.

"선생님, 그 방에서 혼자 탈출하는 것은 본 적이 없고, 여럿이 같이 머리를 모아 탈출하는 걸로 알아요. 그렇다면 우리가 배울 주제는 '협동'이라고 생각합니다."

"정답!"

선생님의 말을 듣고 반 아이들은 몸이 으스스 떨렸어요. 선생님이 또 어떤 기괴한 문제를 내셨을까를 생각하니 왠지 머리가 지끈지끈 아파 왔기 때문이에요. 그동안 선생님과 함께 한 굵직한 수업들은 그리 평범하지 않았어요.

과학 실험을 하다가 교실이 불타는 줄 알고 놀랐던 일, 커다란 선풍기를 틀고 했던 강풍 실험 등 간담이 서늘한 일들이 하도 많아서인지 다른 반처럼 평범한 수업을 하는 게 이제는 작은 소망이라고나 할까요.

"우리는 다음 주 사회 시간에 방 탈출 프로젝트를 할 겁니다. 우리 반의 학생은 모두 30명이므로 5명이 한 팀을 이루어 총 6팀이 경기를 치를 겁니다."

그리고 선생님은 평가의 규칙을 알려 주셨어요.

1. 협동심을 가장 잘 보여주어야 함.
2. 단 한 명이라도 탈출에 성공하지 못한 팀은 탈락함.
3. 모두가 힘을 합쳐서 방 탈출을 해야 하므로 모두 한 번씩은 아이디어를 내야 함. 이 규칙에 따라 감점이 될 것임.
4. 위 1, 2, ,3을 모두 지킨 상태에서 가장 빠른 시간 안에 방을 탈출한 팀이 일등이고 그 다음 팀을 결정할 것임.
5. 일등을 한 팀에게는 어마어마한 상품이 있음.

그때 신비가 손을 번쩍 들었어요.

"그러면 팀은 누가 결정하나요?"

나대로 선생님이 천천히 고개를 끄덕이셨어요.

"좋은 질문이에요. 팀은 여러분이 정할 거예요. 팀을 결정하는 순간부터 마지막 방을 나와 대기실에서의 모습까지 모두 평가의 순간이 될 것이므로 절대 긴장감을 늦춰서는 안 됩니다. 지금부터 팀을 정할 겁니다. 되도록 찬찬히 생각해서 잘 결정해 주세요."

선생님은 이제부터 아이들이 스스로 팀을 결정하라고 하시고는 20분의 시간을 준다고 말씀하셨어요. 아이들 사이에서 눈치 싸움이 벌어졌어요.

'친한 사람들끼리 팀을 정할 것인가, 어떤 문제가 나올지 모르기에 여러 능력을 가진 다양한 사람들을 모을 것인가.'

선생님은 그 방에 '협동'이라는 주제와 어울리는 어떤 문제들을 모아 놓으셨을까요? 도대체 알 수 없는 미궁 속에 빠진 듯이 아이들은 잠시 멈칫했어요. 그때 가장 빠르게 움직인 것은 서준이었어요. 서준이는 운동을 잘하는 홍민, 아는 것이 많은 현서, 만들기를 잘하는 재영, 재치가 많은 경아를 팀원으로 만들었어요.

서준이네 팀이 각자의 재주를 활용한 프로젝트형 팀이었다면, 친한 아이들끼리 팀을 만든 경우도 있었고, 어쩌다 보니 남은 아이들끼리 팀을 꾸리기도 했어요. 가까스로 주어진 20분 동안 6개의 팀이 만들어졌어요. 그렇게 만들어진 6개의 팀은 서로 만나게 된 것을 반기는 팀도 있었지만, 입을 빼죽 내밀고 망했다는 듯이 불만스러워하는 팀도 있었지요.

"자, 이제 팀을 다 꾸린 것 같으니 선생님이 나눠 주는 종이에 팀원들의 이름을 적고 팀 이름을 만들어 주세요. 그리고 팀원들의 각오 한 마디씩 적어 주세요. 참, 그리고 팀장도 뽑아 주세요. 이번에도 20분 드립니다."

아이들은 팀별로 모여 왁자지껄 시끄럽게 웅성거리며 선생님이 내주신 과제를 하기 시작했어요.

어김없이 20분 후, 선생님이 자리에서 일어나셨어요.

"1팀부터 나와서 팀 이름과 팀장, 팀원들 소개, 방 탈출 계획, 팀원들의 각오 등을 발표해 주세요."

〈엇, 일등〉, 〈어쩌다보니〉, 〈북치기박치기〉, 〈앉1(앉아서도 일등)〉, 〈미션 임파서블(불가능한 임무)〉, 〈아, 힘(아이고 힘들어/아이고 힘 내)〉의 여섯 개 팀이 나와서 각각 발표를 마쳤어요.

아이들은 발표자의 말에 따라 박장대소하기도 하고 야유를 퍼붓기도 하며 한껏 방 탈출 프로젝트의 열기가 달아올랐어요.

이어지는 내용은 72쪽에 >>>

2주차

1회
사회

① 고구려, 백제, 신라의 삼국 시대

학습 계획일
월　　　일

② 남북국을 이룬 통일 신라와 발해

학습 계획일
월　　　일

2회
과학

① 다양한 생물, 균류와 원생생물

학습 계획일
월　　　일

② 우리 주변 어디에나 있는 세균

학습 계획일
월　　　일

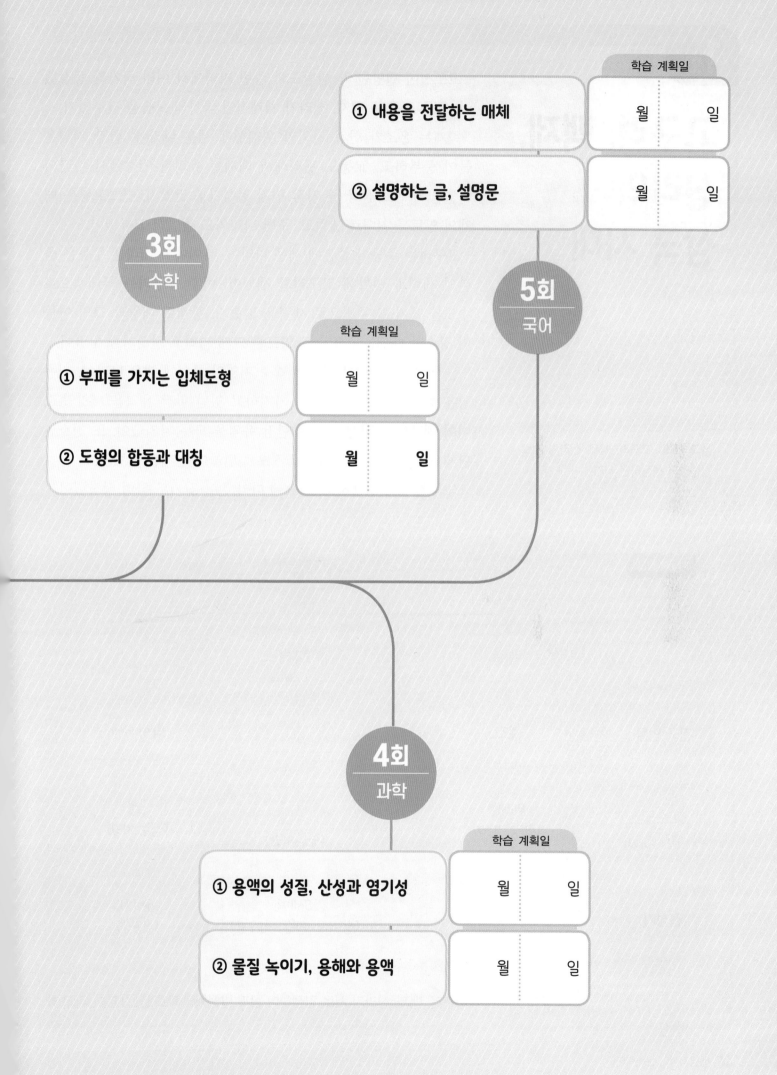

학습 계획일

① 내용을 전달하는 매체   월   일

② 설명하는 글, 설명문   월   일

3회
수학

학습 계획일

① 부피를 가지는 입체도형   월   일

② 도형의 합동과 대칭   월   일

5회
국어

4회
과학

학습 계획일

① 용액의 성질, 산성과 염기성   월   일

② 물질 녹이기, 용해와 용액   월   일

고구려, 백제, 신라의 삼국 시대

삼국 시대: 고구려, 백제, 신라가 서로 경쟁하며 성장하던 시기.

고조선이 멸망한 후 한반도와 주변 지역에서 여러 국가가 등장했어. 그중 고구려, 백제, 신라가 체계적인 국가의 모습을 갖추었지.

백제는 온조가 한강 지역인 위례성에 세운 나라야. 한강 지역은 물이 풍부하고, 교통도 편리해서 백제는 유리한 입장에서 나라의 기틀을 세우고 삼국 중 가장 먼저 전성기를 맞았지. 근초고왕은 백제의 영토를 최대로 넓히고, 주변 나라와도 활발히 교류했어.

고구려는 주몽이 졸본에 세운 나라야. 부여에서 내려온 주몽은 졸본의 세력과 연합해 고구려를 세웠어. 이후 고구려는 국내성으로 수도를 옮기고, 주변으로 세력을 넓혔지. 광개토 대왕과 그의 아들인 장수왕 때에는 사방으로 영토를 크게 넓히고 전성기를 누렸어.

신라는 박혁거세가 지금의 경주 지역인 금성에 세운 나라야. 진흥왕은 백제와 함께 고구려가 차지하고 있던 한강 유역을 빼앗았고, 이어 백제와도 전쟁을 벌여 한강 유역을 모두 차지했어. 또 청소년 단체인 화랑도를 국가적인 조직으로 만들어 인재를 길렀지.

삼국은 서로 경쟁하고, 필요에 따라 손을 잡기도 하며 성장했어.

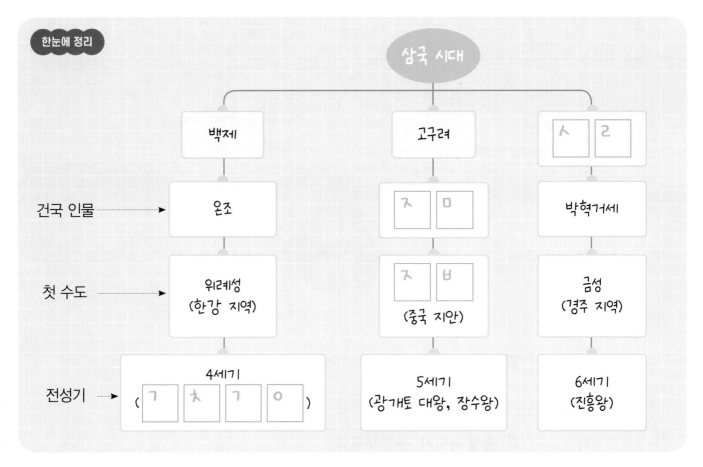

한눈에 정리

삼국 시대

	백제	고구려	ㅅ ㄹ
건국 인물	온조	ㅈ ㅁ	박혁거세
첫 수도	위례성 (한강 지역)	ㅈ ㅂ (중국 지안)	금성 (경주 지역)
전성기	4세기 (ㄱ ㅊ ㄱ ㅇ)	5세기 (광개토 대왕, 장수왕)	6세기 (진흥왕)

이해 우리 역사에서 고구려, 백제, 신라가 서로 경쟁하며 함께 발전했던 때를 ☐☐ ☐☐라고 해.

한강을 차지하기 위한 삼국의 경쟁

고구려, 백제, 신라는 서로 한강을 차지하기 위해 치열하게 경쟁했어. 어느 나라가 한강 지역을 차지하느냐에 따라 전성기를 누린 나라가 갈렸지. 삼국 시대에 한강 지역은 어떤 의미였을까?

한강 지역은 풍부한 물과 주변의 비옥한 토지 덕분에 사람들이 모여 살기에 좋았어. 한반도의 중심에 위치해 있어서 사방으로 통하는 곳이기도 했지. 그뿐만 아니라 한강과 연결된 서해를 통해 중국과 직접 교류하기에도 좋았거든. 그래서 삼국은 서로 동맹을 맺거나 전쟁을 벌이면서 한강 지역을 차지하려고 했어.

▲ 고구려의 전성기(5세기)

가야는 왜 삼국과 같은 대접을 받지 못해?

고구려, 백제, 신라가 성장하던 때에 낙동강 유역에는 가야라는 나라가 있었어. 가야는 우수한 철을 생산해 중국과 왜(일본)에 수출하며 성장했어. 당시 철은 농기구와 무기를 만드는 데 없어서는 안 될 재료였기 때문에 가야의 철은 주변 나라에 인기가 많았지. 문화도 높은 수준으로 발전해 많은 문화유산을 남겼어. 하지만 당시를 삼국 시대라고 부르며 가야를 포함시키지 않고 있어. 왜 그럴까?

가야는 삼국과 달리 여러 개의 작은 나라가 연맹을 이룬 국가로, 강력한 왕권을 가진 나라로 성장하지 못했어. 그러다가 가야 연맹을 이끌던 금관가야와 대가야가 차례로 무너지면서 역사 속으로 사라졌기 때문이야.

◉ 삼국을 건국한 인물을 바르게 선으로 이으세요.

고구려	•		•	온조
백제	•		•	주몽
신라	•		•	박혁거세

◉ 알맞은 말에 ○표를 하세요.

고구려는 (근초고왕 , 광개토 대왕과 장수왕) 때 영토를 크게 확장하고 전성기를 맞았다.

◉ 맞는 것에 ○표를 하세요.

삼국 시대를 이끈 세 나라는 고려, 백제, 신라이다.

삼국은 낙동강을 차지하기 위해 치열하게 경쟁했다.

삼국 중 한강 지역을 차지한 나라가 전성기를 이끌었다.

남북국을 이룬 통일 신라와 발해

통일 신라: 신라가 당과 연합해 백제와 고구려를 멸망시키고, 당의 군사를 몰아내어 삼국을 통일한 676년 이후의 신라.

발해: 고구려 유민 출신인 대조영이 고구려 유민과 말갈족을 이끌고 698년에 동모산 지역에 세운 나라.

신라는 삼국 시대를 끝내고 통일을 이루었어. 삼국 중 가장 늦게 전성기를 맞았던 신라가 어떻게 삼국을 통일할 수 있었을까?

신라는 백제의 공격을 받아 국경 지역을 빼앗기고 고구려에 도움을 요청했지만 거절당했어. 오히려 고구려와 백제 연합군의 공격을 받았지. 위기를 맞은 신라는 김춘추를 당에 보내어 당과 동맹을 맺었어. 신라와 당의 연합군은 먼저 백제를 멸망시키고, 고구려도 무너뜨렸어. 이후 당이 한반도 전체를 지배하려고 하자 신라는 당을 몰아내고 우리 역사상 최초로 통일을 이루었어. 이렇게 통일 신라의 역사가 시작되었지.

한편, 고구려 유민 출신인 대조영은 당이 정치적으로 혼란한 틈을 타 고구려 유민과 말갈족을 이끌고 동모산 지역에 발해를 세웠어. 발해는 스스로 고구려를 계승한 나라임을 밝히고, 옛 고구려 땅을 회복해 나갔어. 또 고구려 문화를 바탕으로 독자적인 문화를 발전시키고, 여러 나라와 활발히 교류했지. 당은 발해를 바다 동쪽에서 일어난 번성한 나라라는 뜻에서 '해동성국'이라고 불렀어.

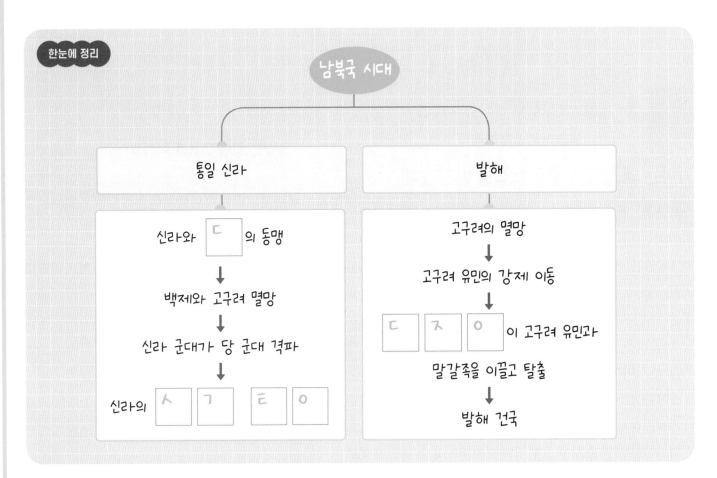

한눈에 정리

남북국 시대

통일 신라

신라와 [ㄷ] 의 동맹
↓
백제와 고구려 멸망
↓
신라 군대가 당 군대 격파
↓
신라의 [ㅅ] [ㄱ] [ㅌ] [ㅇ]

발해

고구려의 멸망
↓
고구려 유민의 강제 이동
↓
[ㄷ] [ㅈ] [ㅇ] 이 고구려 유민과
말갈족을 이끌고 탈출
↓
발해 건국

이해▶ 신라가 삼국을 통일한 후에 북쪽에서는 대조영이 □□를 건국했어.

삼국 통일과 통일 신라

삼국 통일의 의미

신라는 우리 역사상 최초로 한반도에 있던 여러 나라 통일했어. 이로써 삼국이 하나의 나라를 이루어 발전할 수 있었지.

삼국 통일의 한계

신라의 삼국 통일에는 한계점도 있어. 통일 과정에서 외세인 당의 힘을 빌렸고, 고구려가 지배하던 땅의 대부분을 잃었어.

통일 신라

삼국을 통일한 이후의 신라를 통일 전의 신라와 구분하기 위해 쓰는 나라 이름이야. 당시에 통일 신라라고 부르지는 않았어.

발해는 고구려와 어떤 관련이 있어?

발해를 건국한 대조영은 고구려 장군 출신이고, 발해 건국의 주축이 된 세력 역시 고구려 유민이야. 또 발해는 스스로 고구려를 계승한 나라임을 내세웠으며, 발해의 무왕은 자신을 고려(고구려) 국왕이라고 했어. 발해의 많은 문화재가 고구려 양식과 닮았다는 점도 고구려를 계승한 나라라는 것을 말해 주지. 나라의 힘을 키운 발해는 고구려의 옛 영토를 대부분 되찾았으며, 통일 신라와 어깨를 겨루는 나라로 발전했어.

▲ 발해의 전성기(9세기)

◉ 알맞은 말에 ○표를 하세요.

백제와 고구려의 공격으로 어려움에 처한 신라는 (일본 , 당)과 동맹을 맺어 위기를 극복하려고 했다.

◉ 다음은 남북국 시대의 모습입니다. 빈칸에 알맞은 나라 이름을 쓰세요.

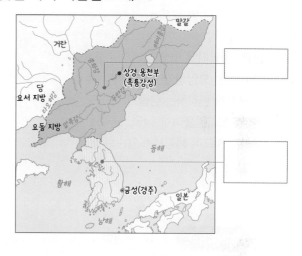

◉ 발해에 대한 설명으로 알맞은 것에 ○표를 하세요.

백제의 장수 출신인 대조영이 세운 나라이다.

신라를 계승한다는 의식을 분명히 하였다.

당은 발해를 '해동성국'이라고 불렀다.

2회 ①

다양한 생물, 균류와 원생생물

균류: 곰팡이와 버섯 같이 거미줄처럼 가늘고 긴 모양의 균사로 이루어져 있고 포자로 번식하는 생물.
원생생물: 동물이나 식물, 균류로 분류되지 않으며 생김새가 단순한 생물.

동물과 식물 어디에도 포함되지 않는 생물들이 있어.

식물은 대부분 엽록소로 광합성을 하며 살아가는 데 필요한 양분을 스스로 만드는 생물이야. 동물과 달리 이동할 수 없기 때문에 꽃을 피우고 씨를 이용해 번식을 하지.

버섯은 식물과 달리 스스로 양분을 만들지 못하고 꽃을 피우지 않기 때문에 식물이 아니야. 그렇다고 스스로 이동할 수 없으니 동물도 아니지. 버섯은 죽은 생물이나 나무껍질, 낙엽, 나무 밑동에서 양분을 얻어 살아가. 이와 같은 생물을 균류라고 해. 균류는 보통 거미줄처럼 가늘고 긴 모양의 균사로 이루어져 있고 포자로 번식해.

식물에도 동물에도 속하지 않는 생물은 물에도 있어. 연못이나 느린 하천에는 짚신벌레나 해캄 같은 작은 생물들이 있어. 이들을 원생생물이라고 하는데, 생김새가 매우 단순해. 물을 녹색으로 변하게 하는 해캄은 엽록소가 있어서 광합성을 하여 스스로 양분을 만드는 식물의 특징을 지닌 원생생물이야. 이에 반해 짚신벌레는 움직이고 먹이도 먹는 동물의 특징을 지닌 원생생물이지.

한눈에 정리

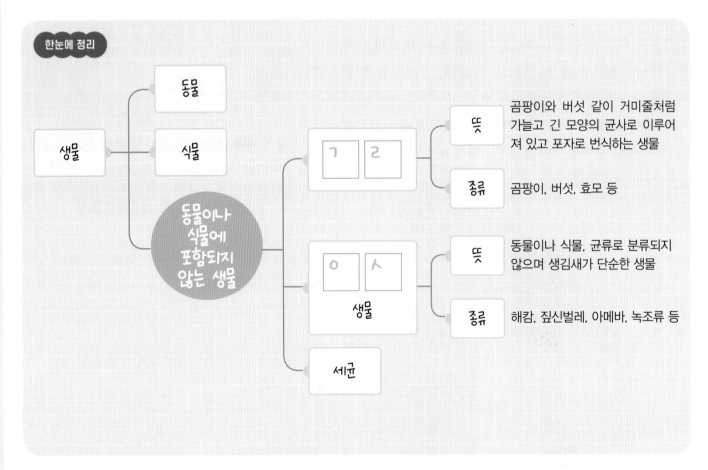

동물

식물

생물

동물이나 식물에 포함되지 않는 생물

ㄱ ㄹ

뜻 | 곰팡이와 버섯 같이 거미줄처럼 가늘고 긴 모양의 균사로 이루어져 있고 포자로 번식하는 생물

종류 | 곰팡이, 버섯, 효모 등

ㅇ ㅅ 생물

뜻 | 동물이나 식물, 균류로 분류되지 않으며 생김새가 단순한 생물

종류 | 해캄, 짚신벌레, 아메바, 녹조류 등

세균

이해 ▶ 생물을 분류할 때 버섯, 곰팡이는 □□에 속하고, 해캄은 □□□□에 속해.

균류

곰팡이와 버섯 같은 균류는 균사로 이루어져 있어. 균사는 세포들이 사슬처럼 연결된 하나의 가닥을 말해. 이 균사들이 그물망처럼 연결되어 만들어진 덩어리를 균사체라고 해. 균류의 균사는 우리가 눈으로 볼 수 있는 부분뿐만 아니라 눈에 보이지 않는 곳에도 넓게 퍼져 있어. 효모는 균사가 없지만 대부분의 균류는 균사로 되어 있지.

버섯

균류 중에서 갓과 자루로 이루어진 자실체를 만드는 무리를 버섯이라고 해. 평소에는 땅속이나 나무 속에 균사체로 있다가 버섯의 모양이 만들어지면 포자를 만들어 멀리 퍼뜨려 번식을 해.

자실체란 균류의 포자(홀씨)를 만들기 위한 부분이야. 균사가 빽빽하게 모여 덩이를 이루고 있지.

포자는 버섯이나 곰팡이 같은 균류나 이끼류 식물이 만들어 내는 생식 세포를 말해. 보통 홀씨라고 하지. 하나의 세포로 되어 있고, 단독으로 싹을 틔워 새로운 버섯이 돼.

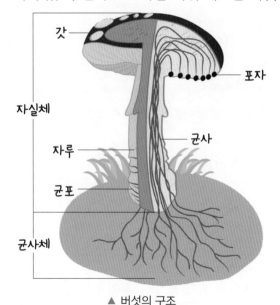

▲ 버섯의 구조

원생생물의 특징

동물이나 식물, 균류로 분류되지 않으며, 생김새가 매우 단순해. 짚신벌레나 해캄 같이 연못이나 느린 하천에서 사는 것도 있고, 녹조류(파래), 갈조류(미역), 홍조류(김)와 같이 바다에서 사는 원생생물도 있어.

◉ 알맞은 말에 ○표를 하세요.

(균류 , 원생생물)은/는 스스로 양분을 만들지 못하고 죽은 생물이나 다른 생물에서 양분을 얻어 사는 생물이다.

◉ 원생생물에 대한 설명으로 옳은 것에 모두 ○표를 하세요.

포자로 번식한다.	
생김새가 매우 단순하다.	
몸체가 균사로 구성되어 있다.	
동물에도 식물에도 포함되지 않는다.	

◉ 알맞게 선으로 이으세요.

균류 •

원생생물 •

• 버섯

• 해캄

• 곰팡이

• 짚신벌레

2회 ②

우리 주변 어디에나 있는 세균

세균: 균류나 원생생물보다 크기가 더 작고 생김새가 단순한 생물.

세균은 매우 작아서 맨눈으로 볼 수 없지만 다른 생물의 몸이나 공기, 물, 흙 등 우리 주변 어디에나 존재해. 동물도 식물도 아닌 생물로 균류나 원생생물보다 크기가 더 작고 생김새가 단순해.

세균은 생명력이 강해서 다른 생물이 살기 어려운 환경에서도 살 수가 있어. 어떤 세균은 남극 같이 추운 곳에서 발견되기도 해. 그리고 살기에 알맞은 조건이 되면 매우 빠르게 번식하고, 돌연변이도 많아서 세균의 개수와 종류는 무수히 많아.

세균은 생김새에 따라 공 모양, 막대 모양, 나선 모양 등으로 구분하며, 꼬리가 있는 세균도 있어. 세균은 하나씩 따로 떨어져 있거나 여러 개가 서로 연결되어 있기도 해.

세균은 균류와 함께 죽은 동물과 낙엽 등을 작게 분해하고, 음식을 상하게 하기도 해. 또 사람을 비롯한 다른 생물에게 여러 가지 질병을 일으키기도 하지. 하지만 김치와 같은 발효 음식을 만드는 데 도움을 주기도 하고 유산균처럼 우리 몸을 이롭게 하기도 하지.

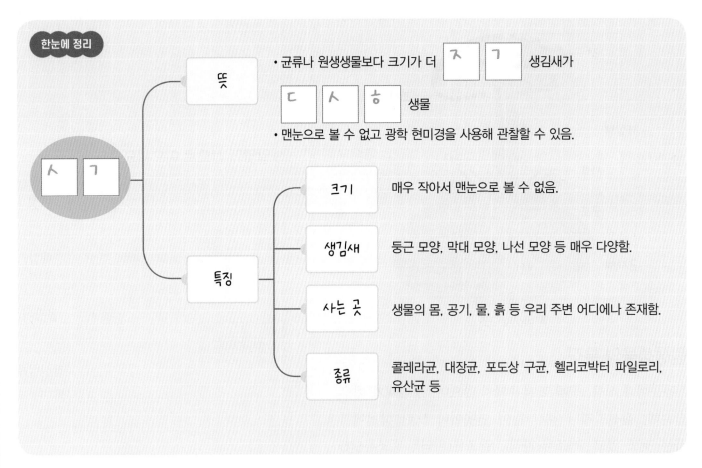

한눈에 정리

ㅅ ㄱ

- **뜻**
  - 균류나 원생생물보다 크기가 더 **ㅈ ㄱ** 생김새가 **ㄷ ㅅ ㅎ** 생물
  - 맨눈으로 볼 수 없고 광학 현미경을 사용해 관찰할 수 있음.

- **특징**
  - **크기** 매우 작아서 맨눈으로 볼 수 없음.
  - **생김새** 둥근 모양, 막대 모양, 나선 모양 등 매우 다양함.
  - **사는 곳** 생물의 몸, 공기, 물, 흙 등 우리 주변 어디에나 존재함.
  - **종류** 콜레라균, 대장균, 포도상 구균, 헬리코박터 파일로리, 유산균 등

이해 ▶ □□은 눈에 보이지 않을 만큼 작고 생김새가 단순한 생물로, 질병을 일으키는 원인이 되기도 해.

세균

세균은 하나의 세포로 이루어진 생물로 크기가 매우 작아서 사람의 맨눈으로는 관찰할 수 없어. 물체를 몇 백 배이상 확대하여 관찰할 수 있는 현미경이 개발된 이후로 우리는 세균의 존재를 확인할 수 있게 되었어.

세균은 종류가 무수히 많고, 돌연변이 또한 빈번히 발생하기 때문에 모양도 매우 다양해. 세균은 물, 공기, 동식물에서 양분을 얻고, 스스로 그 수를 늘리기 때문에 다른 생물에 비해 생존과 번식에 유리해.

▲ 광학 현미경

세균이 사는 곳과 특징

콜레라균
오염된 물이나 음식 등에서 살고, 막대 모양으로 구부러져 있어. 꼬리가 달려 있고 이것을 이용해 이동해.

대장균
사람이나 소 같은 동물의 창자에서 살고, 막대 모양으로 여러 개가 뭉쳐져 있어.

헬리코박터 파일로리
사람의 위장에서 살고, 나선 모양으로 꼬리가 여러 개 있어.

염전에서 사는 세균도 있다고?

호염성 세균은 소금 호수나 사해, 염전과 같이 염분이 매우 높은 곳에서 사는 세균이야. 호열성 세균은 고온의 환경에서 사는 세균으로 뜨거운 물이 해저의 지하로부터 솟아 나오는 구멍인 열수공, 온천이나 간헐천 등에서도 살아가.

◉ 세균에 대한 설명으로 옳은 것에 ○표를 하세요.

질병을 일으키지 않는다.	
매우 작아서 맨눈으로 볼 수 없다.	
매우 덥거나 추운 곳에서는 살 수 없다.	

◉ 알맞은 말에 ○표를 하세요.

세균은 생명력이 (강하며 , 약하며), 번식 속도가 (빠르고 , 느리고) 돌연변이가 (많다 , 적다).

◉ 알맞게 선으로 이으세요.

세균 •

• 버섯

• 해캄

• 콜레라균

• 대장균

3회 ①

부피를 가지는 입체도형

입체도형: 평면도형이 아닌 도형.

도형은 크게 평면도형과 입체도형으로 구분해. 평면도형은 원, 삼각형, 사각형처럼 평면 위에 그려진 도형을 말하고, 입체도형은 여러 개의 평면이나 곡면으로 둘러싸여 부피를 가지는 도형을 말해.

상자나 주사위의 면을 살펴보면 평면도형인 직사각형 또는 정사각형 6개로 이루어진 도형인 걸 알 수 있어. 이와 같은 도형을 직육면체 또는 정육면체라고 하고 입체도형으로 구분해.

입체도형은 기둥 모양과 뿔 모양으로 나뉘는데 우리 주변에서 흔히 볼 수 있는 것들이야. 각기둥 모양의 연필꽂이, 원기둥 모양의 건축물에서 볼 수 있듯 기둥 모양은 다시 각기둥과 원기둥으로 나눌 수 있어. 밑면의 모양에 따라 기둥 모양의 이름이 정해지는데 밑면의 모양이 삼각형이면 삼각기둥이고, 원이면 원기둥이 되는 거지.

삼각뿔 모양의 스피커, 원뿔 모양의 모자처럼 뿔 모양도 각뿔과 원뿔로 나뉘는데 뿔 모양의 이름도 밑면의 모양에 따라 정해져. 밑면의 모양이 사각형이면 사각뿔이고, 원이면 원뿔이 되는 거지.

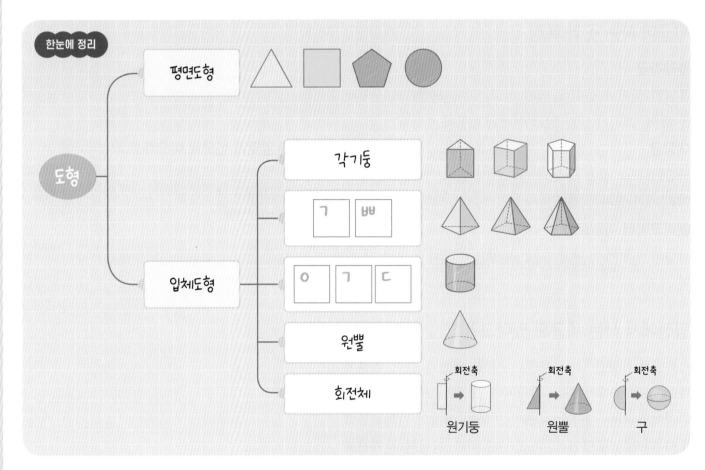

한눈에 정리

도형
- 평면도형 △ ◻ ⬠ ○
- 입체도형
  - 각기둥
  - ㄱ · ㅃ
  - ㅇ · ㄱ · ㄷ
  - 원뿔
  - 회전체

회전축 → 원기둥
회전축 → 원뿔
회전축 → 구

이해 평면이나 곡면으로 둘러싸여 부피를 가지는 도형을 ☐☐도형이라고 해.

각기둥

각기둥은 밑면이 서로 평행하고 합동인 다각형이고, 옆면이 모두 직사각형으로 이루어진 입체도형이야. 각기둥은 밑면의 모양이 삼각형, 사각형, 오각형……일 때 삼각기둥, 사각기둥, 오각기둥……이라고 해.

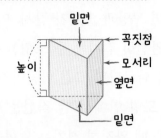

각뿔

각뿔은 밑면이 다각형이고, 옆면이 모두 삼각형인 뿔 모양의 입체도형이야. 각뿔도 밑면의 모양이 삼각형, 사각형, 오각형……일 때 삼각뿔, 사각뿔, 오각뿔……이라고 해. 각뿔의 옆면은 모두 삼각형이고 한 점인 각뿔의 꼭짓점에서 만나게 돼.

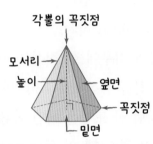

원기둥

원기둥은 밑면이 서로 평행하고 합동인 원으로 이루어진 입체도형이야.

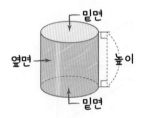

원뿔

원뿔은 밑면이 원이고 옆으로 둘러싼 면이 곡면인 뿔 모양의 입체도형이야.

구

구는 축구공, 구슬처럼 공 모양의 입체도형이야. 평면도형을 한 직선을 축으로 하여 1회전한 입체도형을 회전체라고 하는데 원기둥, 원뿔, 구는 모두 회전체라고 할 수 있어.

◉ 각기둥으로 알맞은 것에 ○표를 하세요.

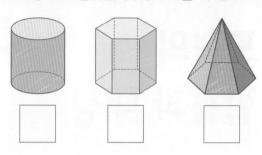

◉ 알맞은 말에 ○표를 하세요.

각기둥과 각뿔은 (밑면 , 옆면)의 모양에 따라 각기둥과 각뿔의 이름이 정해진다.

◉ 맞는 것에 ○표를 하세요.

각뿔의 옆면은 모두 삼각형이다.

원뿔은 위와 아래에 있는 면이 서로 평행하고 합동인 원이다.

도형의 합동과 대칭

종이 두 장을 포개어서 하트 모양을 그린 다음 오려 봐. 오린 종이를 겹쳐 보면 모양과 크기가 같지. 이렇게 모양과 크기가 같아서 포개었을 때 완전히 겹치는 두 도형을 서로 합동이라고 해. 모양은 같은데 크기가 다르다면 그건 합동이 아니라 닮음이라고 해.

이번에는 도형 안에서 한 직선을 따라 접거나 한 점을 중심으로 180° 돌렸을 때 완전히 겹치는 도형을 생각해 봐.

정삼각형 모양의 종이를 한 꼭짓점에서 밑변에 수직으로 그은 직선을 따라 접어 봐. 두 도형이 완전히 겹치지? 이처럼 한 직선을 따라 접었을 때 완전히 겹치는 도형을 선대칭도형이라고 해. 이때 그 직선을 대칭축이라고 하지.

평행사변형의 경우에 한 직선을 따라 접으면 완전히 겹쳐지지 않지만 가운데 점을 중심으로 180°만큼 돌려 보면 처음 도형과 완전히 겹쳐. 이처럼 한 도형을 어떤 점을 중심으로 180° 돌렸을 때 처음 도형과 완전히 겹칠 때 이 도형을 점대칭도형이라고 해. 그리고 그 점을 대칭의 중심이라고 하지.

합동: 두 개의 도형이 크기와 모양이 같아서 완전히 포개어지는 것.
대칭: 도형 안에서 한 직선을 따라 접거나 한 점을 중심으로 180° 돌렸을 때 완전히 겹치는 것.

한눈에 정리

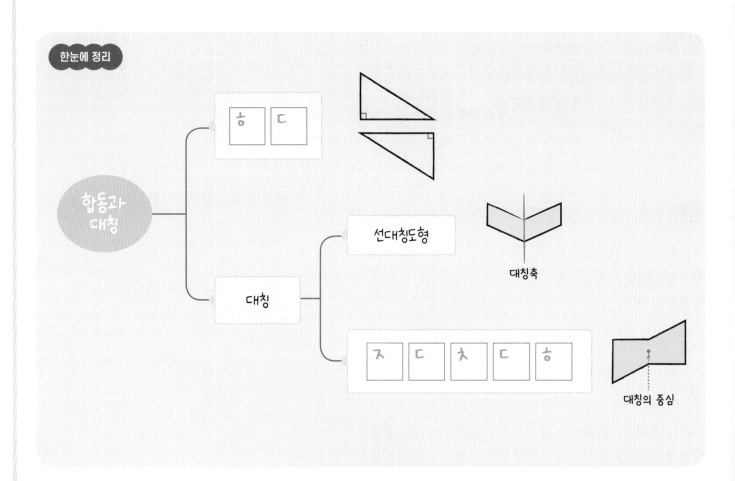

이해▶ 두 개의 도형이 크기와 모양이 같아서 완전히 포개어지는 것을 ☐☐이라고 해.

합동인 도형

　모양과 크기가 같아서 포개었을 때, 완전히 겹치는 두 도형을 서로 합동이라고 해.

　서로 합동인 두 도형을 완전히 포개어 보면 점, 변, 각이 각각 겹치는데 겹치는 점을 대응점, 겹치는 변을 대응변, 겹치는 각을 대응각이라고 해. 서로 합동인 두 도형에서 대응변의 길이와 대응각의 크기가 서로 같아.

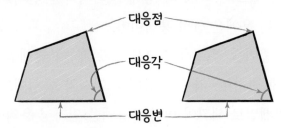

대칭인 도형

선대칭도형

　한 직선을 따라 접어서 완전히 겹치는 도형을 선대칭도형이라고 하고 그 직선을 대칭축이라고 해. 선대칭도형에서 대칭축은 1개 또는 여러 개인데 대칭축이 여러 개일 경우에는 한 점에서 만나.

점대칭도형

　한 도형을 어떤 점을 중심으로 180° 돌렸을 때 처음 도형과 완전히 겹치는 도형을 점대칭도형이라고 하고, 그 점을 대칭의 중심이라고 해. 점대칭도형에서 대칭의 중심은 오직 1개뿐이야.

　선대칭도형과 점대칭도형에서 각각의 대응변의 길이와 각각의 대응각의 크기는 서로 같아. 선대칭도형에서 대응점끼리 이은 선분은 대칭축과 수직으로 만나고 대칭축은 대응점끼리 이은 선분을 똑같이 둘로 나눠. 점대칭도형에서 대응점끼리 이은 선분은 대칭의 중심에서 만나고 대칭의 중심은 대응점끼리 이은 선분을 똑같이 둘로 나눠.

▲ 선대칭도형

▲ 점대칭도형

◉ 알맞은 말에 ○표를 하세요.

　모양과 크기가 같아서 포개었을 때 완전히 겹치는 두 도형을 서로 (합동 , 대칭)이라고 한다.

◉ 알맞는 것에 ○표를 하세요.

• 선대칭도형에서 각각의 대응변의 길이가 서로 (같다 , 다르다).
• 선대칭도형에서 각각의 대응각의 크기가 서로 (같다 , 다르다).

◉ 맞는 것에 ○표를 하세요.

　선대칭도형에서 대칭축은 항상 1개이다. □

　점대칭도형에서 대칭의 중심은 1개뿐이다. □

4회 ①

용액의 성질, 산성과 염기성

산성: 대체로 신맛을 내는 용액.
염기성: 대체로 쓴맛을 내고 미끌거리는 느낌의 용액.

여러 가지 용액을 분류하려면 어떻게 해야 할까? 맛, 색깔, 냄새, 촉감 등으로도 구분할 수 있어. 하지만 피부에 닿거나 먹으면 위험한 용액도 많아. 그럴 때에는 지시약을 이용해 분류할 수 있어. 리트머스 종이, 페놀프탈레인 용액, 자주색 양배추 용액같은 지시약을 이용하면 산성 용액과 염기성 용액으로 분류할 수 있어.

먼저 푸른색 리트머스 종이를 붉게 변화시키고, 페놀프탈레인 용액에는 색깔 변화가 없으며, 자주색 양배추 지시약을 떨어뜨리면 붉은색 계열로 변하는 용액은 산성 용액이야.

붉은색 리트머스 종이를 푸르게 변화시키고, 페놀프탈레인 용액을 떨어뜨리면 붉게 변하며, 자주색 양배추 지시약을 떨어뜨리면 푸른색이나 노란색 계열로 색깔이 변하는 용액은 염기성 용액이야.

생선을 손질한 도마에서 나는 비린내는 염기성이기 때문에 산성인 식초나 레몬으로 닦아내. 또 속이 쓰릴 때는 염기성 물질인 제산제를 먹고, 욕실을 청소할 때는 염기성 물질인 표백제를 사용하지.

이처럼 산성 용액과 염기성 용액은 생활에서 다양하게 쓰여.

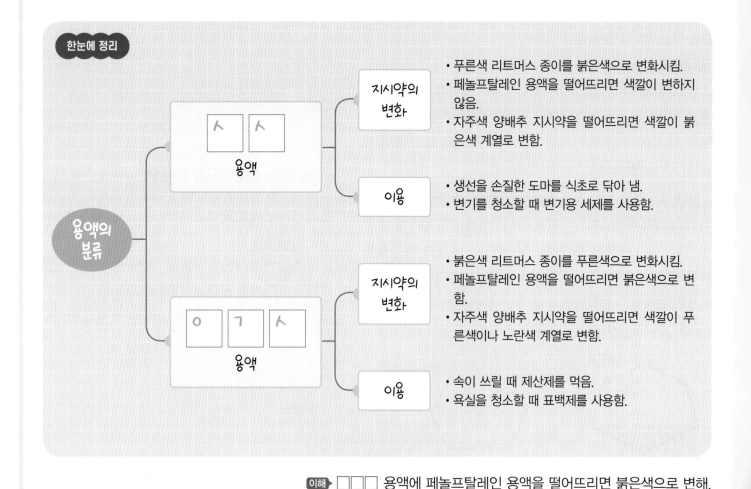

한눈에 정리

용액의 분류

- ㅅ ㅅ 용액
  - 지시약의 변화
    - 푸른색 리트머스 종이를 붉은색으로 변화시킴.
    - 페놀프탈레인 용액을 떨어뜨리면 색깔이 변하지 않음.
    - 자주색 양배추 지시약을 떨어뜨리면 색깔이 붉은색 계열로 변함.
  - 이용
    - 생선을 손질한 도마를 식초로 닦아 냄.
    - 변기를 청소할 때 변기용 세제를 사용함.
- ㅇ ㄱ ㅅ 용액
  - 지시약의 변화
    - 붉은색 리트머스 종이를 푸른색으로 변화시킴.
    - 페놀프탈레인 용액을 떨어뜨리면 붉은색으로 변함.
    - 자주색 양배추 지시약을 떨어뜨리면 색깔이 푸른색이나 노란색 계열로 변함.
  - 이용
    - 속이 쓰릴 때 제산제를 먹음.
    - 욕실을 청소할 때 표백제를 사용함.

이해 ▶ □□□ 용액에 페놀프탈레인 용액을 떨어뜨리면 붉은색으로 변해.

pH가 뭐야?

어떤 물질이 산성인지 염기성인지를 pH로 나타내는 경우가 많아. 우리 주변의 대부분의 물질은 저마다 pH, 즉 수소 이온 농도 지수를 가지고 있거든. pH 7을 기준으로 해서 pH가 7보다 작으면 산성, pH가 7보다 크면 염기성으로 구분하지.

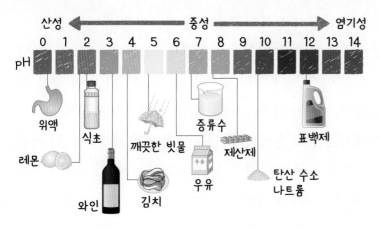

산성 용액과 염기성 용액을 섞으면 어떻게 될까?

산성 용액에 염기성 용액을 조금씩 넣으면 점점 산성이 약해져. 반대로 염기성 용액에 산성 용액을 조금씩 넣으면 염기성이 점점 약해지지. 섞은 용액 속에 들어 있는 산성을 띠는 물질과 염기성을 띠는 물질이 서로 짝을 맞춰 각각의 성질을 잃어버리기 때문이야. 그래서 산성 물질의 성질을 약하게 하려면 염기성 물질을 섞고, 염기성 물질의 성질을 약하게 하려면 산성 물질을 섞는 거야.

요구르트를 마시고 나서 꼭 양치질을 해야 하는 까닭은?

충치를 일으키는 세균은 산성을 좋아하는데 요구르트를 마시면 입안이 산성으로 변해. 그러면 충치를 일으키는 세균이 활발히 활동하게 되지. 그걸 막으려면 염기성이 필요하겠지? 그래서 염기성인 치약으로 양치질을 하면 입안의 산성 물질을 없애기 때문에 세균의 활동을 막을 수 있는 거야.

◉ 지시약에 대한 설명으로 알맞은 것에 ○표를 하세요.

어떤 용액을 만나도 색깔 변화가 없는 물질이다.

어떤 용액을 만났을 때 눈에 띄는 변화가 나타나는 물질이다.

◉ 리트머스 종이의 색깔 변화를 보고 알맞은 용액을 선으로 이으세요.

푸른색 → 붉은색 · · 산성 용액

붉은색 → 푸른색 · · 염기성 용액

◉ 밑줄 친 물질은 산성인지 염기성인 골라 ○표를 하세요.

생선을 손질하여 비린내(산성 , 염기성)가 나는 도마를 식초(산성 , 염기성)로 닦는다.

4회 ②

물질 녹이기, 용해와 용액

용해: 어떤 물질이 다른 물질에 녹아 골고루 섞이는 현상.
용액: 녹는 물질이 녹이는 물질에 골고루 섞여 있는 물질.

달걀을 삶을 때 물에 소금을 넣으면 소금이 녹아 눈에 보이지 않게 되지? 이처럼 어떤 물질이 다른 물질에 녹아 골고루 섞이는 현상을 용해라고 하고, 녹는 물질이 녹이는 물질에 골고루 섞여 있는 물질을 용액이라고 해. 이때 녹는 물질인 소금을 용질, 녹이는 물질인 물을 용매라고 하는데 용질이 용매에 녹으면 없어지는 걸까? 아니야. 용질이 아주 작게 변하여 골고루 섞여 있어서 눈에 보이지 않을 뿐 무게를 측정해 보면 소금이 물에 용해되기 전과 용해된 후의 무게는 같아.

그럼 용질마다 용매에 용해되는 양은 같을까? 물에 용해되는 용질은 소금, 설탕, 베이킹 소다 등이 있는데, 물의 온도와 양이 같을 때 용질마다 용해되는 양이 달라. 그리고 같은 용질이라도 물의 온도가 높을수록 용해되는 양이 많아지지. 용질이 용매에 많이 녹으면 진한 용액이 돼. 색깔이 진할수록 진한 용액인 거지. 하지만 소금물처럼 색깔이 없는 용액은 색깔로 진하기를 알 수 없어. 그때는 어떤 물체를 넣었을 때 뜨고 가라앉는 정도를 보고 비교할 수 있어. 용액이 진할수록 물체가 높이 떠오르거든.

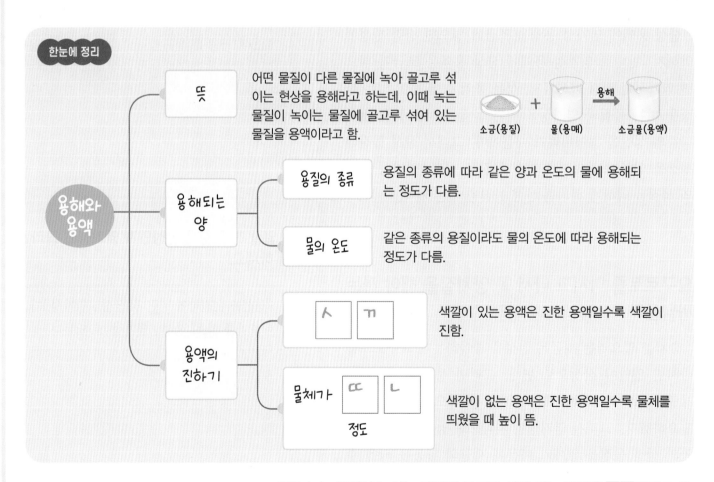

한눈에 정리

용해와 용액

뜻 — 어떤 물질이 다른 물질에 녹아 골고루 섞이는 현상을 용해라고 하는데, 이때 녹는 물질이 녹이는 물질에 골고루 섞여 있는 물질을 용액이라고 함.

소금(용질) + 물(용매) →용해 소금물(용액)

용해되는 양
- **용질의 종류** — 용질의 종류에 따라 같은 양과 온도의 물에 용해되는 정도가 다름.
- **물의 온도** — 같은 종류의 용질이라도 물의 온도에 따라 용해되는 정도가 다름.

용액의 진하기
- ㅅ ㄲ — 색깔이 있는 용액은 진한 용액일수록 색깔이 진함.
- 물체가 ㄸ ㄴ 정도 — 색깔이 없는 용액은 진한 용액일수록 물체를 띄웠을 때 높이 뜸.

이해 녹는 물질이 녹이는 물질에 골고루 섞여 있는 물질을 □□이라고 해.

용액이 진할수록 물체가 많이 떠오르는 까닭은?

용액의 진하기와 물체가 뜨는 정도

용액의 진하기는 용액 속에 용질이 녹아 있는 정도를 말하는데, 진한 용액일수록 용매에 용질이 많이 녹아 있다는 거야.

그러니까 용액의 부피가 같을 때 진한 용액이 연한 용액보다 무게가 더 무겁겠지? 또 진한 용액은 물체를 뜨게 하는 힘이 커져. 그래서 진한 용액일수록 물체를 띄웠을 때 높이 떠오르는 거야.

진한 용액 사해

사해는 세계에서 염도가 가장 높은 호수야. 즉 소금이 많이 섞여 있는 진한 용액이라는 거지. 그래서 사해에서는 구명조끼 없이도 사람이 물에 뜰 수 있어. 어떤 사람은 사해에 둥둥 떠서 신문도 읽기도 해.

미숫가루 탄 물도 용액일까?

미숫가루 탄 물을 흔들었더니 골고루 섞이네. 그럼 미숫가루 물도 용액인가?

미숫가루는 여러 가지 곡물을 갈아서 가루로 만든 거야. 미숫가루를 물에 타서 숟가락으로 잘 저으면 가라앉거나 뜨는 물질이 없어.

그런데 가만히 놓아두면 바닥에 가라앉는 물질이 생기고, 거름종이로 걸렀을 때도 걸러지는 게 있어. 그래서 미숫가루 탄 물은 용액이 아니야.

◉ 소금을 물에 녹였을 때 다음은 각각 무엇에 해당하는지 아래에서 골라 쓰세요.

용매	용질	용해	용액

소금   물   소금물

☐ ☐   ☐ ☐   ☐ ☐

◉ 다음을 비교해 빈칸에 >, =, <로 표시하세요.

설탕을 녹이기 전 설탕과 물의 무게	☐	설탕을 녹인 후 설탕물의 무게

◉ 소금물의 진하기를 비교하는 방법에 모두 ○ 표를 하세요.

맛을 본다.	☐
색깔을 비교한다.	☐
물체를 띄워 본다.	☐

5회 ①

내용을 전달하는 매체

매체: 어떤 소식이나 사실을 널리 전달하는 물체나 수단.

매체는 내용을 전달하는 수단이 되는 것을 말해. 매체는 그 특성이 다르기 때문에 그것을 이용하는 방법도 각각 달라.

신문, 잡지, 책 같은 인쇄 매체는 다른 매체에 비해 보존이 쉽고 반복해서 볼 수 있어. 이와 같은 매체에는 문자, 사진, 그림 등을 표현 수단으로 하고 있어서 시각적인 효과도 뛰어나기 때문에 글과 그림, 사진이 주는 시각 정보를 잘 살펴봐야 해.

시각과 청각을 모두 이용하는 영상 매체는 동영상, 문자, 음성, 음악, 음향 등을 표현 수단으로 하고 있어. 이와 같은 매체에는 텔레비전 영상물, 영화 등이 있는데 화면 연출, 음향 효과에 주의를 기울여서 봐야 해. 그러기 위해서는 화면 구성을 잘 살피고 소리에 담긴 정보도 잘 들어봐야겠지?

전자 기기의 힘을 이용하는 인터넷 매체는 문자, 사진, 그림, 동영상, 음성, 음악, 음향 등 앞에서 말한 인쇄 매체와 영상 매체의 표현 수단을 모두 활용할 수 있어. 이처럼 매체가 달라지면 내용을 전달하는 표현 방법이 달라져.

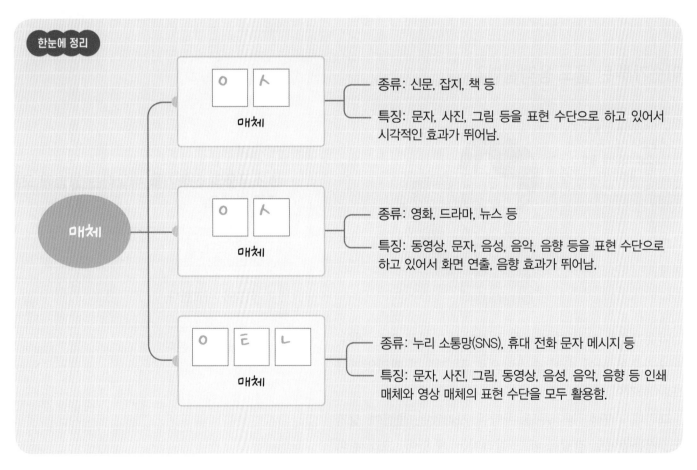

한눈에 정리

매체

- ○ ㅅ 매체
  - 종류: 신문, 잡지, 책 등
  - 특징: 문자, 사진, 그림 등을 표현 수단으로 하고 있어서 시각적인 효과가 뛰어남.
- ○ ㅅ 매체
  - 종류: 영화, 드라마, 뉴스 등
  - 특징: 동영상, 문자, 음성, 음악, 음향 등을 표현 수단으로 하고 있어서 화면 연출, 음향 효과가 뛰어남.
- ○ ㅌ ㄴ 매체
  - 종류: 누리 소통망(SNS), 휴대 전화 문자 메시지 등
  - 특징: 문자, 사진, 그림, 동영상, 음성, 음악, 음향 등 인쇄 매체와 영상 매체의 표현 수단을 모두 활용함.

이해 ☐☐는 어떤 소식이나 사실을 널리 알리는 수단이 되는 것을 말해.

매체의 종류와 특징

텔레비전

영상을 통하여 다양하고 많은 양의 정보를 전달해. 다큐멘터리 같은 프로그램을 통하여 전문적인 정보도 생생하게 얻을 수 있어.

신문

신문은 매일 일어난 크고 작은 사건들을 기사문으로 전해 줘. 기사문과 관련된 사진을 넣어 읽는 이의 이해를 돕기도 하지.

라디오

소리를 통해서 정보를 전달해. 원하는 분야의 정보를 골라서 듣고 녹음할 수도 있어.

책

책을 통하여 필요한 분야의 체계적이고 전문적인 정보를 찾을 수 있어.

▲ 다양한 매체

매체를 올바르게 이용하는 방법이 있어?

인쇄 매체와 영상 매체

인쇄 매체는 글로 표현한 내용을 머릿속으로 떠올리면서 내용을 꼼꼼히 확인하며 읽어야 해. 영상 매체는 여러 가지 표현 방법을 활용하기 때문에 표현에 활용한 요소들이 나타내는 바가 무엇인지 생각하며 봐야 해.

인터넷 매체

우선 적절한 정보를 어디에서 어떻게 찾을지를 정확히 알고, 정보에 대한 분별력을 갖출 수 있어야 해. 사람에 대한 예의를 갖추는 태도 역시 매우 중요해.

◉ 다음과 같은 장점을 가진 매체의 종류는 무엇인지 쓰세요.

> 영상을 통하여 다양하고 많은 양의 정보를 전달한다. 다큐멘터리 같은 프로그램을 통하여 전문적인 정보도 생생하게 얻을 수 있다.

☐ ☐ ☐ ☐

◉ 알맞은 내용에 ○표를 하세요.

> 매체가 달라지면 내용을 전달하는 표현 방법이 달라진다. (신문 , 영화)은/는 글과 사진을 이용하고, (신문 , 영화)은/는 소리, 영상 등을 다양하게 이용하여 내용을 표현한다.

◉ 인터넷 매체를 이용하는 방법으로 알맞은 것에 ○표를 하세요.

> 적절한 정보를 어디에서 어떻게 찾을지를 정확히 아는 자세가 필요하다. ☐

> 인간에 대한 예의보다 정보에 대한 분별력을 갖추는 게 더 중요하다. ☐

5회 ②

설명하는 글, 설명문

설명문: 어떤 대상의 특성이나 사실, 지식, 정보 등을 체계적으로 독자에게 전달하는 글.

어떤 사실이나 정보를 전달하여 읽는 이를 이해시키는 것을 목적으로 하는 글을 설명문이라고 해. 설명문은 어떤 특성이 있을까? 첫째, 제3자의 입장에서 사물을 보거나 생각해야 하기 때문에 객관성이 있어야 해. 둘째, 있는 그대로를 설명해야 하는 사실성이 있어야 하지. 셋째, 읽는 이가 쉽게 이해할 수 있도록 정확하게 풀어 설명해야 하는 정확성을 가져야 해. 넷째, 각 부분이 전체의 내용과 밀접하게 연관되어 통일된 전체를 이루어야 하는 체계성(통일성)이 있어야 해.

설명문은 처음(머리말), 가운데(본문), 끝(끝맺음)의 짜임을 갖고 있는데, '처음'에는 설명 대상을 소개하고 설명의 동기나 이유, 목적과 함께 흥미를 끄는 내용을 써. '가운데'에서는 다양한 설명 방법을 사용해 대상을 구체적으로 설명해야 해. '끝'에서는 설명한 내용을 정리하면서 마무리하면 돼.

설명문을 쓸 때는 내용에 대한 전달을 쉽게 하기 위해 정의, 열거, 분류, 인과, 인용 등 다양한 설명 방법을 사용할 수 있어.

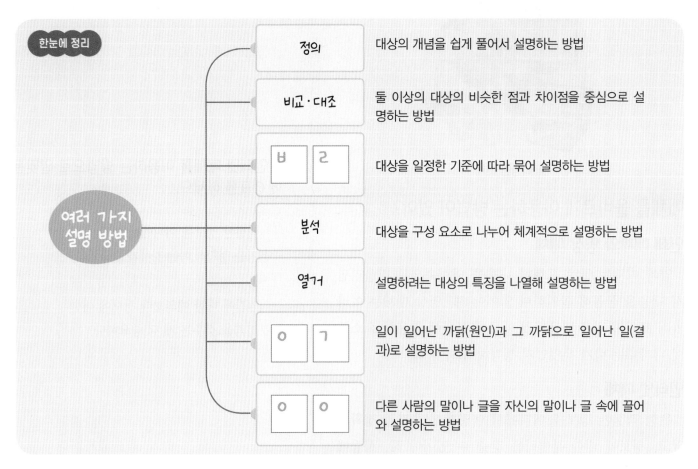

한눈에 정리

여러 가지 설명 방법

정의	대상의 개념을 쉽게 풀어서 설명하는 방법
비교·대조	둘 이상의 대상의 비슷한 점과 차이점을 중심으로 설명하는 방법
ㅂ ㄹ	대상을 일정한 기준에 따라 묶어 설명하는 방법
분석	대상을 구성 요소로 나누어 체계적으로 설명하는 방법
열거	설명하려는 대상의 특징을 나열해 설명하는 방법
ㅇ ㄱ	일이 일어난 까닭(원인)과 그 까닭으로 일어난 일(결과)로 설명하는 방법
ㅇ ㅇ	다른 사람의 말이나 글을 자신의 말이나 글 속에 끌어와 설명하는 방법

이해 ▶ 어떤 대상의 특성이나 사실, 지식, 정보 등을 체계적으로 독자에게 전달하는 글을 □□□이라고 해.

▶ 정답과 해설 28쪽

설명문을 쓰는 방법

설명문 쓰기

놀이 방법 설명서, 장난감 조립 설명서, 요리 방법 설명서 등도 설명문에 속해. 이와 같은 글을 쓰려면 먼저 설명하는 대상을 정하고, 그 대상에 대한 정보를 모아 내용을 조직해야 해. 그리고 대상의 특징을 잘 드러낼 수 있는 설명 방법을 생각한 후 글을 써. 다 쓴 다음에는 읽어 본 후 고쳐쓰기를 하면 돼.

관심 있는 글감을 골라 관련 자료를 조사함.	→	조사한 자료를 체계적으로 정리하여 글의 개요를 짬.	→	짜임에 맞게 글을 쓰고, 고쳐 써서 마무리함.

설명문에 어긋나는 표현 피하기

설명문은 객관적인 글이기 때문에 '쓰레기통을 이곳에 두지 맙시다.'와 같이 자신의 의견이나 주장이 드러나는 표현은 쓰지 않아야 해. 그리고 설명문은 사실적으로 쓰는 글이므로 '지금 그곳에 등산을 가면 사람이 많을지도 모른다.'와 같은 추측이나 짐작의 표현도 알맞지 않아.

설명할 대상 정하기와 자료 수집

설명할 대상을 무엇으로 정해야 할까?

친구들에게 무엇을 설명하고 싶은지, 친구들이 관심을 보일 만한 것이 무엇인지 떠올려 봐. 누구나 다 아는 것보다 친구들이 잘 모르는 내용을 설명하면 좋아. 그래야 친구들이 흥미를 보일 수 있고 새롭게 안 내용을 통해 필요한 정보를 얻을 수 있을 테니까 말이야.

필요한 자료는 어떻게 수집해야 할까?

설명문은 신뢰성이 높고 정확한 자료를 바탕으로 써야 해. 자료를 수집하려면 인터넷을 검색하거나 책을 찾아볼 수 있고, 대상을 잘 아는 사람에게 궁금한 점을 물어볼 수 있어. 주의할 점은 다른 사람의 생각이나 글을 활용할 때에는 출처를 꼭 표시해야 해.

◉ 알맞게 선으로 이으세요.

열거	•	•	대상의 개념을 쉽게 풀어서 설명하는 방법
분류	•	•	대상을 일정한 기준에 따라 묶어 설명하는 방법
정의	•	•	설명하려는 대상의 특징을 나열해 설명하는 방법

◉ 설명문의 특성으로 알맞은 것에 모두 ○표를 하세요.

객관성　논리성　사실성　체계성　주관성

◉ 설명문을 쓰는 방법으로 알맞은 것에 ○표를 하세요.

친구들이 잘 알고 있는 내용을 설명할 대상으로 정해서 쓰는 것이 좋다. ☐

정확한 정보를 알려 줄 수 있어야 하므로 신뢰할 만한 자료를 제대로 수집해야 한다. ☐

5단계_2주차 **63**

확인 문제

1 다음 빈칸에 들어갈 알맞은 나라 이름을 각각 쓰세요. » .... 사회

> ☐ ㉠ ☐은/는 한강 유역인 위례성에 도읍을 정하고, 삼국 중에서 가장 먼저 전성기를 맞았다. ☐ ㉡ ☐은/는 광개토 대왕과 장수왕 때 영토를 크게 넓혔다. 또 ☐ ㉢ ☐은/는 진흥왕 때 한강 유역을 차지하고, 화랑도를 국가 조직으로 만들어 인재를 길렀다.

(1) ㉠: (   )   (2) ㉡: (   )   (3) ㉢: (   )

2 신라가 삼국을 통일한 과정입니다. 순서대로 기호를 쓰세요. » .... 사회

> ㉮ 신라와 당이 동맹을 맺었다.
> ㉯ 신라 군대가 당 군대를 몰아내었다.
> ㉰ 신라와 당의 연합군이 백제를 멸망시켰다.
> ㉱ 신라와 당의 연합군이 고구려를 멸망시켰다.

(   ) → (   ) → (   ) → (   )

3 발해에 대한 설명으로 잘못된 것은 무엇인가요? (   ) » .... 사회

① 대조영이 세운 나라이다.
② 당은 발해를 '해동성국'이라고 불렀다.
③ 스스로 고조선을 계승한 나라임을 내세웠다.
④ 고구려 유민과 말갈족을 이끌고 세운 나라이다.
⑤ 나라의 힘을 키워 옛 고구려의 땅을 대부분 되찾았다.

4 세균의 특징으로 알맞은 것에 ○표를 하세요. » .... 과학

(1) 맨눈으로 관찰할 수 있다. (   )
(2) 스스로 양분을 만들지 못하고 포자로 번식한다. (   )
(3) 매우 덥거나 추운 곳, 염분이 높은 곳에서도 살 수 있다. (   )

▶ 정답과 해설 **29쪽**

5 균류에 대해 바르게 말한 사람은 누구인지 쓰세요. 》 과학

> 해진: 꽃을 피우고 씨를 이용해 번식해.
>
> 소현: 스스로 양분을 만들지 못하고 죽은 생물이나 나무 밑동에서 양분을 얻어 살아가.
>
> 지우: 생김새가 매우 단순하고, 엽록소가 있어서 광합성을 해 스스로 양분을 만드는 것도 있어.

( )

6 원생생물에 속하는 것을 모두 골라 기호를 쓰세요. 》 과학

> ㉮ 버섯   ㉯ 해캄   ㉰ 효모
>
> ㉱ 곰팡이   ㉲ 녹조류   ㉳ 짚신벌레

(, ,)

7 다음 설명에 알맞은 입체도형을 골라 기호를 쓰세요. 》 수학

(1) 밑면이 원이고 옆으로 둘러싼 면이 곡면인 뿔 모양의 입체도형: ( )

(2) 밑면이 다각형이고, 옆면이 모두 삼각형인 뿔 모양의 입체도형: ( )

(3) 두 면이 서로 평행하고 합동이 원으로 이루어진 기둥 모양의 입체도형: ( )

8 다음 두 도형은 서로 합동입니다. 각 ㅁㅂㅅ은 몇 도인지 쓰세요. 》 수학

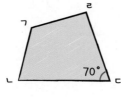 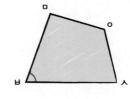

( )°

9 선대칭도형이 되도록 나머지 부분을 완성해 보세요. 》 · 수학

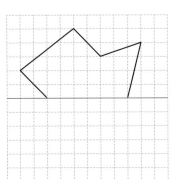

10 다음 지시약의 변화를 보고 각각 산성 용액인지, 염기성 용액인지 기호를 쓰세요. 》 · · · · · · 과학

> ㉮ 푸른색 리트머스 종이를 붉은색으로 변화시킨다.
> ㉯ 붉은색 리트머스 종이를 푸른색으로 변화시킨다.
> ㉰ 페놀프탈레인 용액을 떨어뜨리면 붉은색으로 변한다.
> ㉱ 페놀프탈레인 용액을 떨어뜨리면 색깔이 변하지 않는다.

(1) 산성 용액: (   )   (2) 염기성 용액: (   )

11 다음 중 용액이 <u>아닌</u> 것의 기호를 쓰세요. 》 · 과학

> ㉮ 소금물   ㉯ 설탕물   ㉰ 미숫가루 물

(   )

12 다음과 같이 소금물을 만들었을 때 소금물의 무게는 얼마인지 쓰세요. 》 · · · · · · · · · · · · 과학

소금 15 g   물 150 g   소금물

(   ) g

▶ 정답과 해설 **30**쪽

13 인터넷 매체에 대한 설명으로 옳은 것을 모두 고르세요. (,   ) » ----------- 국어

① 영화, 드라마, 뉴스 등이 있다.

② 화면 연출과 음향 효과가 뛰어나다.

③ 문자, 사진, 그림 등을 표현 수단으로 한다.

④ 누리 소통망, 휴대 전화 문자 메시지 등이 있다.

⑤ 적절한 정보를 어디에서 어떻게 찾는지 정확히 아는 자세가 필요하다.

14 설명문이 갖추어야 할 특성으로 알맞은 것을 모두 골라 기호를 쓰세요. » ----------- 국어

㉮ 객관성	㉯ 주관성	㉰ 사실성
㉱ 허구성	㉲ 체계성	㉳ 함축성

(,   ,   )

15 여러 가지 설명 방법을 알맞게 선으로 이으세요. » ----------- 국어

| 정의 | • | • | 대상의 개념을 쉽게 풀어서 설명하는 방법 |

| 인과 | • | • | 어떤 일이 일어난 까닭과 결과로 설명하는 방법 |

| 인용 | • | • | 다른 사람의 말이나 글을 자신의 말이나 글 속에 끌어와 설명하는 방법 |

사회 삼국 시대

우리 역사에서 고구려, 백제, 신라가 서로 경쟁하며 함께 발전했던 때를 ☐☐☐☐ 라고 해.

삼국 시대

백제   고구려   신라

건국 인물 | ㅇ | ㅈ | | ㅈ | ㅁ | | ㅂ | ㅎ | ㄱ | ㅅ |

사회 통일 신라와 발해

신라가 삼국을 통일한 후에 북쪽에서는 대조영이 ☐☐ 를 건국했어.

남북국 시대

| ㅌ | ㅇ | ㅅ | ㄹ | 발해

과학 세균

[ ][ ]은 눈에 보이지 않을 만큼 작고 생김새가 단순한 생물로, 질병을 일으키는 원인이 되기도 해.

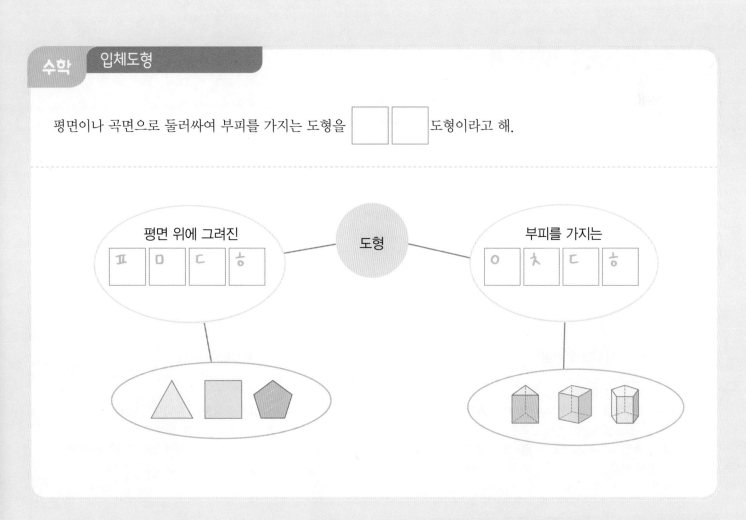

- **크기** — 세균
  - 매우 작아서 맨눈으로 볼 수 [ㅇ][ㅇ].
- **종류**
  - 콜레라균, 대장균, 포도상 구균, 헬리코박터 파일로리, 유산균 등
- **생김새**
  - 둥근 모양, 막대 모양, 나선 모양 등 매우 [ㄷ][ㅇ]함.
- **사는 곳**
  - 생물의 몸, 공기, 물, 흙 등 우리 주변 어디에나 존재함.

수학 입체도형

평면이나 곡면으로 둘러싸여 부피를 가지는 도형을 [ ][ ]도형이라고 해.

- **평면 위에 그려진 [ㅍ][ㅁ][ㄷ][ㅎ]** — 도형
- **부피를 가지는 [ㅇ][ㅊ][ㄷ][ㅎ]**

두 개의 도형이 크기와 모양이 같아서 완전히 포개어지는 것을 [ ][ ]이라고 해.

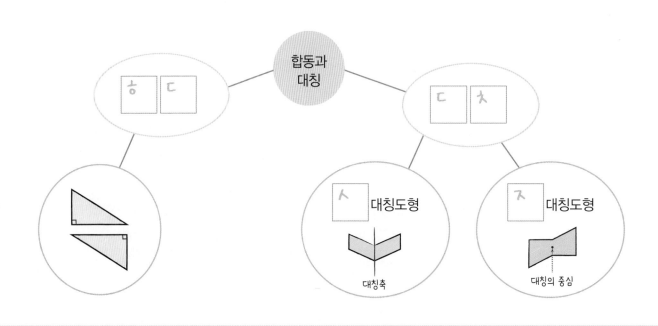

[ ][ ][ ] 용액에 페놀프탈레인 용액을 떨어뜨리면 붉은색으로 변해.

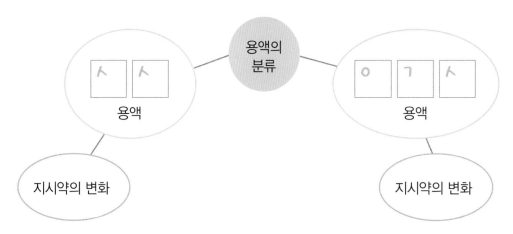

- 푸른색 리트머스 종이를 붉은색으로 변화시킴.
- 페놀프탈레인 용액을 떨어뜨리면 색깔이 변하지 않음.
- 자주색 양배추 지시약을 떨어뜨리면 색깔이 붉은색 계열로 변함.

- 붉은색 리트머스 종이를 푸른색으로 변화시킴.
- 페놀프탈레인 용액을 떨어뜨리면 붉은색으로 변함.
- 자주색 양배추 지시약을 떨어뜨리면 색깔이 푸른색이나 노란색 계열로 변함.

과학 용해와 용액

녹는 물질이 녹이는 물질에 골고루 섞여 있는 물질을 ☐☐ 이라고 해.

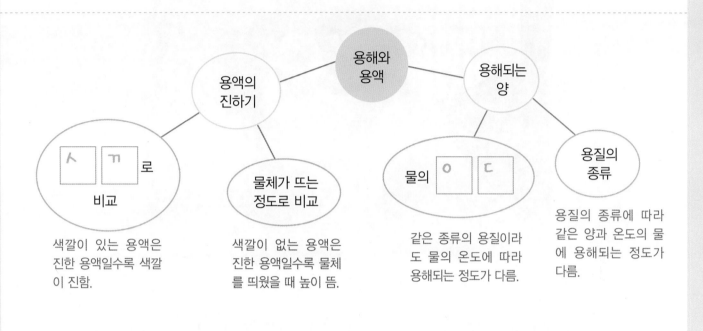

- ㅅㄲ로 비교 : 색깔이 있는 용액은 진한 용액일수록 색깔이 진함.
- 물체가 뜨는 정도로 비교 : 색깔이 없는 용액은 진한 용액일수록 물체를 띄웠을 때 높이 뜸.
- 물의 ㅇㄷ : 같은 종류의 용질이라도 물의 온도에 따라 용해되는 정도가 다름.
- 용질의 종류 : 용질의 종류에 따라 같은 양과 온도의 물에 용해되는 정도가 다름.

국어 설명문

어떤 대상의 특성이나 사실, 지식, 정보 등을 체계적으로 독자에게 전달하는 글을 ☐☐☐ 이라고 해.

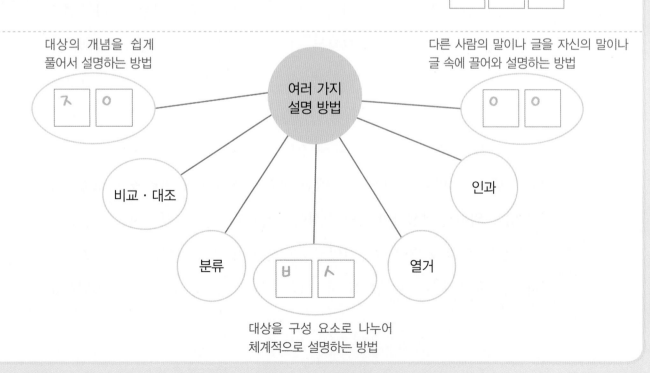

대상의 개념을 쉽게 풀어서 설명하는 방법

다른 사람의 말이나 글을 자신의 말이나 글 속에 끌어와 설명하는 방법

대상을 구성 요소로 나누어 체계적으로 설명하는 방법

'방 탈출 프로젝트'가 시작됩니다

드디어 그날이 되었어요.

나대로 선생님은 1교시부터 3교시까지 사회 수업으로 '방 탈출 프로젝트'를 진행한다고 말씀해 주셨어요. 아이들은 모두 아무 일도 없다는 듯 다른 수업을 듣고 밥을 먹었지만, 뭔지 모르는 긴장감이 감돌았어요. 팀별로 나뉘어서 평가를 받는 것도 그렇지만, '방 탈출 프로젝트'가 어떻게 진행될지 전혀 알수 없었기 때문이었어요. 기대감과 긴장감이 교차하면서 점점 초조해졌지요.

드디어 '방 탈출 프로젝트'를 위해 강당으로 이동한 반 아이들은 깜짝 놀랐어요. 강당이 얼마나 달라졌는지 예전 모습을 상상하기 어려울 정도였어요. 이 수업을 위해서 선생님이 들인 정성이 대단하다는 걸 실감했지요.

방1은 방 탈출을 위한 공간이었고, 방2는 이미 프로젝트를 마친 아이들이 기다리는 방, 방3은 프로젝트를 하지 않은 대기자들이 기다리는 방이었어요.

제비뽑기를 통해 팀별 순서가 정해졌어요. 서준 팀인 〈엇, 일등〉은 마지막 차례였지요. 기다리는 내내 호기심이 가득했던 서준은 어떻게 해서라도 작은 정보를 얻어 보려고 기를 썼지만 대기실을 벗어나기는 어려웠어요. 게다가 곳곳에 설치돼 있는 CCTV는 자리를 뜨거나 다른 방법으로 정보를 얻으려고 하는 모든 방법을 없앴어요.

"휴, 안에 뭐가 있을까?"

"뭐, 단어 게임이나 문제 맞히기 같은 게 있지 않을까?"

"아주 어려운 건 별로 없을 거야. 모두 방을 나가야 수업이 끝나니까."

"어, 진짜? 방을 못 나가는 팀도 있지 않을까? 만약 정말 어려운 문제가 있다면."

"그러면 그 팀은 어떡해?"

"그거에 따라서 점수를 매기겠지."

〈엇, 일등〉의 팀원들은 과연 방 안에 무엇이 있을까를 곰곰이 생각해 보기도 하고 서로 의견을 나누기도 하면서 긴 시간을 보냈어요.

"이제 마지막 팀인 〈엇, 일등〉 팀이 들어갈 차례입니다. 3초 뒤 방문이 열릴 테니 팀원들은 방문 앞에 대기하세요."

〈엇, 일등〉의 팀원 다섯 명은 숨을 크게 들이쉬면서 방문이 열리기를 초조하게 기다렸어요.

드디어! 방문이 열렸어요.

팀원들이 들어갔을 때 방안은 검정 크레파스를 칠해 놓은 도화지처럼 아주 어두웠어요. 잠시 후 조명이 한 곳을 비추면서 선생님의 목소리가 흘러나왔어요.

"여러분, 방 탈출 프로젝트에 온 것을 환영합니다. 첫 번째 관문입니다. 여러분 앞에 놓인 발바닥 피아노가 보일 겁니다. 여러분은 선생님이 내는 문제를 풀어서 그 단어들이 쓰인 피아노 건반을 차례대로 밟으면 됩니다."

아이들은 순간 얼어붙었어요. 문제를 못 맞히면 어떡하지 하는 불안감이 잠시 들었기 때문이에요.

"우리 조상들은 아주 오랜 옛날부터 서로 도우며 일을 했습니다. 그러면 바쁜 농사철에 농민들이 농사일을 공동으로 하기 위해 마을 단위로 만든 조직은 무엇인가요?"

"아! 그, 그거 뭐였더라?"

갑갑했는지 현서가 머리를 콩콩 쥐어박으며 말했어요. 품앗이, 계, 향약 등 여러 답이 나왔다가 드디어 현서가 외쳤어요.

"맞아, 두레, 두레야."

"답이라고 생각하면 피아노 건반을 밟으면 됩니다."

선생님의 대답이 흘러 나왔어요.

서준이가 두레 글자를 누르니 "축하합니다~."하면서 생일 노래가 흘러 나왔어요.

"다음 문제입니다. 다음은 연못에 사는 생물들입니다. 소비자에 해당하는 것을 모두 고르세요. 1번 연꽃, 2번 물장군, 3번 개구리밥, 4번 소금쟁이, 5번 부레옥잠."

선생님이 낸 과학 문제가 쏜살같이 빨리 지나갔어요. 아이들은 순간 당황했어요.

"소, 소비자가 뭐였더라?"

서준이 말에 경아가 대답했어요.

"스, 스스로 양분을 못 만들어서 다른 생물을 섭취해 양분을 얻는 생물!"

"오케이! 그럼 답으로 뭐가 나왔었지?"

"아, 잘 기억이 안 나."

아이들은 처음에는 발을 동동 굴렀어요. 그러다가 다시 한번 서로 기억나는 대로 말해 보기로 했어요. 연꽃, 물장군, 개구리밥, 소금쟁이, 부레옥잠! 그러고 보니 답으로 나왔던 생물들이 모두 나왔지요.

"그중에 식물이 아닌 걸 골라!"

"물장군, 소금쟁이!"

다행히 정답이었어요. 그 뒤로도 문제 몇 개를 연이어 맞힌 아이들은 드디어 두 번째 관문으로 들어갔어요.

이어지는 내용은 106쪽에 》》》

3
주차

1회
사회

학습 계획일

① 독창적 문화를 꽃피운 고려 | 월 | 일

② 통치 체제를 정비한 조선 전기 | 월 | 일

2회
과학

학습 계획일

① 수증기 응결로 생긴 이슬과 구름 | 월 | 일

② 기압의 높낮이, 저기압과 고기압 | 월 | 일

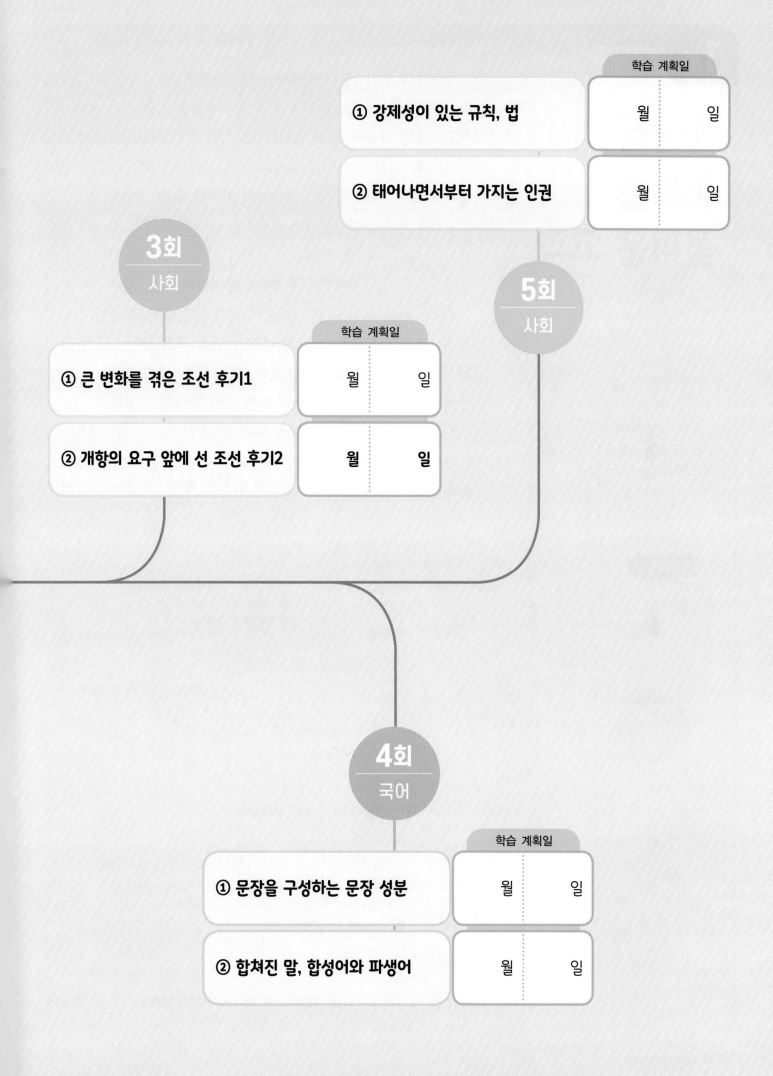

① 강제성이 있는 규칙, 법

학습 계획일 월 일

② 태어나면서부터 가지는 인권

월 일

3회
사회

① 큰 변화를 겪은 조선 후기1

학습 계획일 월 일

② 개항의 요구 앞에 선 조선 후기2

월 일

5회
사회

4회
국어

① 문장을 구성하는 문장 성분

학습 계획일 월 일

② 합쳐진 말, 합성어와 파생어

월 일

1회 ①

독창적 문화를 꽃피운 고려

고려: 왕건이 궁예를 내쫓고 세운 나라로, 후삼국을 통일함.

신라(통일 신라) 말 지방에서는 독자적으로 각 지방을 다스린 호족이 등장했어. 이들 중 견훤과 궁예는 세력을 키워 각각 후백제와 후고구려를 세웠어. 나라가 신라, 후백제, 후고구려로 나뉘어 후삼국 시대를 열었지. 그런데 궁예는 점점 신하들을 의심하고, 난폭한 정치를 했어. 이에 왕건이 신하들의 지지를 얻어 궁예를 몰아내고 고구려를 계승한다는 뜻에서 고려라는 나라를 세웠어. 신라의 경순왕이 스스로 고려에 항복하고, 왕건이 고려에 귀순한 견훤과 함께 후백제를 무너뜨려 마침내 후삼국을 통일했어.

고려는 책을 찍어 내는 인쇄술이 크게 발전했어. 몽골이 침입했을 때 부처의 힘으로 이를 물리치기 위해 목판 8만여 장에 불경을 새겨 팔만대장경을 만들었어. 또 『직지심체요절』은 오늘날 전해지는 금속 활자 인쇄본 중에서 가장 오래된 것이야.

은은하고 신비로운 푸른빛을 띠는 고려청자도 고려를 대표하는 문화재야. 그릇 표면에 무늬를 새기고 다른 색 흙을 넣어 만든 상감청자는 고려가 세계 최고의 도자기 기술을 가졌다는 것을 보여줘.

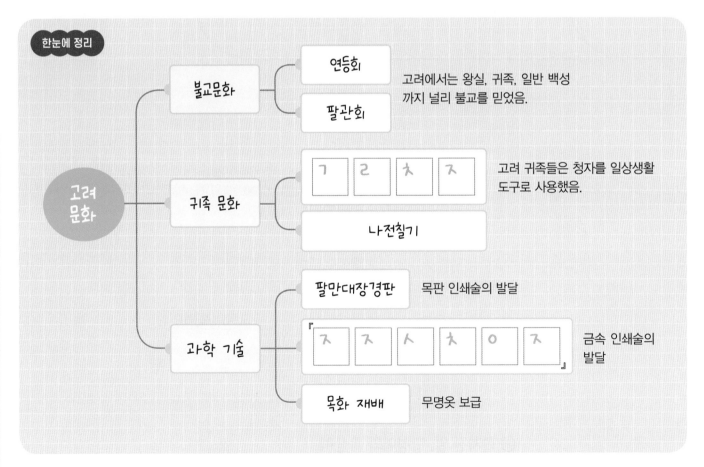

한눈에 정리

고려 문화

- 불교문화
  - 연등회
  - 팔관회

  고려에서는 왕실, 귀족, 일반 백성까지 널리 불교를 믿었음.

- 귀족 문화
  - ㄱ ㄹ ㅊ ㅈ

  고려 귀족들은 청자를 일상생활 도구로 사용했음.
  - 나전칠기

- 과학 기술
  - 팔만대장경판 목판 인쇄술의 발달
  - 『ㅈ ㅈ ㅅ ㅊ ㅇ ㅈ』 금속 인쇄술의 발달
  - 목화 재배 무명옷 보급

이해 왕건은 나라를 세우고 고구려를 계승한다는 의미에서 나라 이름을 □□로 정했어.

유네스코 세계 기록 유산이 된 고려 문화재

팔만대장경판 몽골의 침입으로 고려가 이전에 만들었던 초조대장경이 불에 타 없어졌어. 이에 고려는 대장도감이라는 관청을 설치하고 16년에 걸쳐 팔만대장경을 완성했어. 팔만대장경판은 많은 사람이 새겼지만 글자가 고르고 틀린 글자가 거의 없어. 또 목판의 보존 상태도 뛰어나 유네스코 세계 기록 유산으로 등재되었어.

▲ 팔만대장경판

『직지심체요절』 금속 활자로 인쇄된 『직지심체요절』은 100여 년 전에 우리나라에 왔던 프랑스 외교관이 사들여서 프랑스로 건너가게 되었어. 그후 프랑스 국립 도서관에 기증되었지. 나중에 그곳에서 연구원으로 일하던 박병선 박사의 연구 덕분에 『직지심체요절』이 세계에서 가장 오래된 금속 활자를 이용한 인쇄물이라는 사실이 밝혀졌어. 고려의 『직지심체요절』은 2001년에 세계 기록 유산으로 등재되었지.

고려의 문익점이 아니었더라면 우리 조상들이 겨울에 벌벌 떨었을 거라고?

고려 말에 문익점은 원에 갔다가 돌아오는 길에 몰래 목화씨 몇 개를 들여왔어. 그중 한 그루가 재배에 성공했고, 목화솜으로 무명옷을 지어 입게 되었지. 목화가 재배되기 전에 일반 백성들은 한겨울에도 삼베나 모시로 옷을 지어 입었어. 당시 비단은 값이 매우 비쌌거든. 모시와 삼베는 올 사이의 간격이 느슨해 바람이 잘 통해서 겨울철 옷감으로 적당하지 않았어. 목화가 널리 보급되자 일반 백성들도 겨울에 부드럽고 따뜻한 무명옷을 해 입었지. 그래서 추운 겨울을 나기가 한결 수월해졌어.

▲ 무명옷을 입은 고려 사람들

◉ 알맞은 말에 ○표를 하세요.

> 도자기 표면 무늬를 새긴 후 그 자리에 다른 흙을 메운 다음 유약을 발라 굽는 (상감 청자 , 나전칠기)는 고려의 독창적인 기법이다.

◉ 서로 관련 있는 것끼리 선으로 이으세요.

| 팔만 대장경 | • | • | 세계에서 가장 오래된 금속 활자로 인쇄된 책 |

| 『직지심 체요절』 | • | • | 부처의 힘으로 몽골의 침입을 이겨 내고자 만든 불교 경전 |

◉ 금속 활자에 대한 설명으로 알맞은 것에 ○표를 하세요.

> 나무판에 글자를 새겨 인쇄하는 목판 인쇄의 한 종류이다.

> 우리나라의 금속 활자는 유럽보다 앞서 발명되었다.

1회 ②

통치 체제를 정비한 조선 전기

조선 전기: 조선은 건국 후 유교 이념을 바탕으로 통치 체제를 정비하고, 문화와 과학 기술을 발달시켰음.

이성계 같은 신흥 무인 세력과 성리학이라는 새로운 학문을 익혀 관리가 된 신진 사대부는 고려 말의 혼란을 해결하고자 했어. 이들은 고려를 유지하면서 나라를 개혁하자는 세력과 이성계를 중심으로 새 나라를 세우자는 세력으로 나뉘었어. 이성계의 아들이 반대파인 정몽주를 죽이고, 이성계는 1392년에 조선을 건국해. 조선은 한양으로 도읍을 옮기고, 유교 정신에 따라 경복궁과 도성의 4대문 등을 건설했어. 그리고 유교 질서를 바탕으로 백성을 다스렸지.

세종은 장영실을 뽑아 혼천의, 앙부일구, 자격루 같은 과학 기구를 만들고, 과학 기술을 발전시켰어. 또 우리글인 한글, 즉 훈민정음을 만들어 일반 백성들도 쉽게 배워서 쓰게 했지.

안정과 평화를 누리던 조선은 임진왜란과 병자호란을 겪으면서 큰 피해를 입었어. 전쟁이 끝난 후 백성들은 황폐해진 땅을 다시 일구어 농토의 면적을 늘렸고, 나라에서는 농민의 세금 부담을 줄여주는 대동법을 시행하였지. 광해군 때에는 질병으로 고통받는 사람들을 위해 허준으로 하여금 『동의보감』을 편찬하게 하였어.

한눈에 정리

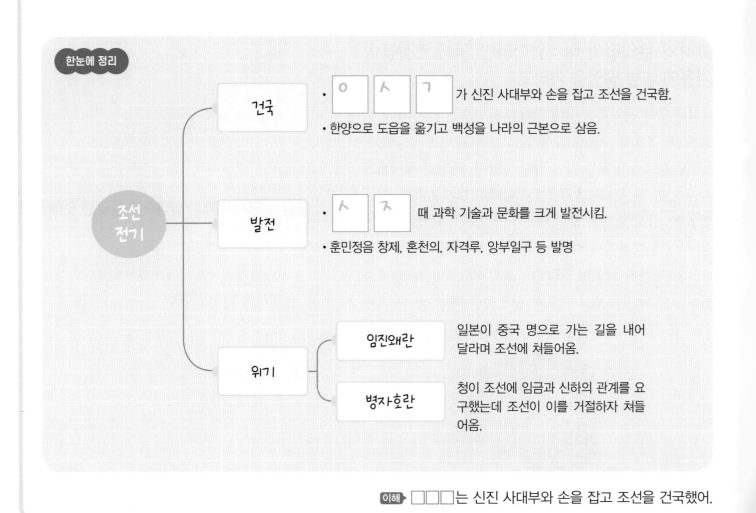

조선 전기

건국
- ㅇ ㅅ ㄱ 가 신진 사대부와 손을 잡고 조선을 건국함.
- 한양으로 도읍을 옮기고 백성을 나라의 근본으로 삼음.

발전
- ㅅ ㅈ 때 과학 기술과 문화를 크게 발전시킴.
- 훈민정음 창제, 혼천의, 자격루, 앙부일구 등 발명

위기

임진왜란
일본이 중국 명으로 가는 길을 내어 달라며 조선에 쳐들어옴.

병자호란
청이 조선에 임금과 신하의 관계를 요구했는데 조선이 이를 거절하자 쳐들어옴.

이해 ▶ □□□는 신진 사대부와 손을 잡고 조선을 건국했어.

조선의 신분 제도

조선 시대에는 태어날 때부터 신분이 정해져 있었어. 신분은 양반, 중인, 상민, 천민으로 나뉘었고, 신분에 따라 하는 일, 옷차림 등 사회적 위치가 달랐어.

양반은 유교 가르침을 공부하고, 관리가 되어 나랏일을 하기도 했어. 중인은 양반을 도와 관청에서 일하거나 궁궐에서 그림을 그렸어. 또 외국 사신을 만나 통역을 하는 일 등을 했지. 상민은 평민을 말해. 대부분 농사를 지으며, 나라에 세금을 내고 큰 공사가 있을 때 불려 나갔어. 천민은 양반 집이나 관공서에서 일하는 노비, 광대, 악공 등이 천민에 속했어.

임진왜란과 이순신의 활약

일본이 조선을 침략하자 전쟁에 대한 대비가 부족했던 조선군은 번번이 패했어. 일본군은 순식간에 한양까지 쳐들어왔지. 반면 이순신은 임진왜란이 일어나기 전부터 전쟁에 대비했어. 거북선과 판옥선을 만들고, 군사 훈련을 하며, 식량과 무기를 준비했어. 이순신이 이끄는 조선 수군은 일본 수군과 싸워 계속 승리했지. 특히 한산도 대첩에서 학이 날개를 펼친 듯한 형태로 일본 수군을 크게 무찔렀어.

바다로 물자를 보급하지 못하자 육지에서 싸우던 일본군도 어려움을 겪게 되었지. 결국 일본군이 철수하면서 전쟁이 끝났어.

▲ 학익진 전법(상상화)

조선 시대에도 신분증이 있었다고?

조선 시대에 16세 이상의 남자는 모두 신분을 증명하는 호패를 지니고 다녀야 했어. 호패에 담긴 내용은 신분별로 달랐지. 양반은 보통 이름, 출생 년도, 관리를 뽑는 시험인 과거에 합격한 연도와 과거의 종류를 적었어. 노비는 나이, 거주지, 얼굴빛, 키, 수염이 있는지, 없는지 등을 기록했대.

◉ 알맞은 말에 ○표를 하세요.

> 조선은 (유교 , 불교)를 바탕으로 나라를 다스렸다.

◉ 세종 때 있었던 일에 ○표를 하세요.

> 백성들의 삶에 도움이 되는 측우기, 자격루를 만들었다. ☐

> 질병에 고통 받는 백성들을 위해 『동의보감』을 편찬했다. ☐

◉ 알맞은 것끼리 선으로 이으세요.

양반	•	•	글 공부를 하거나 관리가 되었다.
중인	•	•	대부분 농사를 짓고, 나라에 세금을 냈다.
상민	•	•	노비 등 가장 천하게 여긴 신분이다.
천민	•	•	양반을 도와 관청에서 일했다.

수증기 응결로 생긴 이슬과 구름

이슬: 공기 중의 수증기가 기온이 내려가거나 찬 물체에 부딪힐 때 물방울로 맺히는 것.

구름: 공기 중의 수증기가 응결해 물방울이 되거나 얼음 알갱이 상태로 변해 하늘에 떠 있는 것.

이슬과 안개는 주로 새벽에 많이 나타나는데, 공기 중에 수증기가 많은 강이나 호수 주변에서 주로 볼 수 있어.

이슬은 밤에 기온이 낮아져서 차가워진 나뭇가지나 풀잎 표면 등에 수증기가 응결해 물방울로 맺히는 거야. 안개는 공기 중의 수증기가 응결해 지표면 가까이에 작은 물방울로 떠 있는 현상이지. 응결이란 공기 중의 수증기가 온도가 낮은 물체에 닿아 물방울이 되는 현상을 말해.

땅 위의 따뜻해진 공기는 위로 올라가. 높이 올라갈수록 기온이 낮아져 차가워진 공기 중 수증기가 응결해 물방울이 되거나 얼음 알갱이 상태로 변해서 하늘 높이 떠 있는 것이 구름이야.

구름 속 작은 물방울이 합쳐지면서 무거워져 땅으로 떨어지거나, 크기가 커진 얼음 알갱이가 무거워져 떨어지면서 녹은 것이 비야. 날씨가 추울 때는 얼음 알갱이의 크기가 커지면서 무거워져 떨어질 때 녹지 않은 채로 떨어지는데, 이것이 눈이야.

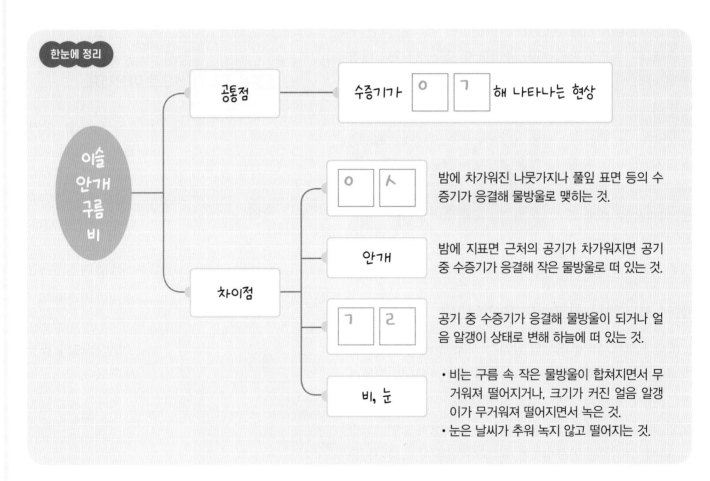

한눈에 정리

- 이슬 안개 구름 비
  - **공통점** — 수증기가 [ㅇ][ㄱ]해 나타나는 현상
  - **차이점**
    - [ㅇ][ㅅ] — 밤에 차가워진 나뭇가지나 풀잎 표면 등의 수증기가 응결해 물방울로 맺히는 것.
    - 안개 — 밤에 지표면 근처의 공기가 차가워지면 공기 중 수증기가 응결해 작은 물방울로 떠 있는 것.
    - [ㄱ][ㄹ] — 공기 중 수증기가 응결해 물방울이 되거나 얼음 알갱이 상태로 변해 하늘에 떠 있는 것.
    - 비, 눈
      - 비는 구름 속 작은 물방울이 합쳐지면서 무거워져 떨어지거나, 크기가 커진 얼음 알갱이가 무거워져 떨어지면서 녹은 것.
      - 눈은 날씨가 추워 녹지 않고 떨어지는 것.

이해 ▶ 공기 중의 수증기가 온도가 낮은 물체에 닿아 물방울이 되는 현상을 □□이라고 해.

이슬과 안개

해가 지면 지표면 가까이 있는 풀이나 나뭇잎은 온도가 낮아져. 물체의 온도가 낮아지면 그 물체의 표면을 감싸는 공기 중 수증기가 응결해 물체 표면에 달라붙는데 이것이 이슬이야.

밤에 지표면 근처의 공기가 차가워져 공기의 온도가 낮아지면 공기 중 수증기가 응결해 작은 물방울 상태로 떠 있게 되는데 이것은 안개야.

이슬과 안개는 주로 새벽이나 이른 아침에 볼 수 있어.

이슬과 안개가 잘 생기는 조건은 낮과 밤의 온도 차이가 크고 바람이 불지 않는 맑은 날이야.

▲ 이슬

▲ 안개

일상생활에서 볼 수 있는 응결 현상

• 추운 날, 실내에 들어가면 차가운 안경알 표면이 뿌옇게 흐려져.
• 더운물로 샤워를 하면 목욕탕 거울이 뿌옇게 흐려져.
• 아이스크림이 든 포장지에 물방울이 맺혀.
• 냉장고에서 꺼낸 음료수병의 표면에 물방울이 생겨.

구름이 생기는 까닭

수증기를 포함한 공기는 위로 올라갈수록 부피가 점점 커지고 온도가 낮아져. 공기 덩어리가 특정 높이에 도달하면 수증기가 응결해 물방울이 되거나 얼음 알갱이 상태로 변해 하늘에 떠 있는데 이것이 구름이야.

◉ 알맞은 말에 ○표를 하세요.

> 공기 중의 수증기가 응결해 물체 표면에 물방울로 맺힌 것을 (이슬 , 안개)(이)라고 한다. 또 공기 중의 수증기가 작은 물방울이 되어 지표면 가까이에 떠 있는 것을 (이슬 , 안개)(이)라고 한다.

◉ 이슬과 안개가 만들어지는 과정에서 공통점에 ○표를 하세요.

공기가 팽창한다.	
수증기가 응결한다.	
지표면의 공기가 따뜻해진다.	

◉ 알맞게 선으로 이으세요.

구름	•	•	구름 속 작은 물방울이 합쳐지면서 무거워져 떨어지는 것
비	•	•	물방울이나 작은 얼음 입자가 모여서 하늘에 떠 있는 것

2회 ②

기압의 높낮이, 저기압과 고기압

저기압: 주위보다 상대적으로 기압이 낮은 것.
고기압: 주위보다 상대적으로 기압이 높은 것.

기압이란 지구를 둘러싼 공기가 지구의 표면을 누르는 힘을 말해. 일정한 부피에 공기 알갱이가 많을수록 공기는 무거워지며 기압은 높아져. 차가운 공기는 따뜻한 공기보다 일정한 부피에 공기 알갱이가 더 많아 무겁고 기압이 더 높아. 이처럼 상대적으로 공기가 무거운 것을 고기압이라고 하고, 공기가 가벼운 것을 저기압이라고 해.

공기는 고기압에서 저기압으로 이동하는데, 이처럼 기압 차로 공기가 수평으로 이동하는 것을 바람이라고 해. 즉, 바람은 공기의 움직임이야.

따뜻해진 지역의 공기는 주변보다 가벼워 올라가면서 기압이 낮아져. 반대로 차가워진 지역의 공기는 주변보다 무거워 내려오면서 기압이 높아지지.

낮에는 햇빛을 받아 온도가 높은 육지의 기압이 낮고, 온도가 낮은 바다는 기압이 높아져 바다에서 육지로 해풍이 불어. 해가 지면 온도가 높은 바다의 기압은 낮고, 온도가 낮은 육지의 기압은 높아져 육지에서 바다로 육풍이 부는 거야.

한눈에 정리

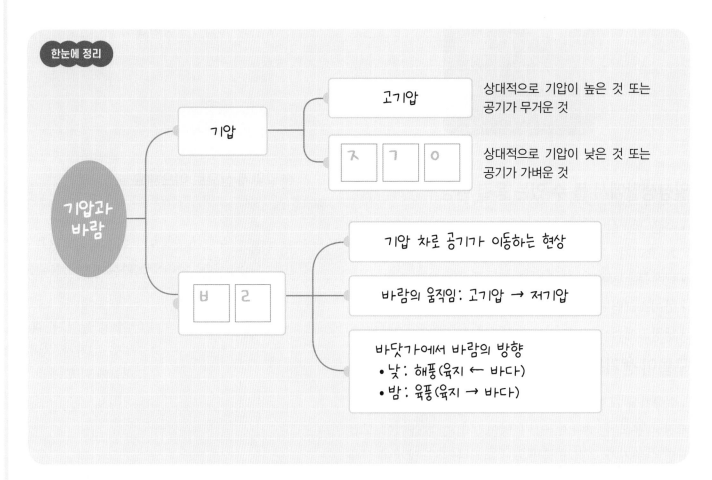

이해▶ 상대적으로 공기가 무거운 것을 □□□, 공기가 가벼운 것을 □□□이라고 해.

고기압과 저기압

따뜻한 지표면 위의 공기는 일정한 부피당 공기 알갱이가 적어 가볍고 지표면에 미치는 기압도 낮아져. 반면 차가운 지표면 위의 공기는 일정한 부피당 공기 알갱이가 더 많아 무겁고 지표면에 미치는 기압이 높아지지. 이렇게 공기의 무게가 주위보다 상대적으로 무거운 것을 고기압, 상대적으로 가벼운 것을 저기압이라고 해.

기압과 바람

어느 한 곳의 기압이 주위보다 높을 경우 기압이 높은 쪽에서 낮은 쪽으로 공기가 이동하게 돼. 이와 같이 고기압에서 저기압으로 향하는 공기의 수평 이동을 바람이라고 해. 두 곳의 기압 차가 클수록 바람은 더 강해져.

바닷가에서 부는 바람은 낮과 밤이 다르다고?

바닷가에서 낮과 밤에 서로 다른 방향으로 공기가 흘러.

낮에 태양열을 받으면 육지가 바다보다 빨리 데워져 육지는 바다보다 기압이 낮아져. 그래서 바다에서 육지로 해풍이 불어. 반면에 밤에는 육지가 바다보다 빨리 식어서 바다 위 공기는 저기압, 육지 위 공기는 고기압이 되어 육지에서 바다로 육풍이 불어.

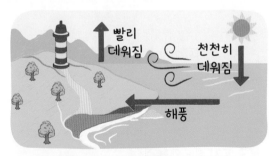

▲ 낮에 부는 바람: 해풍(바다 → 육지)

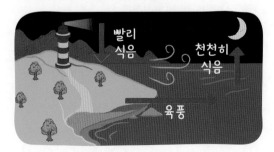

▲ 밤에 부는 바람: 육풍(육지 → 바다)

◉ 알맞은 말에 ○표를 하세요.

> 상대적으로 공기가 무거운 것을 (고기압 , 저기압)이라고 하고, 공기가 가벼운 것을 (고기압 , 저기압)이라고 한다.

◉ 다음에서 설명하는 현상으로 알맞은 것에 ○표를 하세요.

> 어느 두 지점 사이에 기압 차가 생겨 공기가 고기압에서 저기압으로 이동하는 현상이다.

구름	바람	이슬
☐	☐	☐

◉ 밤에 바닷가에서 부는 바람의 방향을 빈칸에 화살표로 표시하세요.

3회 ①

큰 변화를 겪은 조선 후기1

조선 후기1: 조선은 임진왜란과 병자호란을 겪은 후 사회·경제적으로 큰 변화를 겪음.

임진왜란을 전후해 조선의 지배층은 붕당을 이루어 정치를 이끌어 나갔어. 처음에는 붕당 간의 다양한 의견이 나라를 운영하는 데 도움을 주었지. 하지만 시간이 지날수록 붕당 간에 갈등과 대립이 커지고, 자기 당의 이익만 앞세우면서 정치가 혼란스러워졌지.

영조는 탕평책을 펼쳐 왕권을 강화하고 붕당의 구분 없이 능력 있는 인재를 고루 뽑아 정치를 안정시키기 위해 노력했어. 또 균역법을 실시해 세금을 줄이고, 학문과 제도를 발전시켰어.

정조 역시 탕평 정치로 특정 붕당이 권력을 독점하는 것을 막기 위해 노력했어. 규장각을 설치해 젊은 학자들이 나랏일을 연구하게 하고, 조선의 새로운 과학 기술과 지식을 활용해 수원 화성을 건설했어.

영조와 정조가 개혁 정책을 펴는 동안 일부 학자들은 실생활에 도움이 되는 학문, 즉 실학을 연구하기 시작했어. 실학자들은 새로운 문물과 현실 문제에 관심을 두고 농업, 상업과 공업, 우리나라 고유 분야를 연구하며 사회를 발전시키려고 노력했어.

한눈에 정리

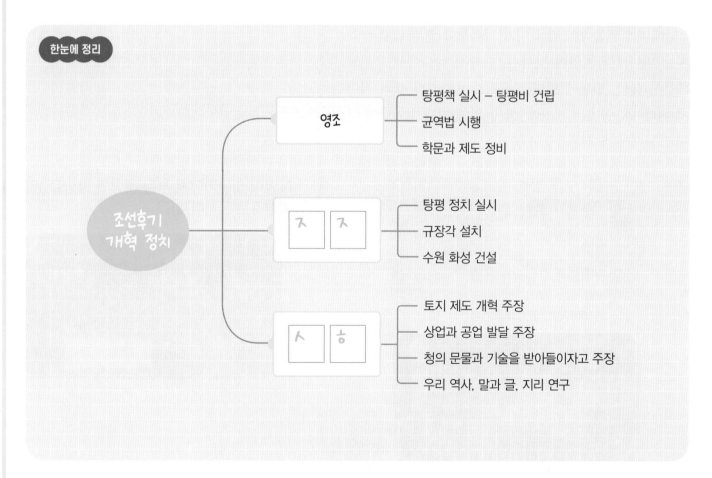

이해 조선 ☐☐에는 정치, 경제, 사회, 문화 등 여러 분야에서 큰 변화가 일어났어.

영조와 정조의 개혁 정책

영조

붕당 정치의 폐해를 잘 알고 있었던 영조는 당파에 관계없이 인재를 골고루 뽑아 등용하는 '탕평책'을 시행했어. 그리고 탕평책을 널리 알리기 위해 편을 가르지 말라는 내용을 새긴 탕평비까지 세웠지. 균역법 등의 시행으로 세금을 줄여 백성들의 생활을 안정시켰고, 책을 많이 편찬해 학문과 제도를 정비했어.

정조

정조 역시 영조의 탕평책을 이어받아 정치를 안정시키려고 노력했어. 왕실 도서관인 규장각을 설치하여 젊은 학자들로 하여금 나랏일과 관련된 여러 학문을 연구하게 했어. 새로운 과학 기술을 응용하여 수원 화성을 건설했지. 정조는 수원 화성을 상업의 중심지로 삼아 국왕 중심의 정치를 운영해 나가고자 했어.

▲ 수원 화성 팔달문

현실 문제를 해결하기 위한 노력, 실학

임진왜란과 병자호란이라는 큰 전쟁을 치르고 백성들의 삶은 더욱 힘들어졌어. 학자들은 현실의 문제를 해결해 줄 수 있는 새로운 학문의 필요성을 느꼈지. 이런 상황에서 등장한 것이 실학이야.

농사를 중요하게 여긴 실학자들은 토지 제도를 바꾸고 과학적인 농사 기술을 알려 농민이 잘 사는 사회를 만들고자 했어. 또 상공업을 중요하게 여긴 실학자들은 상공업이 나라를 부강하게 할 수 있는 방법이라고 여기고 청의 선진 문물을 받아들이자고 했어. 또한 우리나라의 고유한 것을 중요하게 생각한 학자들은 우리의 역사, 지리, 언어, 자연 등을 연구하기도 했지.

◉ 알맞은 말에 ○표를 하세요.

영조와 정조는 (붕당 정치 , 탕평책)을/를 실시해 붕당과 상관없이 나랏일을 할 인재를 골고루 뽑았다.

◉ 알맞게 선으로 이으세요.

| 영조 | • | • | 균역법 시행 |
| 정조 | • | • | 수원 화성 건설 |

◉ 실학에 대한 설명으로 맞는 것에 ○표를 하세요.

현실적인 문제보다 철학적인 문제를 다루었다. ☐

농업과 상공업을 발달시키기 위해 여러 연구를 하였다. ☐

우리 것을 버리고 청의 문물을 받아들이자고 주장하였다. ☐

개항의 요구 앞에 선 조선 후기2

조선 후기2: 조선이 세도 정치로 어지럽혀진 정치 기강을 바로잡기 위해 노력하는 가운데 서양 열강은 나라의 문을 열라며 조선에 접근해 옴.

정조가 죽고 나이가 어린 왕들이 즉위하면서 왕의 외척, 즉 왕의 어머니나 처가쪽 가문이 정치권력을 독점하는 세도 정치가 나타났어. 안동 김씨 등 몇몇 가문이 주요 관직을 독차지하고, 벼슬을 사고파는 일이 잦았지. 세도 정치로 인해 정치는 혼란스럽고, 백성들의 삶도 어려워졌어.

이때 고종이 어린 나이로 왕이 되자 고종의 아버지인 흥선 대원군이 정치적 실권을 잡았어. 흥선 대원군은 서원을 몇 개만 남기고 없애고, 호포제를 실시해 양반들에게도 세금을 걷는 등 개혁 정책을 폈어. 하지만 임진왜란 때 불탄 경복궁을 다시 지으면서 백성을 동원하고, 강제로 기부금을 걷어 백성의 불만이 높아졌지. 그런 가운데 프랑스, 미국 군함이 통상을 하자며 조선을 위협했어. 흥선 대원군은 이들의 침략을 막아내며 통상 수교 거부 정책을 폈어.

고종이 직접 정치를 하게 되었을 때 일본이 개항을 하라며 조선을 압박했고, 일본과 강화도 조약을 맺게 돼. 강화도 조약은 외국과 맺은 최초의 근대적 조약이지만 불평등한 조약이었어.

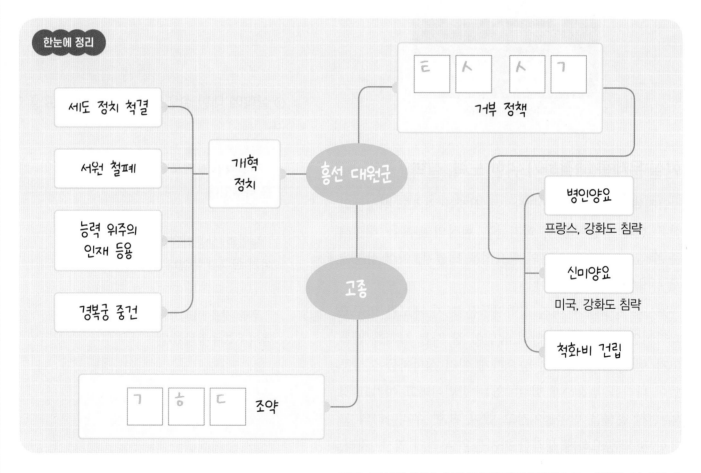

한눈에 정리

세도 정치 척결 / 서원 철폐 / 능력 위주의 인재 등용 / 경복궁 중건 → 개혁 정치 → 흥선 대원군

ㅌ ㅅ ㅅ ㄱ 거부 정책

병인양요 — 프랑스, 강화도 침략
신미양요 — 미국, 강화도 침략
척화비 건립

고종

ㄱ ㅎ ㄷ 조약

이해 조선은 일본과 맺은 □□□ □□으로 개항을 시작했어.

조선 후기에 등장한 새로운 종교

천주교 청에 다녀온 사신들이 천주교 관련 서적을 가져오면서 우리나라에 처음 소개되었어. 처음에는 서학이라고 하여 서양 학문 가운데 하나로 연구되다가 종교로 받아들여졌어. 하지만 평등 사상과 조상의 제사를 거부한다는 이유로 나라에서 천주교를 금했어. 흥선 대원군 역시 프랑스 선교사를 비롯해 많은 천주교 신자들을 처형했어. 후에 이 사건을 빌미로 프랑스가 조선에 쳐들어와.

동학 최제우는 서학에 맞서기 위해 동학을 창시했어. 동학은 '사람이 곧 하늘'이라는 인내천 사상과 새로운 시대가 열린다는 '후천 개벽 사상'을 바탕으로 백성들 사이에 빠르게 퍼져나갔어. 나라에서는 동학이 세상을 어지럽히고 백성을 속인다며 최재형을 처형했어. 하지만 동학은 백성들 사이에 퍼지며 후에 농민 운동으로 이어져.

조선에 통상을 요구하며 침략한 서양 세력

병인양요(1866년) 프랑스 선교사가 처형된 사건을 구실로 프랑스군이 강화도에 쳐들어왔어. 조선은 양헌수 부대 등의 활약으로 프랑스 군대를 물리쳤지만 많은 문화재를 약탈해 갔어.

신미양요(1871년) 미국 상선이 통상을 요구하며 행패를 부리다가 평양 백성들의 공격을 받아 침몰한 사건이 있었어. 미국은 이 사건을 구실로 강화도에 침입했어. 어재연 부대의 활약으로 미군을 물리쳤지.

강화도 조약이 불평등 조약인 까닭은?

• 조선의 해안을 일본이 자유로이 측량하도록 허가한다. ➡ 일본이 조선을 정탐하기 쉽게 하고, 군함 등이 자유롭게 접근하도록 했어.
• 개항한 항구에서 일본이 죄를 지어도 조선 정부가 심판할 수 없다. ➡ 조선 땅에서 일본의 자유를 허용하면서 조선의 사법권을 침해했어.

◉ 흥선 대원군이 펼친 개혁 정책에 ○표를 하세요.

호포제를 실시해 양반에게도 세금을 내게 하였다. □

전국의 수많은 서원에 세금을 면제하는 혜택을 주었다. □

서양 세력과 활발하게 통상을 하게 하였다. □

◉ 다음 사건은 어느 나라가 조선을 침략한 사건인지 바르게 선으로 이으세요.

병인양요 •   • 프랑스
신미양요 •   • 영국
             • 미국

◉ 알맞은 말에 ○표를 하세요.

강화도 조약은 운요호 사건을 계기로 조선이 일본과 맺은 (평등 , 불평등) 조약으로, 외국과 처음으로 맺은 근대적 조약이다.

4회 ①

문장을 구성하는 문장 성분

문장 성분: 문장을 구성하면서 일정한 역할을 하는 부분.

가족이나 학급, 회사에 각각 구성원들이 있듯이 문장에도 문장을 구성하는 부분이 있어. 이를 문장 성분이라고 하는데 문장을 구성하면서 일정한 역할을 해.

문장을 구성하는 성분은 크게 주성분, 부속 성분, 독립 성분으로 나눌 수 있어. 동작이나 상태의 주체가 되는 주어, 주어의 움직임, 상태, 성질 따위를 풀이하는 서술어, 동작의 대상이 되는 목적어, 서술어의 부족함을 보충하는 보어가 주성분이야. 주어와 목적어, 서술어를 꾸며 주는 관형어와 주로 서술어를 꾸며 주는 부사어가 부속 성분이지. 독립 성분에는 독립어가 있는데, 이는 다른 문장 성분과 직접 관련이 없는 '어머나!'와 같은 감탄사를 말해.

문장 성분들 간에는 일정한 약속 관계가 있어. 한 성분이 나타나면 반드시 다른 성분이 나타나야 하는 것을 말하는데, 이를 '호응'이라고 해. 호응 관계가 잘 이루어지지 않은 문장은 전달하려는 뜻이 모호해지거나 어색해질 수 있어.

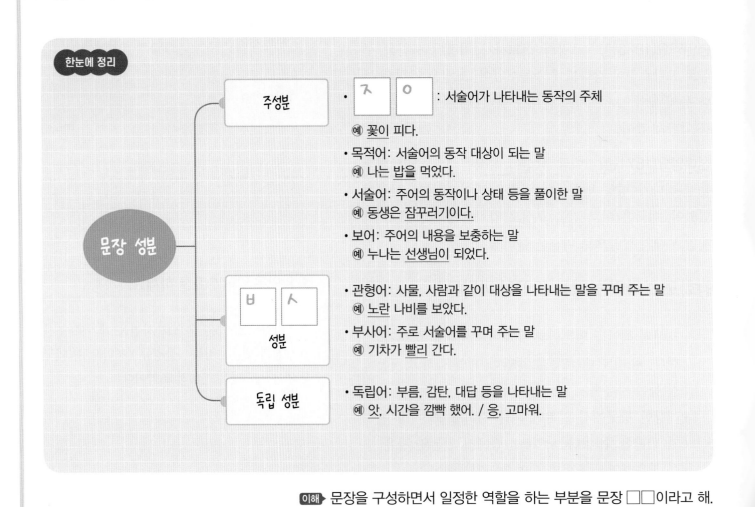

한눈에 정리

문장 성분

주성분
- ㅈ ㅇ : 서술어가 나타내는 동작의 주체
  예 꽃이 피다.
- 목적어: 서술어의 동작 대상이 되는 말
  예 나는 밥을 먹었다.
- 서술어: 주어의 동작이나 상태 등을 풀이한 말
  예 동생은 잠꾸러기이다.
- 보어: 주어의 내용을 보충하는 말
  예 누나는 선생님이 되었다.

ㅂ ㅅ 성분
- 관형어: 사물, 사람과 같이 대상을 나타내는 말을 꾸며 주는 말
  예 노란 나비를 보았다.
- 부사어: 주로 서술어를 꾸며 주는 말
  예 기차가 빨리 간다.

독립 성분
- 독립어: 부름, 감탄, 대답 등을 나타내는 말
  예 앗, 시간을 깜빡 했어. / 응, 고마워.

이해 ▶ 문장을 구성하면서 일정한 역할을 하는 부분을 문장 ☐☐이라고 해.

문장 성분의 호응 관계

높임의 대상과 서술어의 호응

높임말은 주로 웃어른을 높일 때에 쓰는 말이야. '생신'이나 '진지'처럼 특수한 낱말을 사용하여 공경하는 마음을 나타낼 수 있어. '께서'나 '께', 서술어에 '-시-'를 붙여서 높임의 대상을 높이거나 문장 끝에 '-습니다', '-어요'를 붙여서 듣는 사람을 높이기도 해.

시간을 나타내는 말과 서술어의 호응

시간을 나타내는 말에는 과거, 현재, 미래를 표현하는 말이 있어. '나는 어제 제주도에 갈 것이다.'라는 표현에서 '어제'는 잘못 쓴 표현이야. '갈 것이다'와 호응을 이루려면 '내일'처럼 미래를 나타내는 말로 바꿔야겠지? 이렇게 시간을 나타내는 말과 서술어를 어울리게 사용해야 해.

서술어를 꾸며 주는 말과 서술어의 호응

서술어를 꾸며 주는 말이 사용된 문장에서는 '비록 ~하지만', '왜냐하면 ~때문이다.', '만약 ~한다면', '별로 ~없다', '반드시/꼭 ~이어야 한다'와 같이 서술어를 꾸며 주는 말과 서술어가 호응이 돼야 해.

문장의 호응 관계를 지켜야 하는 까닭은 뭐야?

문장에서 호응이 이루어지지 않으면 뜻이 잘못 전달될 수 있어.

문장에서 호응이 이루어지지 않으면 어색한 문장이 되거나 뜻이 잘못 전달될 수 있어. 예를 들어, '우리 선생님은 결코 우리를 사랑하신다.'라는 문장을 생각해 봐. 정말 우리를 사랑하신다는 것인지, 사랑하시지 않는다는 것인지 이해가 잘 되지 않을 거야. '결코'는 '~않다, 못하다, 없다'와 같은 부정어와 같이 쓰여야 하는 말이거든.

주어와 목적어 서술어도 잘 어울리게 써야 해.

'사냥꾼이 토끼를 잡혔다.'라는 문장은 어딘가 이상하지? 주어가 '사냥꾼'이고 목적어가 '토끼'니까 서술어는 '잡혔다'가 아니라 '잡았다'가 맞아. '어머니께서 아기를 안겼다.'라는 문장은 어떨까? 이 문장 역시 어머니께서 아기를 안은 거니까 '안았다'라고 써야 호응이 알맞은 거야.

◉ 문장 성분 중 주성분끼리 묶인 것에 ○표를 하세요.

주어 / 보어 / 관형어 / 독립어	
주어 / 목적어 / 서술어 / 보어	
주어 / 서술어 / 부사어 / 보어	

◉ 알맞은 말에 ○표를 하세요.

문장에서 주어의 움직임, 상태, 성질 따위를 풀이하는 말을 (독립어 , 서술어)라고 한다.

◉ 다음 중 호응이 잘 이루어진 문장에 ○표를 하세요.

우리 동네에 새로 생긴 도서관에는 새로운 책이 만약 없어.

우리 동네에 새로 생긴 도서관에는 새로운 책이 별로 없어.

4회 ②

합쳐진 말, 합성어와 파생어

합성어: 뜻을 가진 두 낱말이 하나로 합쳐진 낱말.
파생어: 낱말과 뜻을 더해 주는 말이 하나로 합쳐진 낱말.

낱말을 짜임에 따라 나누어 보면 뜻이 있는 하나의 낱말로 된 '단일어'와 뜻이 있는 낱말이 합쳐진 '복합어'로 나눌 수 있어. 우리가 자주 쓰는 낱말의 짜임을 분석해 볼까? 예를 들어, '산, 바다, 나무'는 더 이상 쪼갤 수 없으니 단일어겠지? 그럼 '돌다리, 밤나무, 김밥'은 어때? 모두 하나의 낱말이지만 '돌+다리', '밤+나무', '김+밥'으로 나눌 수 있는 합성어야. 이처럼 따로 쓰이는 낱말인데 서로 합쳐져서 새로운 낱말이 되는 경우가 있어. 하지만 복합어에는 이처럼 뜻을 가진 두 낱말이 합쳐진 경우만 있는 게 아니야. '맨손, 햇곡식, 짓누르다'처럼 '맨', '햇', '짓'은 낱말 앞에 붙어서 각각 '아무것도 없는', '그해에 새로 나온', '마구, 함부로'라는 뜻을 더해 줘. '나무꾼', '장사꾼'에 쓰이는 '꾼'은 낱말 뒤에 붙어서 '어떤 일을 잘하는 사람'이라는 뜻을 더해 주지. 이처럼 혼자 쓰이지는 않지만 다른 낱말의 앞이나 뒤에 붙어서 뜻을 더해 주는 낱말을 파생어라고 해.

낱말의 짜임을 알면 잘 모르는 낱말의 뜻을 짐작할 수 있고, 낱말을 어떻게 만들었는지 이해할 수 있어서 좋아.

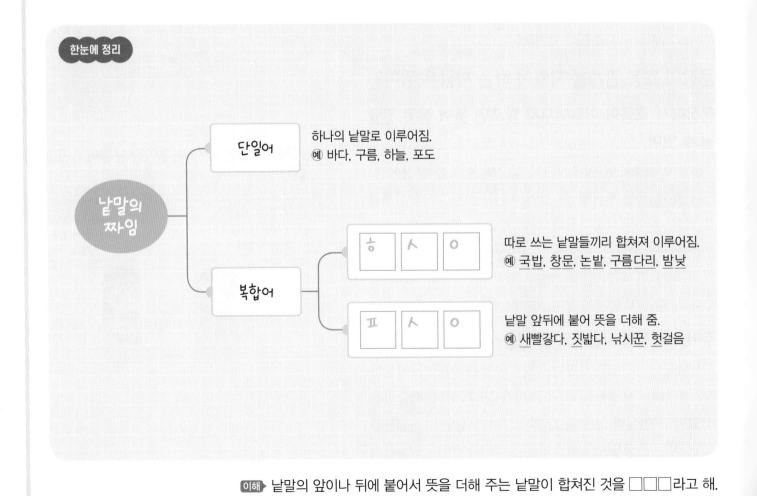

한눈에 정리

- **단일어**
  하나의 낱말로 이루어짐.
  예 바다, 구름, 하늘, 포도

- **낱말의 짜임**
  - **복합어**
    - ㅎ ㅅ ㅇ
      따로 쓰는 낱말들끼리 합쳐져 이루어짐.
      예 국밥, 창문, 논밭, 구름다리, 밤낮
    - ㅍ ㅅ ㅇ
      낱말 앞뒤에 붙어 뜻을 더해 줌.
      예 새빨갛다, 짓밟다, 낚시꾼, 헛걸음

이해 낱말의 앞이나 뒤에 붙어서 뜻을 더해 주는 낱말이 합쳐진 것을 ☐☐☐라고 해.

▶ 정답과 해설 42쪽

어근과 접사

어근 '어근'이란 말씀 어(語)에 뿌리 근(根)을 써서 말의 뿌리라는 뜻이야. 단어를 만들 때 의미를 나타내는 중심이 되는 부분을 말하지. 단어는 만들어진 방법에 따라 하나의 어근으로 이루어진 단일어(예 나무)와 하나의 어근에 다른 어근이나 접사가 붙어 이루어진 복합어로 나뉘어. 복합어는 2개 이상의 어근으로 이루어진 합성어(예 돌다리)와 1개 이상의 어근과 접사로 이루어진 파생어(예 나무꾼)로 구분돼.

접사 '접사'란 붙을 접(接)에 말 사(辭)를 써서 혼자서 쓰이지 않고 항상 다른 어근에 붙어 새로운 단어를 만드는 부분이야. 접사는 뜻을 더해 주고 새로운 단어를 만드는 중요한 역할을 해. '애호박', '애송이'라는 말 들어봤지? '애'는 '어린' 또는 '작은'이라는 뜻이야. 이처럼 어근 앞에 접사가 있는 경우는 접두사라고 하고, '욕심꾸러기', '심술꾸러기'에서 '꾸러기'는 '어떤 일을 심하게 하거나 많이 하는 사람'이라는 뜻의 접미사야.

낱말을 사전에서 찾아볼까?

낱말의 기본형은 무엇을 뜻하는 말이야?

'책상, 나무, 논밭' 등과 같이 사물의 이름을 나타내는 단일어나 합성어는 형태가 바뀌는 낱말이 아니야. 하지만 '가다, 빠르다, 뒤섞다'와 같이 움직임을 나타내는 말과 성질이나 상태를 나타내는 말은 상황에 따라 낱말의 형태가 '가고, 가는, 빠르니, 빠르고, 뒤섞고, 뒤섞인'과 같이 바뀌는데 이를 대표하는 낱말이 기본형이야. 기본형은 움직임을 나타내는 말과 성질이나 상태를 나타내는 말에서 바뀌지 않는 부분에 '-다'를 붙여 만들어.

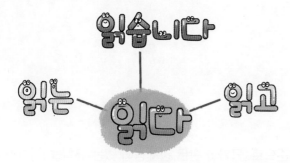

◉ 다음 중 파생어에 ○표를 하세요.

하늘	
햇곡식	
할머니	

◉ 알맞은 말에 ○표를 하세요.

> 혼자서 쓰이지 않고 항상 다른 낱말에 붙어 새로운 단어를 만드는 부분을 (어근 , 접사)(이)라고 한다.

◉ 낱말의 기본형을 만드는 방법으로 알맞은 것에 ○표를 하세요.

움직임을 나타내는 말과 성질이나 상태를 나타내는 말에서 형태가 바뀌지 않는 부분에 '-다'를 붙여 만든다.	
사물의 이름을 나타내는 단일어나 합성어에 '-다'를 붙여 만든다.	

5회 ①

강제성이 있는 규칙, 법

법: 국가가 만든 강제성을 가진 규칙.

공동체 안에서 질서를 유지하고, 안전하게 살아가기 위해서는 도덕이나 법 같은 사회 규범을 지켜야 해. 그렇다면 도덕과 법은 어떻게 다를까? 만약 등교 시간에 자동차가 어린이 보호 구역에서 제한 속도를 지키지 않고 빨리 달리면 어떻게 될까? 맞아. 과태료를 내야 해. 법은 도덕과 달리 국가가 만든 강제성을 가진 규칙을 말해. 법을 어겼을 때는 처벌 등 제재를 받지. 법이 사회 변화에 맞지 않거나 인권을 침해할 때는 바꾸거나 다시 만들기도 해.

법이 필요한 까닭은 무엇일까? 법은 개인의 권리를 보장해 줘. 개인의 생명이나 재산, 권리를 보호해 주고, 개인 간에 생긴 분쟁을 해결해 주지. 그리고 사회 질서를 유지해 줘. 사고나 범죄로부터 사람들을 보호하고 안전하게 살아갈 수 있게 해 주지. 도로 교통법은 교통 사고를 예방할 수 있게 해 주고, 환경과 관련한 법은 환경 오염과 파괴를 예방해 주는 것처럼 말이야.

이처럼 법을 지키는 것은 다른 사람의 권리를 보장하는 동시에 나의 권리도 보장받는 방법이야.

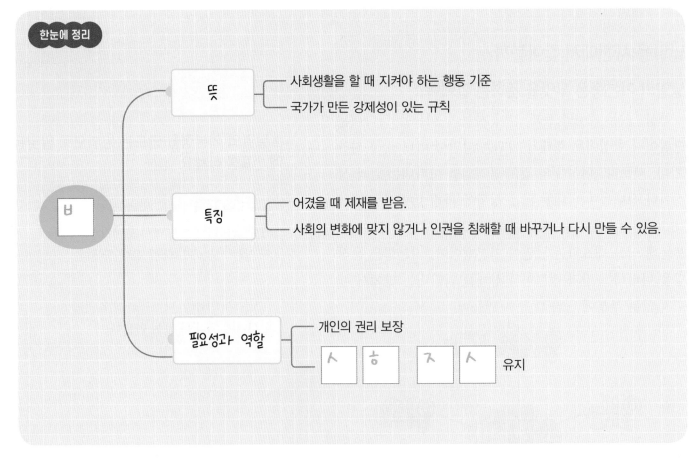

한눈에 정리

법
- 뜻
  - 사회생활을 할 때 지켜야 하는 행동 기준
  - 국가가 만든 강제성이 있는 규칙
- 특징
  - 어겼을 때 제재를 받음.
  - 사회의 변화에 맞지 않거나 인권을 침해할 때 바꾸거나 다시 만들 수 있음.
- 필요성과 역할
  - 개인의 권리 보장
  - ㅅ ㅎ ㅈ ㅅ 유지

이해 사회생활을 할 때 지켜야 할 행동 기준으로, 국가가 만든 강제성이 있는 규칙을 ☐이라고 해.

학교와 학교 주변에서 적용되는 법

「식품 위생법」

우리가 먹는 학교 급식은 「식품 위생법」의 적용을 받아. 많은 학생들이 모여서 함께 하는 식사이기 때문에 식중독 같은 것을 예방하고, 영양적으로 균형 잡힌 식단을 제공하기 위해서야.

「도로 교통법」

초등학교, 유치원, 어린이집, 학원 등 만 13세 미만 어린이 시설의 주변 도로 중 일정 구간을 어린이 보호 구역이라고 해. 「도로 교통법」은 어린이 보호 구역에서 어린이가 안전하게 다닐 수 있도록 자동차의 통행 속도를 시속 30km 이내로 제한하고 있어.

「어린이 식생활 안전 관리 특별법」

학교와 학교 주변에서는 「어린이 식생활 안전 관리 특별법」에 따라 어린이의 건강을 해치는 식품이나 불량 식품 등의 판매를 금지하고 있어.

밤 10시 이후에는 법으로 샤워를 금지하는 법이 있다고?

스위스는 소음으로 이웃 간에 분쟁이 일어나는 것을 방지하기 위해서 밤 10시 이후에 샤워를 하는 것을 법으로 금지하고 있어.

싱가포르에서는 껌을 씹는 것만으로도 벌금을 내야 해. 공공장소를 깨끗하게 유지하기 위해서 만든 법인데, 껌을 씹다가 뱉을 수 있기 때문에 금지하는 것이라고 해.

◉ 법으로 제재를 받는 경우에 ○표를 하세요.

길에서 만난 친구 어머니께 인사를 하지 않았다.	
어린이 보호 구역에서 시속 80km로 지나갔다.	
친구들과 축구를 하다가 반칙을 했다.	

◉ 알맞은 것끼리 선으로 이으세요.

식품 위생법 • • 학교 주변 도로

도로 교통법 • • 학교에서 먹는 급식

어린이 식생활 안전 관리 특별법 • • 학교와 학교 주변 상점

◉ 법에 대한 알맞은 태도에 모두 ○표를 하세요.

법을 잘 지키면 나만 손해를 본다.	
법을 잘 지켜야 사회 질서가 유지된다.	
법은 나와 다른 사람의 권리를 보장하는 것이다.	

5회 ②

태어나면서 부터 가지는 인권

인권: 사람이라면 누구나 태어나면서부터 당연히 가지는 기본적 권리.

인권은 나이, 성별, 피부색이나 국적 등에 상관없이 사람이라면 누구나 당연히 누리는 기본적인 권리야.

놀이터나 공원 화장실에 낮은 세면대가 설치된 걸 본 적이 있지? 만약 높은 세면대만 있다면 키가 작은 어린이들은 손을 씻기 어려울 거야. 그래서 낮은 세면대를 만들어 키가 작은 사람도 손쉽게 세면대를 이용할 수 있게 한 것이지. 또 주차장에는 장애인 전용 주차 구역을 두어 안전하게 이동할 수 있는 권리를 보장하고 있어.

하지만 반대로 인권이 침해된 사례도 종종 볼 수 있어. 다문화 가정의 아이에게 피부색이나 억양이 다르다고 차별하는 사람이 있어. 피부색이 다르면 우리나라 사람이 아니라는 편견 때문이지. 또 가깝게는 친구의 누리 사랑방에 나쁜 댓글을 다는 것도 친구의 인권을 침해하는 경우야.

인권을 보장하기 위해 편견을 없애고, 다른 사람을 존중하고 배려하는 태도가 필요해. 국가나 지방 자치 단체에서는 다양한 사회 보장 제도를 만들어 시행하고, 장애인을 위한 공공 편의 시설을 설치해.

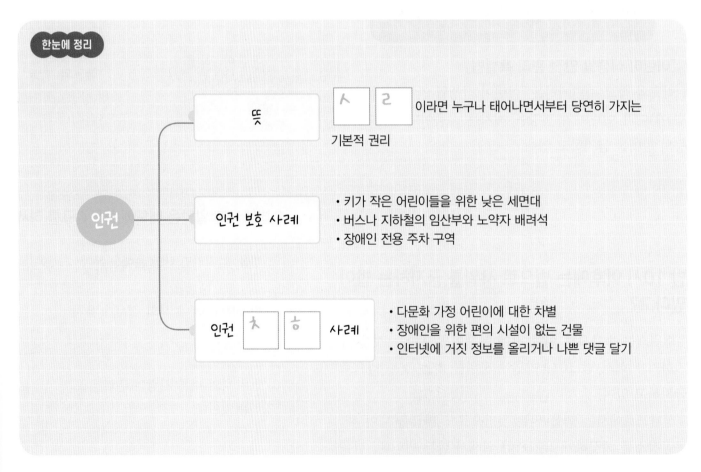

한눈에 정리

인권

뜻 — ㅅ ㄹ 이라면 누구나 태어나면서부터 당연히 가지는 기본적 권리

인권 보호 사례
• 키가 작은 어린이들을 위한 낮은 세면대
• 버스나 지하철의 임산부와 노약자 배려석
• 장애인 전용 주차 구역

인권 ㅊ ㅎ 사례
• 다문화 가정 어린이에 대한 차별
• 장애인을 위한 편의 시설이 없는 건물
• 인터넷에 거짓 정보를 올리거나 나쁜 댓글 달기

이해 ▶ 사람이기 때문에 누구나 차별받지 않고 누려야 하는 권리를 ☐☐이라고 해.

인권 신장을 위한 옛날의 제도

격쟁

억울한 일을 당한 사람이 임금의 행차 때 징이나 꽹과리를 쳐서 임금에게 억울함을 호소할 수 있었어.

신문고 제도

백성들이 억울한 일이 있을 때 대궐 밖에 설치된 북을 쳐서 임금에게 알릴 수 있었어.

상언 제도

신분과 관계없이 억울한 일을 문서에 써서 임금에게 호소할 수 있었어.

삼복제

사형과 같은 무거운 형벌을 내릴 때는 신분에 관계없이 세 번의 재판을 거치도록 했어. 재판을 세 번까지 받을 수 있도록 한 이 제도는 오늘날까지 이어지고 있어.

우리나라에서 어린이의 인권 보호를 위해 노력한 분은?

과거에는 신분에 따라 차별이 심했어. 그뿐만 아니라 어린이의 인권이 무시되는 경우가 많았지. 방정환은 어린이를 독립된 한 사람으로 여기고, 모든 어린이가 꿈과 희망을 품고 행복하게 자라야 한다고 생각했어. 어린이 날을 만든 것도 바로 이 사람이야.

◉ 알맞은 말에 ○표를 하세요.

나이, 성별, 피부색이나 국적 등에 상관없이 사람이라면 누구나 당연히 누리는 기본적인 권리를 (인권 , 의무)(이)라고 한다.

◉ 알맞은 것끼리 선으로 이으세요.

격쟁	•	•	무거운 형벌에 대해 세 번까지 재판을 거치도록 한 제도
상언 제도	•	•	억울한 일을 문서에 써서 임금에게 호소했던 제도
삼복제	•	•	임금의 행차 때 징이나 꽹과리를 쳐 억울함을 호소한 제도

◉ 인권 보호를 위해 노력한 예로 알맞은 것에 모두 ○표를 하세요.

주차장에 장애인을 위한 주차 구역을 따로 마련했다. □

친구의 누리 사랑방에 친구를 험담하는 댓글을 남겼다. □

방정환은 어린이를 독립된 한 사람으로 보았고, 어린이 날을 정했다. □

1 고려 문화와 관련 있는 것을 모두 골라 기호를 쓰세요. » ┄┄┄┄┄┄┄┄┄┄┄┄┄┄┄┄┄┄┄┄ 사회

> ㉮ 불교   ㉯ 유교   ㉰ 상감 청자
> ㉱ 팔만대장경판   ㉲ 자격루   ㉳ 훈민정음

(,   ,   )

2 다음 빈칸에 들어갈 알맞은 말을 각각 쓰세요. » ┄┄┄┄┄┄┄┄┄┄┄┄┄┄┄┄┄┄┄┄ 사회

> 조선은 이성계를 중심으로 한 ⟨ ㉠ ⟩ 와/과 성리학을 공부하고 과거 시험에 합격해 관리가
> 된 ⟨ ㉡ ⟩ 이/가 손을 잡고 건국한 나라이다.

(1) ㉠: (   )   (2) ㉡: (   )

3 세종 때 문화와 과학 기술의 발전으로 알맞은 것에 모두 ○표를 하세요. » ┄┄┄┄┄┄┄┄┄┄┄ 사회

(1) 금속 활자로 『직지심체요절』을 인쇄했다.   (   )
(2) 혼천의, 앙부일구와 같은 과학 기구를 만들었다.   (   )
(3) 훈민정음을 창제해 일반백성도 쉽게 글을 익히도록 했다.   (   )

4 다음 두 현상의 공통점은 무엇인가요? (   ) » ┄┄┄┄┄┄┄┄┄┄┄┄┄┄ 과학

▲ 이슬

▲ 안개

① 용질이 용매에 녹아서 나타나는 현상
② 열이 통하지 않게 막아서 나타나는 현상
③ 공기 중의 수증기가 응결해 나타나는 현상
④ 산성 용액과 염기성 용액이 섞여서 나타나는 현상
⑤ 기압이 높은 곳에서 기압이 낮은 곳으로 공기가 이동해 나타나는 현상

▶ 정답과 해설 **45**쪽

5 다음 설명에 알맞은 것을 골라 기호를 쓰세요. 》 ·· 과학

| ㉮ 바람 | ㉯ 저기압 | ㉰ 고기압 |

(1) 상대적으로 공기가 무거운 것: (   )

(2) 상대적으로 공기가 가벼운 것: (   )

(3) 두 지점 사이에 기압 차가 생겨 공기가 이동하는 것: (   )

6 바닷가에서 낮과 밤에 부는 바람의 방향을 화살표로 각각 표시하세요. 》 ············ 과학

(1) ㉠: (   )   (2) ㉡: (   )

7 다음 빈칸에 들어갈 알맞은 말을 쓰세요. 》 ·· 사회

임진왜란을 전후로 조선의 지배층은 붕당을 이루어 정치를 이끌어 나갔다. 처음에는 붕당 간의 다양한 의견이 나라를 운영하는 데 도움이 되었지만 점차 붕당 간의 갈등과 대립이 커져 정치가 혼란스러워졌다. 영조는 붕당의 구분 없이 능력 있는 인재를 고루 뽑아 정치를 하겠다는 ☐☐☐☐☐을/를 펼쳐 나라를 안정시키고자 하였다.

(   )

8   다음 사건들이 일어난 까닭은 무엇인가요? (   ) 》 ········· 사회

병인양요   신미양요

① 조선에 통상을 요구하기 위해서
② 일본으로 가는 길을 내어 달라고
③ 조선의 학문과 기술을 배우기 위해서
④ 조선에 천주교를 널리 알리기 위해서
⑤ 조선의 혼란한 정치를 바로잡기 위해서

9   강화도 조약에 대해 <u>잘못</u> 말한 친구의 이름을 쓰세요. 》 ········· 사회

> 진우: 조선이 외국과 맺은 최초의 근대적 조약이야.
> 솔아: 일본의 위협 속에서 맺은 조약이지.
> 하영: 조선에 유리한 평등 조약이야.
> 시윤: 이 조약으로 조선이 개항을 하게 되었어.

(   )

10   다음 문장에서 주어 부분에 밑줄을 그어 보세요. 》 ········· 국어

> 내 친구는 강아지를 매우 좋아합니다.

11   다음 문장을 시간을 나타내는 말을 서술어의 호응 관계에 맞게 고쳐 쓰세요. 》 ········· 국어

> 나는 내일 재미있는 동화책을 두 권이나 읽었다.

(   )

▶ 정답과 해설 **46**쪽

국어

12 합성어와 파생어로 구분해 기호를 쓰세요. »

| ㉮ 국밥 | ㉯ 햇감자 | ㉰ 구름다리 |
| ㉱ 밤낮 | ㉲ 낚시꾼 | ㉳ 새파랗다 |

(1) 합성어: (   )   (2) 파생어: (   )

사회

13 다음 중 법을 어긴 경우는 무엇인가요? (   ) »

① 형의 장난감을 몰래 가지고 놀았다.
② 친구와 게임을 하다가 반칙을 했다.
③ 길에서 넘어진 친구를 도와주지 않았다.
④ 길에서 만난 친구에게 인사를 하지 않았다.
⑤ 학교 급식을 만들 때 식품 위생법을 어겼다.

사회

14 다음은 무엇에 대한 설명인지 쓰세요. »

- 모든 사람이 태어나면서부터 갖게 되는 권리이다.
- 어떤 이유로도 이 권리가 침해당해서는 안 된다.

(   )

사회

15 인권이 존중되는 모습을 바르게 선으로 이으세요. »

장애인 운전자	·	·	낮은 세면대
임산부	·	·	임산부 전용 좌석
키가 작은 어린이	·	·	장애인 전용 주차 구역

사회 고려

왕건은 나라를 세우고 고구려를 계승한다는 의미에서 나라 이름을 □□ 로 정했어.

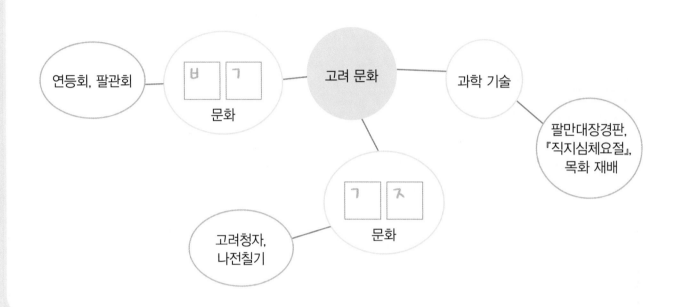

사회 조선 전기

□□□ 는 신진 사대부와 손을 잡고 조선을 건국했어.

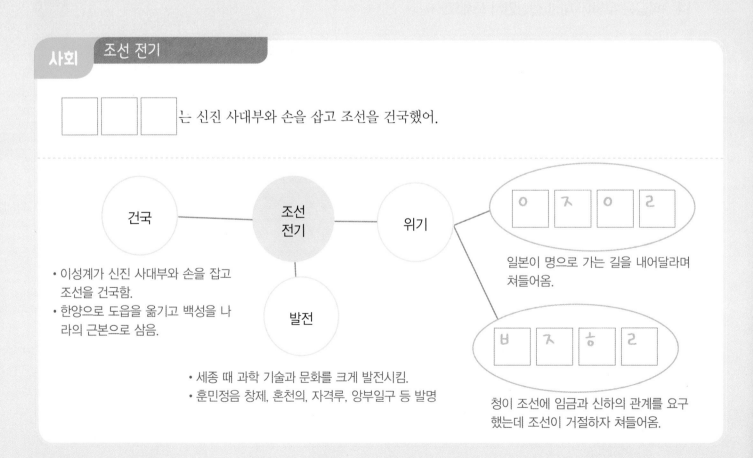

과학 이슬과 구름

공기 중의 수증기가 온도가 낮은 물체에 닿아 물방울이 되는 현상을 ☐☐ 이라고 해.

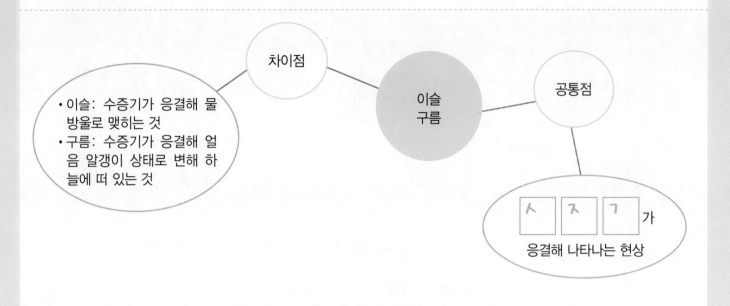

차이점

이슬
구름

공통점

- 이슬: 수증기가 응결해 물방울로 맺히는 것
- 구름: 수증기가 응결해 얼음 알갱이 상태로 변해 하늘에 떠 있는 것

ㅅ ㅈ ㄱ 가
응결해 나타나는 현상

과학 저기압과 고기압

상대적으로 공기가 무거운 것을 ☐☐☐, 공기가 가벼운 것을 ☐☐☐ 이라고 해.

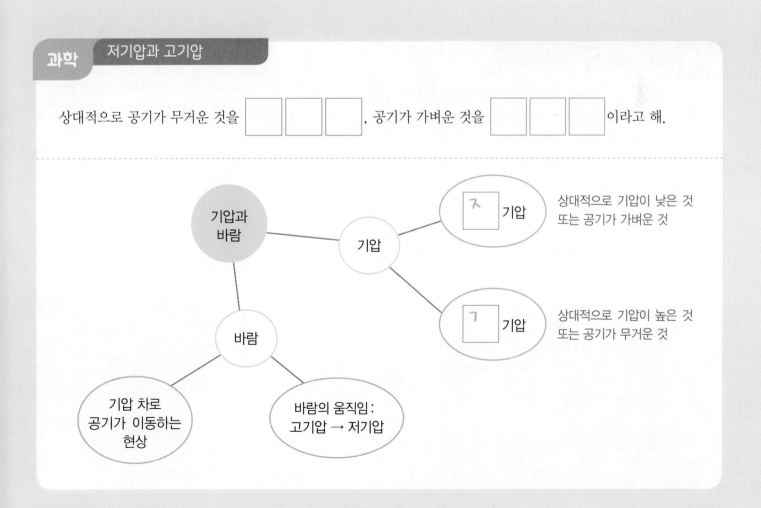

기압과
바람

기압

ㅈ 기압
상대적으로 기압이 낮은 것 또는 공기가 가벼운 것

ㄱ 기압
상대적으로 기압이 높은 것 또는 공기가 무거운 것

바람

기압 차로 공기가 이동하는 현상

바람의 움직임:
고기압 → 저기압

조선 ☐☐ 에는 정치, 경제, 사회, 문화 등 여러 분야에서 큰 변화가 일어났어.

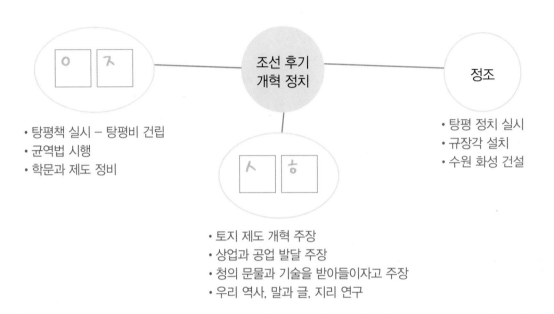

문장을 구성하면서 일정한 역할을 하는 부분을 문장 ☐☐ 이라고 해.

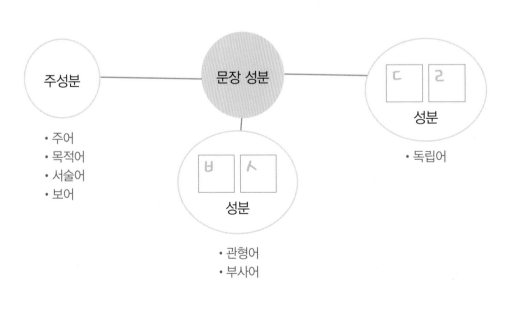

▶ 정답과 해설 **48**쪽

국어 합성어와 파생어

낱말의 앞이나 뒤에 붙어서 뜻을 더해 주는 낱말이 합쳐진 것을 [ ] [ ] [ ] 라고 해.

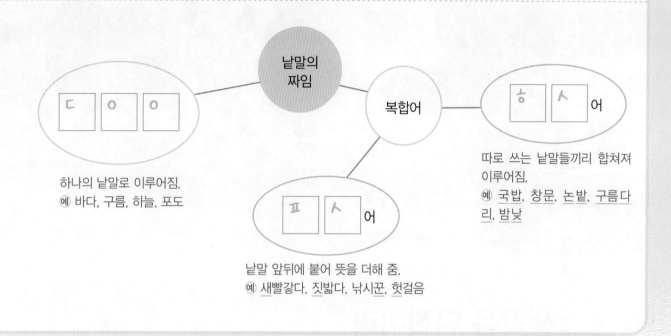

낱말의 짜임

ㄷ ㅇ ㅇ
하나의 낱말로 이루어짐.
예 바다, 구름, 하늘, 포도

복합어

ㅎ ㅅ 어
따로 쓰는 낱말들끼리 합쳐져 이루어짐.
예 국밥, 창문, 논밭, 구름다리, 밤낮

ㅍ ㅅ 어
낱말 앞뒤에 붙어 뜻을 더해 줌.
예 새빨갛다, 짓밟다, 낚시꾼, 헛걸음

사회 법

사회생활을 할 때 지켜야 할 행동 기준으로, 국가가 만든 강제성이 있는 규칙을 [ ]이라고 해.

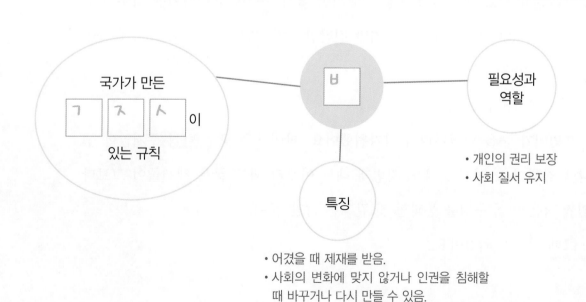

국가가 만든
ㄱ ㅈ ㅅ 이
있는 규칙

ㅂ

필요성과 역할
• 개인의 권리 보장
• 사회 질서 유지

특징
• 어겼을 때 제재를 받음.
• 사회의 변화에 맞지 않거나 인권을 침해할 때 바꾸거나 다시 만들 수 있음.

생각을 뒤집어라

두 번째 관문은 다섯 가닥의 새끼줄을 한 명씩 잡고 잘 꼬아서 작은 열쇠 구멍을 통과할 수 있게 만드는 것이었어요. 어느 한 사람만 해서는 안 되고 모두 하나씩 잡아서 가느다랗게 잘 꼬는 것이 중요했지요. 다섯 아이들은 낑 낑거리면서 서로 왔다 갔다 줄을 꼬았지만 열쇠 구멍에 들어가기엔 너무 굵었 지요. 수도 없이 여러 번 시도했지만 진땀만 날뿐 새끼줄이 열쇠 구멍에 들어 가지 않았어요.

"어떡하지?"

홍민이가 숨을 헉헉거리며 힘겨워했어요. 아이들은 모두 털썩 주저앉아 생 각에 잠겼어요. 이렇게 해도 저렇게 해도 아무리 봐도 굵은 새끼줄이 그보다 훨씬 작은 열쇠 구멍을 통과할 것 같지는 않았거든요.

그때 경아가 외쳤어요.

"아까 선생님이 뭐라고 하셨지? 새끼줄 다섯 가닥이라고 말씀하셨지, 이 굵은 줄을 다 엮으라고 하시지는 않았잖아?"

모두 영문을 몰라 경아의 얼굴을 쳐다보았어요.

"자, 봐봐. 이 새끼줄을 잘게 갈라서 다섯 가닥으로 만든 다음 하나로 엮어 보자. 그러고 나서 다시 넣어 보자고."

모두 힘을 모아 다시 잘게 가른 새끼줄을 꼬았고, 결국 열쇠 구멍에 들어갔지요. 그때 스르륵 다음 관문이 열렸어요.

"잘했어, 경아야."

아이들이 경아를 칭찬했고, 경아는 모두 다 같이 한 거라고 말했어요.

세 번째 관문은 다섯 명이 돌아가며 나무 블록 탑을 무너뜨리지 않고 모두 쌓기였어요. 처음에 한 줄로 쌓았더니 와르르 무너져서 다시 해야만 했어요. 아이들은 침착하게 하자고 서로서로 격려하며 여러 번 다시 쌓아 올렸어요. 그러지만 역시 잘되지 않았지요. 결국 아이들은 다시 문제를 곰곰이 따져 봤어요.

"새끼줄 문제에도 함정이 있었잖아? 지금 이것도 그래. 우리 모두 차례대로 돌아가며 탑을 쌓으라고 했지, 몇 층으로 쌓아야 하는지, 몇 개씩 쌓아야 하는지에 대한 조건은 없어."

서준이의 말에 아이들이 눈을 마주쳤어요.

"그렇다면?"

"빙 둘러 쌓아도 된다는 거지. 탑을 쌓기만 하면 돼."

아이들은 침착하게 세 번째 관문을 통과했어요.

네 번째 관문은 도깨비와의 줄다리기에서 이기기였어요. 처음에는 조금 밀리는 듯 했지만 앞과 뒤에 힘이 센 아이를 두고 이기려고 모두 힘을 모아 경기를 하니 이번에도 이기게 되었지요.

"야, 지는 줄 알았는데 있는 힘, 없는 힘 다 썼더니 결국 이겼네."

"그러게. 자, 우리 다음 관문으로 가기 전에 파이팅 한 번 할까?"

팀장인 서준이가 아이들을 모두 불러 모아 모두 손을 맞잡고 힘차게 '파이팅'을 외쳤어요. 그러니 더욱 힘이 쑤욱 나는 것 같았지요.

다섯 번째 관문은 알쏭달쏭 퀴즈 풀기였어요. 선생님의 목소리가 다시 울려 퍼졌지요.

한 사나이가 1000미터의 늪에 빠졌습니다. 사나이는 늪에 드리워진 밧줄을 잡고 하루에 100미터씩 기어오르기 시작했습니다. 1000미터의 꼭대기에는 커다란 고릴라가 있어서 올라오는 사람들을 다시 빠뜨립니다. 그러면 사나이가 늪을 다 빠져나오는 것은 며칠째일까요?

아이들은 문제를 듣고 당황했어요.

"하루에 100미터면 열흘이면 되잖아?"

서준이의 말에 다들 외쳤지요.

"그렇게 쉽겠니? 게다가 꼭대기에 고릴라가 있어서 다시 빠뜨린다잖아."

"고릴라가 다시 빠뜨리면 결국 그 늪을 못 빠져나오는 거 아니야?"

"다시 기어올라가면 되지 않을까?"

쉬운 듯 쉬운 듯 풀리지 않는 문제로 아이들은 고민했어요.

"야, 이러다가 이 문제 때문에 못 나가는 거 아니야?"

"이러다가 여기서 밤샐 듯……."

아이들은 여러 가지 대답을 내놨다가, 정답이 아닌 것 같아서 다시 고민했어요.

"여태까지 나온 문제에는 늘 함정이 있었어. 이 문제도 그런 거 아닐까?"

현서의 말에 홍민이가 무릎을 쳤어요.

"왜, 왜?"

아이들의 눈이 모두 홍민이에게 쏠렸지요.

"너희들 생각해 봐. 이 문제는 처음부터 잘못됐어. 사람이 늪에 빠지면 얼마 못 가서 죽잖아?"

"아, 그러네. 어차피 고릴라가 다시 안 빠뜨려도 돼. 1000미터 깊이의 늪에 빠졌으면 절대 못 빠져 나오니까!"

재영이가 기세등등하게 말했어요. 드디어 다음 관문이 열렸어요.

이어지는 내용은 140쪽에 >>>

1회
사회

① 날씨와 달라? 우리나라의 기후

학습 계획일
월   일

② 대비하자, 우리나라의 자연재해

월   일

4
주차

2회
국어

① 쉽고, 짧고, 교훈 주는 속담

학습 계획일
월   일

② 허구적인 문학, 소설

월   일

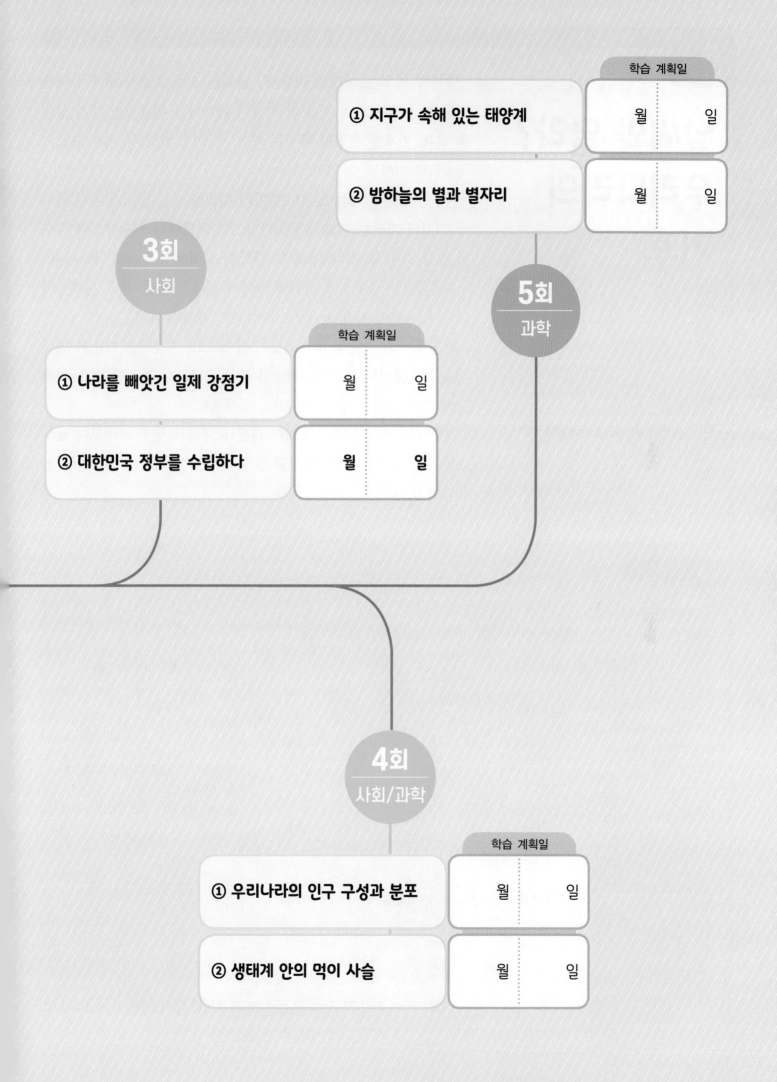

① 지구가 속해 있는 태양계

월   일

② 밤하늘의 별과 별자리

월   일

3회
사회

① 나라를 빼앗긴 일제 강점기

월   일

② 대한민국 정부를 수립하다

월   일

5회
과학

4회
사회/과학

① 우리나라의 인구 구성과 분포

월   일

② 생태계 안의 먹이 사슬

월   일

1회 ①

날씨와 달라? 우리나라의 기후

기후: 일정한 지역에서 여러 해에 걸쳐 나타난 기온, 비, 눈, 바람 따위의 평균 상태.

날씨와 기후는 어떻게 다를까? 날씨는 그날그날의 대기 상태를 말하고, 기후는 오랜 기간 한 지역에 나타나는 평균적인 대기 상태를 말해. 기후를 설명할 때에는 기온, 강수량, 바람 등 기후 요소의 특성으로 나타낼 수 있어.

지구는 둥글기 때문에 위도에 따라 햇빛을 받는 양이 달라서 세계 각 지역의 기후는 다양하게 나타나. 즉, 적도에서 극지방으로 갈수록 열대 기후, 온대 기후, 냉대 기후, 한대 기후의 순으로 나타나지.

우리나라는 중위도에 위치해 있어서 온대 기후에 속해. 사계절이 있으며, 계절에 따라 불어오는 바람의 방향이 달라져.

겨울에는 차가운 북서 계절풍이 불어오고, 여름에는 따뜻한 남동 계절풍이 불어와. 또 남쪽 지방이 북쪽 지방보다 기온이 높고, 겨울철에 해안 지역이 내륙 지역보다 더 따뜻해.

강수량도 지역과 계절에 따라 다른데 대체로 북부 지방보다 남부 지방의 강수량이 많고, 연평균 강수량의 절반 이상이 여름철에 집중되어 있어.

한눈에 정리

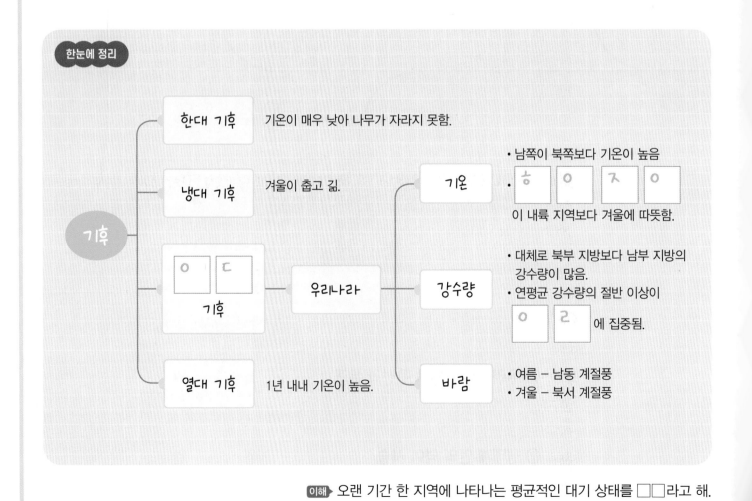

이해 오랜 기간 한 지역에 나타나는 평균적인 대기 상태를 □□라고 해.

기후의 종류

열대 기후는 적도 주변 지역에 나타나는 기후로, 일 년 내내 기온이 높고 강수량이 많아. 온대 기후는 기온과 강수량이 알맞아 사람들이 생활하기에 적당하고, 사계절이 뚜렷한 곳이 많지. 냉대 기후는 겨울은 무척 춥고 길며, 여름은 짧고 따뜻해. 한대 기후는 일 년 내내 춥고 눈이 많이 내려.

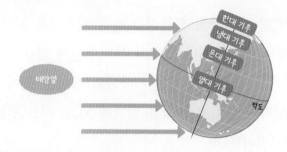

우리나라의 기후 특징

기온

대체로 8월이 가장 덥고, 1월이 가장 추워. 또, 남북으로 길기 때문에 남쪽 지방으로 갈수록 기온이 더 높고, 북쪽 지방으로 갈수록 기온이 더 낮아져. 겨울철에는 북서쪽에서 불어오는 차가운 바람을 태백산맥이 막아 주어 동쪽 지방이 서쪽 지방보다 조금 더 따뜻해.

강수량

계절과 지역에 따라 비의 양에 큰 차이를 보여. 장마와 태풍의 영향으로 연평균 강수량의 절반 이상이 여름에 집중되어 있어. 반대로 겨울에는 강수량이 적은 편이야.

바람

우리나라는 계절마다 바람이 부는 방향이 다른 계절풍이 불어. 여름에는 태평양에서 기온이 높고 습기가 많은 남동 계절풍이 불어오고, 겨울에는 넓고 추운 땅인 시베리아에서 기온이 낮고 건조한 북서 계절풍이 불어오지.

기후에 영향을 주는 요인은 뭐야?

기후에 영향을 주는 3요소는 기온, 강수량, 바람이야. 이외에도 습도, 일사량, 안개, 서리 등과 같이 대기의 상태도 기후에 영향을 주지.

◉ 알맞은 말에 ○표를 하세요.

극지방에서 나타나며, 일 년 내내 춥고 눈이 많이 내리는 기후는 (한대 기후 , 냉대 기후)이다.

◉ 우리나라 기후의 특징으로 알맞은 것에 모두 ○표를 하세요.

대체로 8월이 가장 덥고, 1월이 가장 춥다.

겨울철에는 서해안이 동해안보다 따뜻하다.

일 년에 내릴 비의 절반 이상이 여름에 온다.

◉ 알맞게 선으로 이어 보세요.

| 여름 | • | | • | 북서 계절풍 |
| 겨울 | • | | • | 남동 계절풍 |

1회 ②

대비하자, 우리나라의 자연재해

자연재해: 태풍, 가뭄, 홍수, 지진, 화산 폭발, 해일 따위의 피할 수 없는 자연 현상으로 인하여 피해를 입는 것.

　자연 현상으로 인해 피해를 입는 것을 자연재해라고 해. 자연재해는 홍수, 가뭄, 태풍, 황사처럼 기후와 관련된 것도 있고, 화산 활동과 지진처럼 지형과 관련된 자연재해가 있어.

　우리나라는 여름철이면 태풍이나 집중 호우로 많은 피해를 입고 있어. 태풍은 거센 바람과 함께 많은 비를 내려 피해를 주고, 집중 호우는 일정한 지역에 한꺼번에 많은 비가 내리면서 홍수가 발생해 큰 피해를 입히지.

　땅이 지구 내부의 힘을 받아서 흔들리고 갈라지는 것을 지진이라고 해. 지진이 발생하면 건물이나 도로가 부서지면서 많은 피해가 발생하지. 그런데 이 지진이 바닷속이나 바다와 가까운 곳에서 일어나면 거대한 파도가 만들어져 육지를 덮치게 되고, 이로 인해 많은 사람들이 목숨을 잃기도 해.

　자연재해는 자연 현상이기 때문에 사람의 힘으로 막기 어려워. 하지만 미리 대비할 수는 있어. 언제 자연재해가 일어날지 예측하고, 안전시설을 만들어 대비하면 자연재해의 피해를 줄일 수 있지.

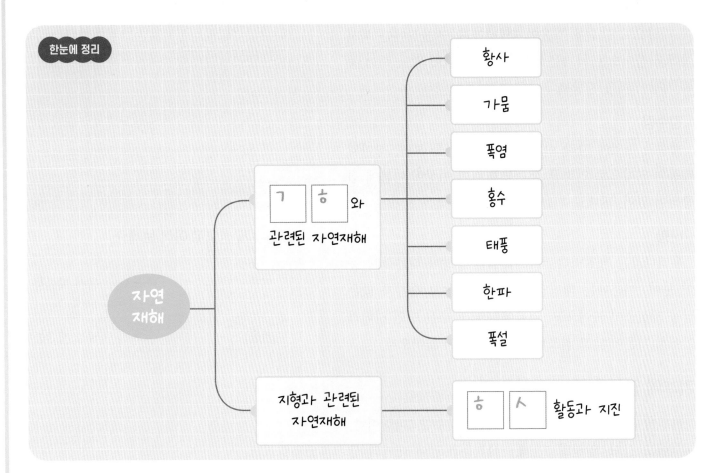

한눈에 정리

황사 / 가뭄 / 폭염 / 홍수 / 태풍 / 한파 / 폭설

ㄱ ㅎ 와 관련된 자연재해

자연 재해

지형과 관련된 자연재해 — ㅎ ㅅ 활동과 지진

이해 ▶ □□□□는 자연 현상으로 일어나는 재해이지만, 예측하고 예방하면 그 피해를 줄일 수 있어.

우리나라에서 자주 발생하는 자연재해

황사 중국이나 몽골의 사막에서 발생한 미세한 모래 먼지가 우리나라까지 날아와 가라앉는 현상으로, 주로 봄철에 많이 발생해. 황사가 발생하면 외출할 때 마스크를 쓰고, 집에 돌아와서는 잘 씻어야 해.

가뭄 오랫동안 비가 오지 않거나 적게 오는 기간이 지속되는 현상으로, 늦봄이나 초여름에 주로 발생해. 가뭄의 피해를 줄이려면 저수지와 댐 등을 만들어야 해.

폭염 하루 최고 기온이 33℃ 이상으로 올라가는 매우 심한 더위로, 주로 한 여름에 많이 발생해. 폭염이 발생하면 야외 활동을 자제하고 수분을 충분히 섭취해야 해.

홍수 한꺼번에 내린 많은 비로 하천이 흘러넘쳐 주변의 도로나 건물 등이 물에 잠기는 재해야. 댐이나 제방을 쌓거나 빗물을 가두는 시설을 설치해 대비할 수 있어.

태풍 적도 부근에서 발생해 이동하는 동안 많은 비가 내리고 강한 바람이 불기 때문에 큰 피해를 줘. 보통 여름부터 초가을 사이에 우리나라에 영향을 주는데, 태풍이 접근하면 기상 특보를 청취하며 위험에 대비해야 해.

폭설 한꺼번에 눈이 많이 내리는 현상으로, 제설 장비를 준비해 대비할 수 있어.

태풍이 없어진다면?

태풍은 지구의 공기를 순환시키는 역할을 해. 만일 태풍이 없다면 적도 지방과 극지방의 온도 차가 점점 심해져 이상 기온이 생기고, 지구의 생태계가 파괴될 수 있어.

또 거센 바람으로 바닷물이 위아래로 잘 섞여서 산소를 공급하고 바다 생물들의 먹이인 플랑크톤을 이동하게 하지. 태풍은 지구에 없어서는 안 될 존재야.

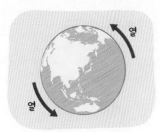

▲지구의 공기 순환

▲ 바닷물 순환과 산소 공급

◉ 알맞은 말에 ○표를 하세요.

> 태풍, 가뭄, 홍수, 폭설 등 피할 수 없는 자연 현상으로 인해 피해를 입는 것을 (자연재해 , 인적 재난)(이)라고 한다.

◉ 알맞은 것에 모두 ○표를 하세요.

황사는 미세한 모래 먼지가 날아와 가라앉는 현상이다. ☐

가뭄과 홍수의 피해를 줄이려면 댐을 만들어야 한다. ☐

홍수는 한꺼번에 많은 눈이 내리는 현상이다. ☐

◉ 우리나라에서 계절에 따라 주로 발생하는 자연재해를 알맞게 선으로 이으세요.

봄	·	·	태풍
여름·초가을	·	·	폭설
겨울	·	·	황사

2회 ①

쉽고, 짧고, 교훈 주는 속담

속담: 예로부터 전하여 오는 쉽고 짧으면서도 소중한 교훈을 담고 있는 말.

'가는 말이 고와야 오는 말도 곱다'라는 말 들어봤지? 내가 말을 바르고 곱게 해야 상대방도 나에게 그렇게 말한다는 뜻을 가진 속담이야.

속담은 예로부터 전해 오는 쉽고 짧으면서도 소중한 교훈을 담고 있는 말이야. 속담에는 우리 민족의 지혜와 해학, 생활 방식이 담겨 있을 뿐 아니라 소중한 삶의 교훈도 담겨 있어.

속담은 비유성, 교훈성, 풍자성을 지니고 있어서 속담을 사용하여 말하면 상대에게 효과적으로 자신의 생각을 표현할 수 있어. 또 듣는 사람이 흥미를 느낄 수 있지. 속담은 주장의 논리를 뒷받침해 상대를 쉽게 설득할 수 있기 때문에 자신의 의견을 효과적으로 전달할 수 있어.

일기나 주장하는 글, 독서 감상문과 같은 글을 쓸 때도 자신의 생각을 속담을 활용해 효과적으로 써 봐. 그러면 전하려는 뜻을 더욱 분명하게 표현할 수 있어.

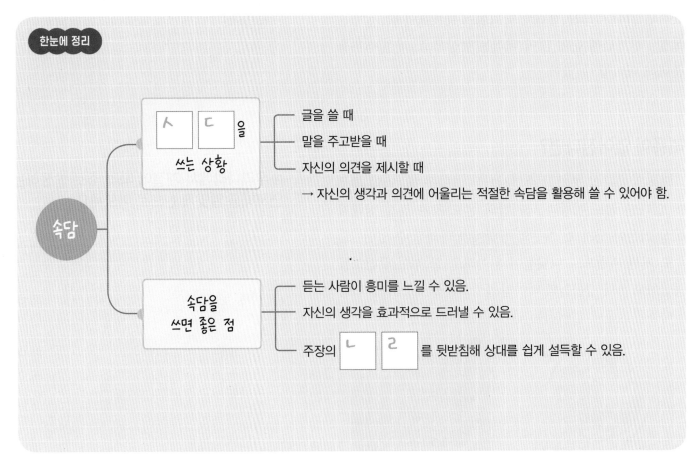

한눈에 정리

속담

- ㅅ ㄷ 을 쓰는 상황
  - 글을 쓸 때
  - 말을 주고받을 때
  - 자신의 의견을 제시할 때
  - → 자신의 생각과 의견에 어울리는 적절한 속담을 활용해 쓸 수 있어야 함.

- 속담을 쓰면 좋은 점
  - 듣는 사람이 흥미를 느낄 수 있음.
  - 자신의 생각을 효과적으로 드러낼 수 있음.
  - 주장의 ㄴ ㄹ 를 뒷받침해 상대를 쉽게 설득할 수 있음.

이해 ▶ 예로부터 전해 오는 쉽고 짧으면서도 소중한 교훈을 담고 있는 말을 ☐☐이라고 해.

여러 가지 속담 알아보기

동물과 관련 있는 속담

미리미리 준비하라는 뜻의 '소 잃고 외양간 고친다', 당
사자가 그 자리에 없다고 함부로 이야기해서는 안 된다는
뜻의 '호랑이도 제 말 하면 온다', 일을 분명하게 처리하지
않고 얼렁뚱땅 해치우는 것을 비유적으로 이르는 '구렁이
담 넘어가듯', 아무리 익숙하고 잘하는 사람도 가끔 실수
할 때가 있다는 뜻의 '원숭이도 나무에서 떨어진다' 등이
있어.

전하고 싶은 내용을 동물의 행동이나 특징에 빗대어 쉽
게 말할 수 있는 속담이 많아.

말과 관련 있는 속담

말과 관련된 속담에는 '화살은 쏘고 주워도 말은 하고
못 줍는다', '발 없는 말이 천 리 간다', '가는 말이 고와야
오는 말이 곱다', '입은 비뚤어져도 말은 바로 해라', '낮말
은 새가 듣고 밤말은 쥐가 듣는다', '말 한마디에 천 냥 빚
도 갚는다' 등이 있어.

고운말을 쓰는 것에 대한 중요성과 말을 함부로 하지 말
고 바르게 해야 함을 강조하는 뜻을 가진 속담이 많아.

속담의 뜻은 어떻게 알아?

상황에 알맞은 속담의 뜻을 짐작해 봐야 해.

말하는 상황과 말한 내용을 확인해 보고 속담이 사용된
상황을 살펴봐. 그러면 속담에 담긴 뜻을 짐작할 수 있어.

정확한 뜻을 알아보고 싶으면 속담 사전을 찾아봐.

도서관에 있는 속담 사전이나 국립국어원 누리집에 있
는 표준국어대사전을 활용하면 속담의 정확한 뜻을 쉽게
찾을 수 있어.

◉ 속담을 활용할 때의 좋은 점으로 알맞은 것에
모두 ○표를 하세요.

조상들의 삶의 모습을 엿볼 수 있다.	
자신의 생각을 길게 표현할 수 있다.	
주장의 논리를 뒷받침해 상대를 쉽게 설득할 수 있다.	
듣는 사람이 흥미를 느낄 수 있다.	

◉ 속담과 속담의 뜻을 선으로 이으세요.

원숭이도 나 무 에 서 떨어진다	•	•	아무리 익숙하고 잘하는 사람도 가 끔 실수할 때가 있 다는 뜻
호랑이도 제 말 하면 온다	•	•	당사자가 없다고 함부로 이야기하지 말라는 뜻

◉ 속담의 정확한 뜻을 알아보는 방법으로 알맞
은 것에 ○표를 하세요.

도서관에 있는 속담 사전이나 국립국어원 누리집에 있는 표준국어대사전을 활용하면 된다.	
말하는 상황과 말한 내용을 확인해 보고 속담이 사용된 상황을 살펴 그 뜻을 짐작해 보면 된다.	

허구적인 문학, 소설

소설: 사실 또는 작가의 상상력에 바탕을 두고 허구적으로 꾸며 나간 이야기.

우리가 잘 아는 해리포터 시리즈는 소설을 바탕으로 해서 만들어진 영화야. 소설은 사실 또는 작가의 상상력에 바탕을 두고 허구적으로 꾸며 나간 이야기로 인물, 사건, 배경으로 이루어져 있어. 인물은 소설에 등장해 사건을 이끌어가는 주체를 말해. 사건은 주로 등장 인물들이 일으키는 갈등 요소를 중심으로 일어나는 일들이야. 배경은 인물이 행동하고 사건이 일어나는 시대적, 사회적 환경이나 장소이고 시간과 공간은 물론 인물의 심리적 상황도 배경이 될 수 있어.

소설은 대부분 '발단-전개-위기-절정-결말'의 단계로 구성돼. 발단은 작품의 도입 단계로 인물과 배경이 제시되고, 사건과 주제가 암시돼. 전개는 갈등이 시작되는 단계로, 적극적인 행동과 사건이 구체적으로 일어나지. 위기는 새로운 상황이 발생하고 갈등을 보다 발전시키는 단계야. 절정은 '클라이맥스'라고 하여 갈등이 최고조에 이르러 극적인 변화를 일으키고, 주제가 선명하게 드러나는 부분이지. 결말은 모든 사건이 끝나고 갈등이 해소되는 단계야.

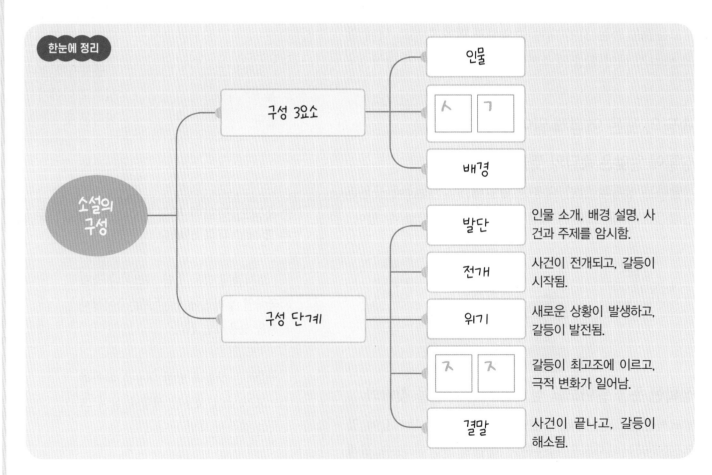

한눈에 정리

소설의 구성

- 구성 3요소
  - 인물
  - ㅅ ㄱ
  - 배경
- 구성 단계
  - 발단 — 인물 소개, 배경 설명, 사건과 주제를 암시함.
  - 전개 — 사건이 전개되고, 갈등이 시작됨.
  - 위기 — 새로운 상황이 발생하고, 갈등이 발전됨.
  - ㅈ ㅈ — 갈등이 최고조에 이르고, 극적 변화가 일어남.
  - 결말 — 사건이 끝나고, 갈등이 해소됨.

이해▶ 사실 또는 작가의 상상력에 바탕을 두고 허구적으로 꾸며 나간 이야기를 □□이라고 해.

소설에 나타나는 갈등

내적 갈등

한 인물의 마음 속에서 일어나는 갈등으로 개인의 신념이나 욕구 충돌로 일어나는 갈등을 말해. 소설에서 인물이 심리적으로 계속 고민하며 결정하지 못해 머뭇거리는 행동, 내 안의 또다른 나와 다투는 것 등이 모두 내적 갈등이야.

외적 갈등

한 인물과 인물을 둘러싼 환경과의 대립을 통해 일어나는 갈등을 말해. 소설에서 인물과 서로 다른 가치관을 가진 인물들 사이의 갈등, 인물이 그 주변 환경과 부딪쳐 싸우며 겪는 갈등, 인물이 사회의 제도나 규칙 등에 의해 겪는 갈등, 인물이 타고난 운명에 의해 겪는 갈등이 모두 외적 갈등이야.

소설에 나타나는 시점은 뭐야?

'나'가 드러나는 1인칭 시점이 있어.

작품 속 주인공인 '나'가 서술자가 되어 자신의 이야기를 전개해 나가는 방식이 1인칭 주인공 시점이야. 이는 주인공의 내면 세계를 효과적으로 드러낼 수 있고 독자에게 친근감을 주지. 1인칭 관찰자 시점은 '나'가 주인공의 이야기를 서술해 나가는 방식이야. 이야기의 내용이 '나'가 관찰할 수 있는 내용으로 제한되지.

내 마음은 내가 잘 알지.

1인칭 주인공 시점

난 주인공을 관찰하지.

1인칭 관찰자 시점

서술자가 말하는 3인칭 시점이 있어.

서술자가 전지전능한 신의 입장에서 인물의 내면 심리나 성격, 행동 등을 서술해 나가는 시점을 3인칭 전지적 작가 시점이라고 해. 작가의 의도를 가장 분명하게 전달할 수 있고 서술자와 인물, 서술자와 독자의 거리는 가깝지만 독자와 인물의 거리는 멀 수 있어. 3인칭 작가 관찰자 시점은 서술자가 외부 관찰자의 입장에서 객관적인 태도로 서술해 나가는 방식이야.

◉ 소설의 구성 단계에 맞게 번호를 쓰세요.

발단	
절정	
위기	
결말	
전개	

◉ 알맞은 말에 ○표를 하세요.

인물과 인물, 인물과 환경 사이에서 생기는 대립, 개인과 운명, 개인과 사회 등의 갈등을 모두 (내적 , 외적) 갈등이라고 한다.

◉ 3인칭 전지적 작가 시점에 대한 설명으로 알맞은 것에 ○표를 하세요.

서술자가 인물의 내면 심리나 성격, 행동 등을 서술해 나가는 방식	
서술자가 외부 관찰자의 입장에서 객관적인 태도로 서술해 나가는 방식	

3회 ①

4주차

나라를 빼앗긴 일제 강점기

일제 강점기: 우리나라가 일제(일본 제국)에 의해 나라를 빼앗긴 1910년부터 광복을 맞은 1945년까지의 시기.

1945년 8월 15일이 어떤 날인지 알아? 맞아. 우리나라가 일제에게 빼앗긴 국권을 되찾은 날이야. 일제는 우리나라를 위협해 강화도 조약을 맺은 후 점점 우리 정치에 깊이 간섭했어. 1907년에 을사늑약을 맺어 우리의 외교권을 빼앗고, 1910년에는 국권을 강제로 빼앗아(국권 피탈) 일제 강점기가 시작되었어.

일제는 조선 총독부라는 통치 기구를 만들고 헌병 경찰을 앞세워 우리 민족을 강압적으로 통치했어. 일제의 탄압과 수탈 속에서도 우리 민족은 나라를 되찾으려는 의지를 키웠어. 1919년 3월 1일에는 많은 학생과 시민들이 탑골 공원에 모여 태극기를 흔들며 만세 시위를 벌였지. 일제의 탄압에도 만세 시위는 전국으로 퍼져 나갔고, 해외에서도 이어졌어. 놀란 일제는 총칼로 만세 시위를 진압하고, 많은 독립운동가를 서대문 감옥(서대문 형무소)에 가두어 잔인하게 고문했어. 하지만 독립을 향한 우리 민족의 열망은 더욱 높아졌지. 이후 독립을 위한 힘을 하나로 모으기 위해 여러 임시 정부를 하나로 통합해 대한민국 임시 정부를 수립하였어.

한눈에 정리

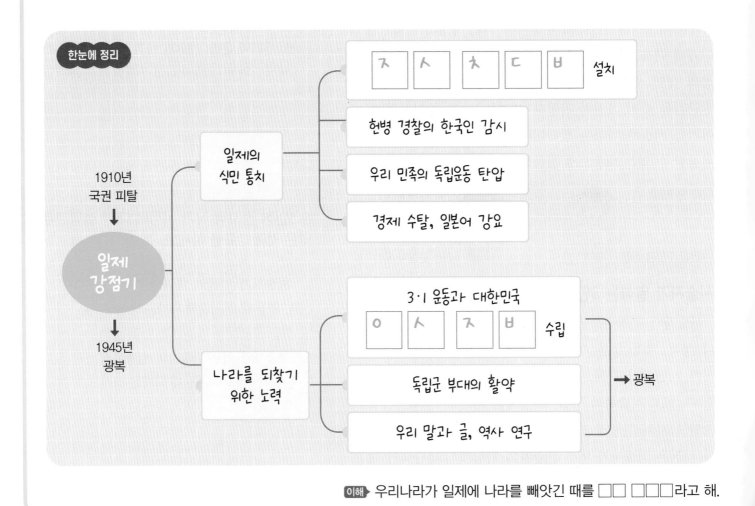

이해 우리나라가 일제에 나라를 빼앗긴 때를 ☐☐ ☐☐☐라고 해.

일제의 식민 통치

토지 조사 사업

조선 총독부는 토지의 소유자를 확인한다는 명분으로 토지 조사 사업을 벌였어. 그 결과 우리 농민은 땅을 잃거나 많은 세금을 내게 되었어.

우리 말과 글, 이름 사용 금지

일제는 우리 민족의 독립 의지를 꺾기 위해 민족정신을 없애려고 했어. 우리 말과 글을 쓰지 못하게 하고, 일본식 성과 이름을 쓰도록 강요했지.

노동자, 전쟁 군인, 위안부 강제 동원

일제는 1937년에 중국에서 전쟁을 일으키고, 우리나라 사람들을 강제로 무기 공장이나 전쟁터에 동원했어. 또 여성들은 위안부로 전쟁터에 끌려가 모진 고통을 당했어.

나라를 되찾기 위한 노력

김좌진과 홍범도 독립군 부대는 만주와 연해주 일대에 독립운동 기지를 만들고 일본에 맞섰어. 김좌진과 홍범도는 청산리 대첩과 봉오동 전투에서 일본군을 상대로 크게 승리했어.

조선어 학회 우리 말과 글을 지키기 위해 한글을 보급하고 사전을 펴내는 데 힘썼어.

이 밖에도 민족의 실력을 키우기 위해 학교를 설립했고, 민족 기업을 돕기 위해 물산 장려 운동을 펼쳤어. 학생들도 대규모 시위와 만세 운동을 통해 일제에 맞섰어.

3·1 운동이 중국, 인도에도 영향을 주었다고?

3·1 운동은 독립을 향한 우리 민족의 강력한 의지를 보여준 시위였어. 당시 제국주의 나라들로부터 식민 지배를 받고 있던 여러 나라에 큰 영향을 주었지. 이후 중국에서 5·4 운동, 인도의 비폭력·불복종 운동이 일어났어.

◉ 알맞은 말에 ○표를 하세요.

1910년에 일제가 대한 제국의 국권을 강제로 빼앗는 (을사늑약 , 국권 피탈)(으)로 우리나라는 일제의 식민지가 되었다.

◉ 일제가 강압적으로 우리 민족을 통치한 모습을 바르게 선으로 이으세요.

우리 말과 글, 이름 사용 금지	·	·	우리 민족은 땅을 잃거나 많은 세금으로 힘들어짐.
노동자, 전쟁 군인, 위안부 동원	·	·	우리 민족의 독립 의지를 꺾고 민족정신을 없애려고 함.
토지 조사 사업	·	·	중국에서 전쟁을 일으키고 우리 민족을 강제로 동원함.

◉ 3·1 운동에 대한 설명으로 맞는 것에 ○표를 하세요.

일제에 대항해 무력으로 맞선 시위였다. [　]

평화 시위였기 때문에 일제는 허가를 했다. [　]

식민 지배를 받던 주변 나라에 영향을 주었다. [　]

3회 ②

대한민국 정부를 수립하다

대한민국 정부 수립: 1948년 8월 15일에 대한민국 정부를 세운 일.

제2차 세계 대전 중 일본과 싸우던 연합국은 독립운동가들의 노력을 인정해 우리나라의 독립을 약속했어. 전쟁에서 연합국이 승리하면서 1945년 8월 15일, 우리 민족은 광복을 맞았지.

광복과 함께 대한민국 임시 정부를 비롯해 국내외 독립운동가들은 각자 독립된 국가를 만들고자 건국을 준비했어. 하지만 연합국을 이끌던 미국과 소련은 우리나라에 남아 있는 일본군을 무장 해제시킨다는 이유로 각각 38도선 남쪽과 북쪽에 군대를 주둔시켰어.

이후 모스크바에 모인 미국, 영국, 소련의 외무 장관이 회의를 통해 한반도에 임시 정부를 수립하고, 특정 국가가 우리나라를 대신 통치하는 신탁 통치를 한다는 결정을 내렸어.

한편 임시 정부를 구성하는 방법을 두고 국제 연합(UN)은 남북한 총선거로 통일 정부를 수립하기로 결정했어. 하지만 소련의 반대로 남한에서만 총선거를 치렀고, 제헌 국회가 구성되어 헌법을 제정했어. 제헌 국회 의원들은 이승만을 초대 대통령으로 선출했지. 그리고 1948년 8월 15일, 대한민국 정부 수립을 선포했어.

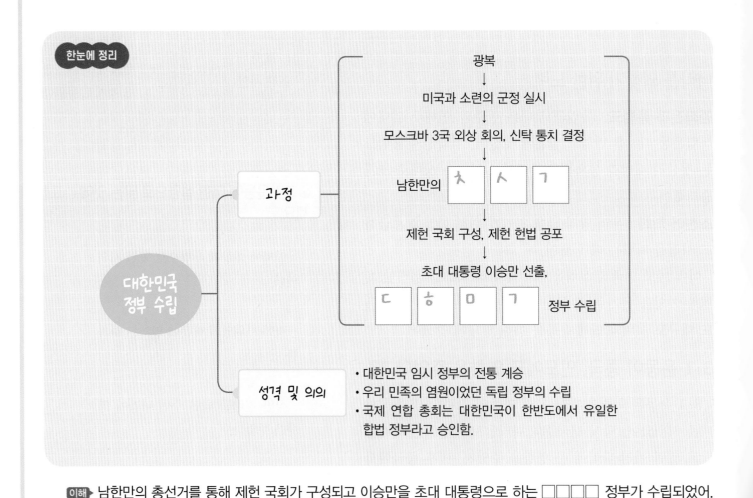

한눈에 정리

대한민국 정부 수립

- 과정

광복
↓
미국과 소련의 군정 실시
↓
모스크바 3국 외상 회의, 신탁 통치 결정
↓
남한만의 [ㅊ] [ㅅ] [ㄱ]
↓
제헌 국회 구성, 제헌 헌법 공포
↓
초대 대통령 이승만 선출, [ㄷ] [ㅎ] [ㅁ] [ㄱ] 정부 수립

- 성격 및 의의
  - 대한민국 임시 정부의 전통 계승
  - 우리 민족의 염원이었던 독립 정부의 수립
  - 국제 연합 총회는 대한민국이 한반도에서 유일한 합법 정부라고 승인함.

이해 남한만의 총선거를 통해 제헌 국회가 구성되고 이승만을 초대 대통령으로 하는 □□□□ 정부가 수립되었어.

남한과 북한의 분단 과정

미국과 소련의 군정 실시

광복 후 연합국을 이끌었던 미국과 소련은 일본군의 무장 해제를 위해 38도선 남쪽과 북쪽에 각각 주둔했어. 이로써 남한과 북한은 서로 다른 길을 가게 되었지.

남한과 북한의 정부 수립

국제 연합(UN)은 남북한 총선거로 통일 정부를 수립하기로 했어. 하지만 소련은 북한으로 선거 관리 위원단이 들어오지 못하게 했어. 결국 남한만 총선거를 치러 제헌 국회를 구성하고, 이승만을 초대 대통령으로 하는 대한민국 정부가 수립되었어. 한편 북한은 김일성을 수상으로 하는 조선 민주주의 인민 공화국이 수립되었지.

6·25 전쟁

북한은 남한을 무력으로 통일하고자 1950년 6월 25일 38도선을 넘어 남쪽을 공격했어. 치열한 전투 끝에 휴전이 결정되었고, 휴전선을 경계로 남북은 둘로 나누어져 지금까지 분단된 채 지내고 있어.

북한군의 남침 ➡

서울이 함락되고, 낙동강까지 후퇴 ➡

국군과 연합군의 인천 상륙 작전으로
서울을 되찾고 압록강까지 진격 ➡

중국군 개입으로 38도선 부근에서 치열하게 전투 ➡

휴전으로 남북한 분단

6·25 전쟁이 끝난 게 아니라고?

북한은 남한을 침략하기 위해 소련과 비밀 군사 협정을 맺고, 전투기를 비롯해 최신 무기를 구비했지. 1950년 6월 25일 새벽에 기습적으로 남한을 공격한 북한군은 3일 만에 서울을 함락시키고, 낙동강까지 밀고 내려왔어. 남한은 국제 연합군(유엔군)과 함께 인천 상륙 작전을 펼쳐 서울을 되찾았어. 이후 밀고 밀리는 싸움 끝에 휴전 협정이 체결되어 지금까지 휴전 상태야.

◉ 알맞은 것에 ○표를 하세요.

국제 연합은 남북한 총선거로 통일 정부를 수립하기로 결정했다. 하지만 미국과 소련이 서로 의견이 달라서 (북한 , 남한)에서만 총선거를 하기로 결정하고, 5·10 총선거가 실시되었다.

◉ 알맞은 인물에 ○표를 하세요.

남한에서는 5·10 총선거가 실시되어 최초로 국회 의원을 뽑았다. 이렇게 해서 구성된 제헌 국회는 (김구 , 이승만)을/를 초대 대통령으로 선출해 대한민국 정부가 수립되었다.

◉ 6·25 전쟁에 대한 설명으로 맞는 것에 ○표를 하세요.

북한이 남한에 미리 선전 포고를 했다. ☐

국군과 국제 연합군의 작전으로 북한군에 빼앗겼던 서울을 되찾았다. ☐

남한과 북한은 정전 협정을 맺고, 전쟁을 끝냈다. ☐

4회 ①

우리나라의 인구 구성과 분포

인구: 일정한 지역에 사는 사람의 수.

인구는 한 나라 또는 일정한 지역에 살고 있는 사람의 수를 말해. 우리나라의 인구 구성을 보면 14세 이하의 인구는 줄고, 65세 이상의 인구는 점점 늘어나 저출산·고령 사회가 되었어. 저출산·고령이 인구 문제로 떠오르고 있는 까닭은 청장년층의 인구 감소로 인한 노동력 부족, 경제 성장 둔화, 노인 복지 비용 증가 등의 문제가 뒤따르고 있기 때문이야.

우리나라의 인구 분포를 보면 1960년대 이전에는 넓은 평야가 발달한 남쪽과 서쪽에 인구가 더 많았어. 평야는 농사를 짓기에 좋고, 교통이 발달했기 때문에 산간 지역보다 인구가 많았지. 1970~1980년대에 산업화의 영향으로 도시에 인구가 집중되었어. 현재 전체 인구의 70% 정도가 대도시에 집중되어 있어. 그래서 촌락에는 노년층만 많이 남게 되었어. 불균형한 인구 분포는 도시 지역에는 주택 부족, 교통 혼잡, 환경 오염 등의 문제를 발생시키고, 촌락 지역에는 일손 부족, 교육 시설 부족, 의료 시설 부족 등의 문제를 발생시켰어.

한눈에 정리

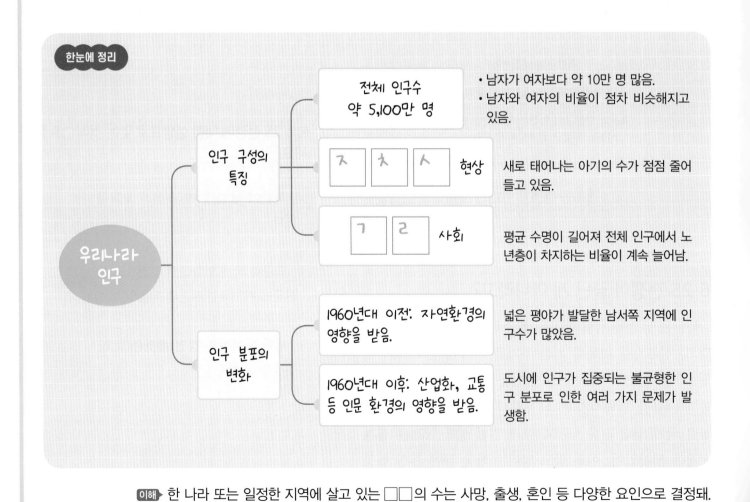

이해 ▶ 한 나라 또는 일정한 지역에 살고 있는 □□의 수는 사망, 출생, 혼인 등 다양한 요인으로 결정돼.

고령화 현상의 진행

고령화 사회

65세 이상 인구가 전체 인구의 7% 이상인 사회

고령 사회

65세 이상 인구가 전체 인구의 14% 이상인 사회

초고령 사회

65세 이상 인구가 전체 인구의 20% 이상인 사회

저출산·고령 사회의 문제점

경제적 어려움

일할 수 있는 젊은 노동력이 부족해져서 경제 성장을 더디게 해. 또 노인 부양을 위한 사회 보장 비용이 증가해.

노인 문제

급속한 고령화로 인해 노인들의 빈곤, 질병, 소외 문제가 발생해.

여성의 경제 활동 참가율이 증가할수록 출산율이 떨어진다고?

출산율이 감소하는 것에 영향을 주는 원인 중 하나로 여성의 경제 활동을 꼽을 수 있어. 외국의 경우 여성들의 경제 활동 참가율과 출산율이 높은 반면, 우리나라 여성의 경우 경제 활동 참가율과 출산율이 모두 낮은 편이야. 이것은 출산을 꺼리는 가치관과 적절한 보육 환경이 부족하기 때문이야.

저출산 문제를 해결하기 위해서는 출산과 양육에 대한 인식의 변화와 함께 출산과 양육을 지원하는 다양한 정책과 제도가 충분히 마련되어야 해.

◉ 저출산·고령 사회의 문제로 알맞은 것에 ○표를 하세요.

> 청장년층 인구의 감소로 노동력이 부족해지고, 경제 성장이 둔화될 수 있다.

> 여성의 사회·경제 활동의 폭이 줄어든다.

◉ 각 시대의 인구 분포 변화의 특징으로 알맞은 것을 찾아 이으세요.

| 1960년대 이전 | | 지형, 기후 등의 자연환경의 영향을 받음. |

| 1960년대 이후 | | 산업화와 교통 발달 등의 인문 환경의 영향을 받음. |

◉ 알맞은 내용에 ○표를 하세요.

> (도시 , 촌락)에 집중되어 있는 불균형한 인구 분포로 인해 도시에는 주택 부족과 교통 혼잡 등의 문제가 발생하고, 촌락에는 일손과 교육 시설 부족이 발생한다.

4회 ②

생태계 안의 먹이 사슬

생태계: 어떤 장소에서 서로 영향을 주고받는 생물 요소와 비생물 요소.
먹이 사슬: 생태계에서 생물의 먹이 관계가 사슬처럼 연결되어 있는 것.

생태계는 햇빛, 공기, 물과 같은 비생물 요소와 동물, 식물과 같은 생물 요소가 서로 영향을 주고받으며 살아가는 곳이야.

생물이 살아가기 위해 필요한 양분을 얻는 방법에 따라 생물 요소를 생산자, 소비자, 분해자로 분류할 수 있어. 생산자는 햇빛을 이용해 살아가는 데 필요한 영양분을 스스로 만드는 생물을 말해. 소비자는 스스로 영양분을 만들지 못하고 다른 생물을 먹이로 해 살아가는 생물을 말하지. 분해자는 죽은 생물과 배설물 등을 분해하여 영양분을 얻는 생물이야.

한 생태계 안에서 생물들이 먹고 먹히는 관계가 사슬처럼 연결되어 있는 것을 먹이 사슬이라고 해. 먹이 사슬은 다른 먹이 사슬과 복잡하게 얽혀 먹이 그물을 이루지. 어떤 지역에 생물의 종류와 수가 일정하게 유지되는 것을 생태계 평형이라고 해. 자연에서는 생물들이 서로 먹고 먹히면서 생태계 평형이 조절되지만 가뭄이나 홍수, 지진 등의 자연재해로 생태계 평형이 깨지기도 하고 환경 파괴와 같이 인간에 의해 생태계가 파괴되기도 해.

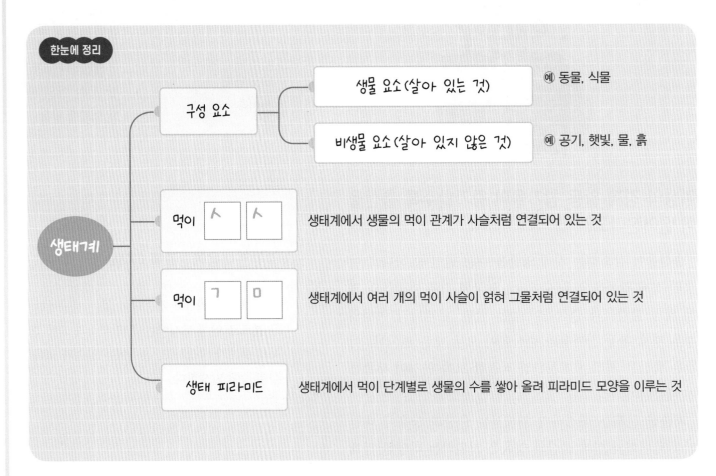

한눈에 정리

생태계
- 구성 요소
  - 생물 요소(살아 있는 것) — 예 동물, 식물
  - 비생물 요소(살아 있지 않은 것) — 예 공기, 햇빛, 물, 흙
- 먹이 ㅅ ㅅ — 생태계에서 생물의 먹이 관계가 사슬처럼 연결되어 있는 것
- 먹이 ㄱ ㅁ — 생태계에서 여러 개의 먹이 사슬이 얽혀 그물처럼 연결되어 있는 것
- 생태 피라미드 — 생태계에서 먹이 단계별로 생물의 수를 쌓아 올려 피라미드 모양을 이루는 것

이해 ▶ 어떤 장소에서 서로 영향을 주고받는 생물 요소와 비생물 요소를 ☐☐☐라고 해.

먹이 관계가 복잡하면 유리한 점

먹이 사슬보다 먹이 그물처럼 먹이 관계가 더 복잡하면 한 종류의 먹이가 부족해지더라도 다른 먹이를 먹고 살 수 있어. 그래서 먹이가 부족해도 쉽게 멸종되지 않아.

생태계 평형

어떤 지역에 살고 있는 생물의 종류와 수 또는 양이 균형을 이루며 안정된 상태를 유지하는 것을 생태계의 평형이라고 하는데, 안정된 생태계에서 생물의 수는 먹이 단계가 올라갈수록 줄어드는 피라미드 형태를 나타내.

생태계 평형은 먹이 관계를 기초로 하여 유지되므로 생물의 종이 다양하여 먹이 그물이 복잡할수록 생태계의 평형이 잘 유지돼. 하지만 가뭄, 홍수, 태풍, 산불 등과 같은 자연재해나 댐, 도로 건설 등과 같이 인간에 의해 생태계가 파괴되기도 해. 한 번 깨진 생태계는 원래대로 회복되기까지 많은 시간과 노력이 필요해.

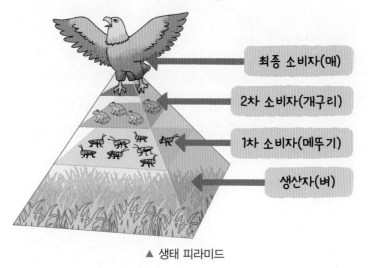

▲ 생태 피라미드

분해자가 없어진다면?

분해자는 주로 죽은 생물이나 배출물을 분해하여 양분을 얻는 생물이야. 만약 분해자가 없다면 우리 주변이 죽은 생물과 생물의 배출물로 가득차게 되겠지?

◉ 알맞은 것끼리 선으로 이으세요.

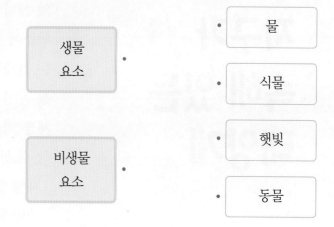

◉ 알맞은 말에 ○표를 하세요.

생태계에서 생물의 먹이 관계가 사슬처럼 연결되어 있는 것을 (먹이 사슬 , 먹이 그물)이라고 하고, 여러 개의 먹이 사슬이 얽혀 그물처럼 연결되어 있는 것을 (먹이 사슬 , 먹이 그물)이라고 한다.

◉ 생태계 평형에 관한 설명으로 알맞은 것에 ○표를 하세요.

생태계 평형은 먹이 관계를 기초로 하여 유지된다. ☐

한 번 깨진 생태계는 빠른 시간에 원래대로 회복된다. ☐

가뭄, 홍수 등의 자연재해는 생태계에 영향을 미치지 않는다. ☐

지구가 속해 있는 태양계

태양계: 태양과 태양의 영향을 받는 천체와 그 공간.

지구는 태양계에 속해 태양으로부터 살아가는 데 필요한 대부분의 에너지를 얻어 살아가지. 만일 태양이 없다면 지구는 차갑게 얼어붙어 생물이 살지 못할 거야. 태양계란 태양과 태양의 영향을 받는 천체들 그리고 그 공간을 말해. 즉 태양과 행성, 위성, 소행성, 혜성 등이 태양계 구성원이야. 그중 지구와 같이 태양 주위를 도는 천체를 행성이라고 해. 태양계 행성으로는 수성, 금성, 지구, 화성, 목성, 토성, 천왕성, 해왕성이 있는데 모두 크기나 색깔, 특징이 달라.

태양계 행성은 태양으로부터 얼마나 떨어져 있을까?

태양계 행성 중 태양과 가장 가까운 행성은 수성이고, 가장 멀리 있는 행성은 해왕성이야. 수성, 금성, 지구, 화성은 목성, 토성, 천왕성, 해왕성에 비하면 상대적으로 태양에 가까이에 있는 편이지. 태양과 지구 사이의 거리는 약 1억 5000만 km인데, 1시간에 900 km를 가는 비행기를 타고 가도 약 19년이 걸리는 거리야. 태양에서 멀어질수록 행성 사이의 거리도 멀어져. 태양과 지구 사이의 거리를 1로 보았을 때 수성은 0.4이고, 가장 먼 해왕성은 30.0이나 되지.

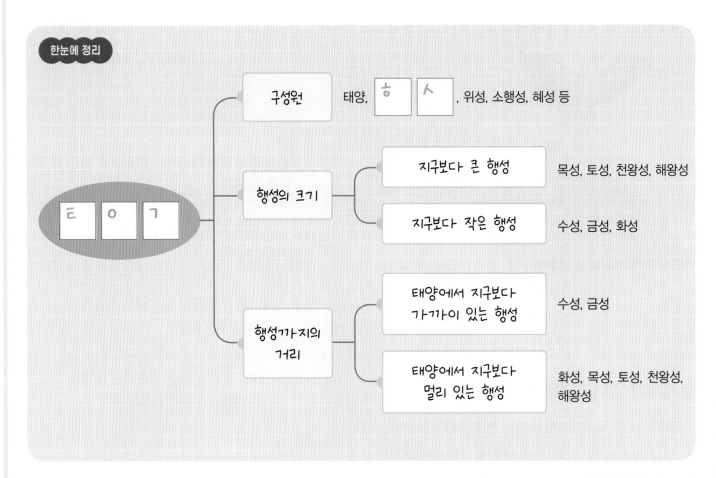

한눈에 정리

- 구성원 — 태양, [ㅎ][ㅅ], 위성, 소행성, 혜성 등
- [ㅌ][ㅇ][ㄱ]
  - 행성의 크기
    - 지구보다 큰 행성 — 목성, 토성, 천왕성, 해왕성
    - 지구보다 작은 행성 — 수성, 금성, 화성
  - 행성까지의 거리
    - 태양에서 지구보다 가까이 있는 행성 — 수성, 금성
    - 태양에서 지구보다 멀리 있는 행성 — 화성, 목성, 토성, 천왕성, 해왕성

이해 ▶ 태양과 태양의 영향을 받는 천체들 그리고 그 공간을 □□□라고 해.

태양과 행성을 제외한 태양계 구성원

위성 지구 주위를 도는 달처럼 행성의 주위를 도는 천체를 말해.

소행성 태양 주위를 도는 암석체로 행성보다 작아.

혜성 크기는 소행성과 비슷해. 핵과 핵을 감싸는 먼지와 가스로 된 대기가 있는 천체야. 태양에 가까워지면 꼬리가 생기기도 해.

유성체 소행성이나 혜성에서 떨어져 나온 작은 조각이야.

유성 유성체가 지구의 대기 안으로 들어올 때 대기와 마찰하면서 밝은 빛을 내는 것을 말해.

운석 유성체가 대기 중에서 완전히 소멸되지 않고 지구로 떨어진 거야.

햇빛이 이런 일도 한다고?

과일의 맛

햇빛의 양에 따라 과일의 단맛을 내는 정도가 달라져. 과일을 수확하기 전에 햇빛을 많이 받으면 과일이 달고 맛있지만, 햇빛을 적게 받으면 달지 않아. 과일은 잎에서 광합성을 하여 양분을 열매에 저장한 것인데, 햇빛이 양분의 단맛을 좌우하기 때문이야. 장마철에 수확한 과일이 맛이 없는 까닭을 이젠 알겠지?

동물의 겨울잠

곰, 뱀, 개구리와 같이 겨울잠을 자는 동물들에게도 햇빛이 매우 중요해. 낮의 길이와 햇빛을 받는 양에 따라 겨울잠을 자는 시기와 장소를 정하기 때문이야. 그래서 낮의 길이가 점점 짧

아지면 겨울잠을 잘 준비를 시작해. 반대로 낮의 길이가 점점 길어지면 겨울잠에서 깨어나 봄을 맞을 준비를 하지.

◉ 알맞은 말에 ○표를 하세요.

> 지구와 같이 태양 주위를 도는 천체를 (행성 , 위성)이라고 한다.

◉ 다음 행성의 크기를 비교하여 >, =, <로 표시하세요.

지구		목성

◉ 태양에서 행성까지의 거리에 대한 설명으로 옳은 것에 모두 ○표를 하세요.

가장 가까운 행성은 수성이다.	
가장 멀리 있는 행성은 목성이다.	
토성은 지구보다 태양에서 멀리 있다.	

5회 ②

밤하늘의
별과 별자리

별: 태양처럼 스스로 빛을 내는 천체.
별자리: 밤하늘에 무리 지어 있는 별을 연결해 사람이나 동물, 물건의 모습으로 떠올리고 이름을 붙인 것.

별은 태양처럼 스스로 빛을 내는 천체야. 그럼 별은 행성과 어떻게 다를까? 행성은 스스로 빛을 내는 게 아니라 태양빛을 반사해. 그리고 태양 주위를 돌기 때문에 여러 날 동안 관찰하면 보이는 위치가 변해. 하지만 별은 항상 같은 자리에 있는 것처럼 보이는데, 그건 별이 지구에서 아주 멀리 떨어져 있기 때문이야.

옛날 사람들이 밤하늘에 무리지어 있는 별을 연결해서 사람이나 동물, 물건의 모습을 떠올리고 이름을 붙였어. 이렇게 이름 붙인 것을 별자리라고 해. 나침반이 없던 때 사람들은 방위를 알기 위해 북쪽 하늘의 별자리인 북두칠성, 작은곰자리, 카시오페이아자리 등을 이용했어. 특히 북극성은 정확한 북쪽에 항상 있기 때문에 나침반의 역할을 톡톡히 했지. 북극성은 북두칠성을 이용해 찾을 수 있어. 북두칠성의 국자 모양 끝부분의 두 별을 연결하고, 그 거리의 다섯 배만큼 떨어진 곳을 찾으면 북극성이 있어. 또 카시오페이아자리의 바깥쪽 두 선을 연장해 만나는 점과 중앙의 별을 연결하고, 그 거리의 다섯 배만큼 떨어진 곳을 찾으면 북극성이 있지.

한눈에 정리

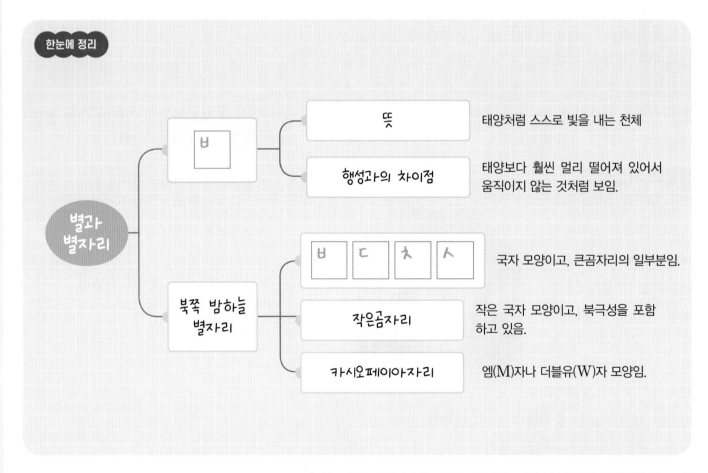

이해▶ 밤하늘에 무리지어 있는 별을 연결해 이름 붙인 것을 □□□라고 해.

별의 움직임

 별은 항상 같은 위치에 있는 것처럼 보이지? 하지만 별이 움직이지 않는 건 아니야. 별도 다른 천체들처럼 운동을 하지만 태양보다 훨씬 멀리 떨어져 있어서 움직임이 거의 느껴지지 않는 것뿐이야.

북쪽 밤하늘에서 볼 수 있는 별자리

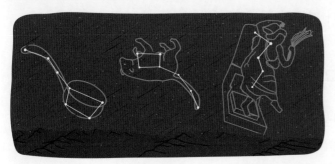

▲북두칠성　　　▲작은곰자리　　　▲카시오페이아자리

카시오페이아자리 이야기

 카시오페이아는 그리스 신화에 나오는 인물로, 에티오피아의 왕비인데 오만하고 허영심이 매우 강했대. 자신의 딸 안드로메다가 바다 요정보다 예쁘다고 말해 바다 요정을 화나게 했지. 그래서 바다의 신 포세이돈이 괴물을 보내 에티오피아를 황폐하게 했어. 포세이돈은 카시오페이아가 죽은 후 밤하늘의 별자리가 되게 했대. 카시오페이아 왕비가 의자에 앉은 채 거꾸로 매달려 있는 모습으로 말이야.

가장 밝은 별은 북극성일까?

 별의 밝기는 밝은 순서대로 6등성으로 분류하고 있는데, 북극성은 2등성이야. 밝은 편에 속하지만 가장 밝은 별은 아닌 거지. 가장 밝은 별은 가을철 남쪽 하늘에서 볼 수 있는 시리우스야.

 그렇다고 북극성이 중요하지 않은 건 아니야. 북극성은 언제나 항상 정북쪽에 있기 때문에 사람들에게 중요한 별자리로 여겨지지.

◉ 알맞은 말에 ○표를 하세요.

> 　태양처럼 스스로 빛을 내는 천체를 (별 , 별자리)(이)라고 하고, 밤하늘에 무리지어 있는 별을 연결해 사람이나 동물, 물건의 모습으로 떠올리고 이름 붙인 것을 (별 , 별자리)(이)라고 한다.

◉ 다음 별자리의 이름은 무엇인지 쓰세요.

◉ 북극성을 찾을 때 이용하는 별자리에 모두 ○표를 하세요.

북두칠성	
오리온자리	
카시오페이아자리	

1 우리나라 기후의 특징으로 알맞지 <u>않은</u> 것은 무엇인가요? (   ) »·· 사회

① 온대 기후에 속한다.
② 1년 내내 강수량이 고른 편이다.
③ 대체로 8월이 가장 덥고, 1월이 가장 춥다.
④ 여름에는 남동 계절풍, 겨울에는 북서 계절풍이 분다.
⑤ 겨울에 동쪽 해안 지방이 서쪽 해안 지방보다 따뜻한 편이다.

2 다음 설명에 알맞은 자연재해를 골라 기호를 쓰세요. »·· 사회

㉮ 황사	㉯ 가뭄	㉰ 태풍
㉱ 홍수	㉲ 폭염	㉳ 폭설

(1) 하루 최고 기온이 33℃까지 올라가는 매우 심한 더위: (   )
(2) 적도 부근에서 발생해 이동하는 동안 많은 비와 강한 바람을 동반하는 것: (   )
(3) 중국이나 몽골 사막에서 발생한 미세한 모래 먼지가 우리나라까지 날아오는 것:
                                            (   )

3 다음은 어떤 자연재해가 주는 이로움인지 쓰세요. »·· 사회

▲지구의 공기 순환   ▲ 바닷물 순환과 산소 공급

                                   (   )

4 다음 상황에 어울리는 속담에 ○표를 하세요. »·· 국어

일을 분명하게 처리하지 않고 얼렁뚱땅 해치우는 상황

(1) 소 잃고 외양간 고친다.   (   )
(2) 발 없는 말이 천 리 간다.   (   )
(3) 구렁이 담 넘어가듯 한다.   (   )

▶ 정답과 해설 61쪽

5 소설에서 구성 단계 중 다음 역할을 하는 단계는 무엇인지 쓰세요. 》 ········· 국어

> 새로운 상황이 발생하고 갈등을 보다 발전시킨다.

(   )

6 소설의 시점과 특징을 바르게 선으로 이으세요. 》 ········· 국어

1인칭 주인공 시점	작품 속 주인공인 '나'가 자신의 이야기를 서술하는 방식
1인칭 관찰자 시점	'나'가 관찰자의 입장에서 주인공의 이야기를 서술하는 방식
3인칭 전지적 작가 시점	서술자가 관찰자의 입장에서 객관적으로 서술하는 방식
3인칭 관찰자 시점	전지 전능한 입장에서 인물의 심리나 성격, 행동을 서술하는 방식

7 일제의 식민 통치에 대한 설명으로 바르지 <u>않은</u> 것은 무엇인가요? (   ) 》 ········· 사회

① 헌병 경찰을 앞세워 강압적으로 통치했다.
② 우리 민족을 통치하기 위해 조선 총독부를 설치했다.
③ 일본어를 쓰지 못하게 하고 우리 말과 글만 쓰게 했다.
④ 토지 조사 사업을 벌여 땅을 빼앗거나 많은 세금을 거두었다.
⑤ 우리나라 사람들을 강제로 무기 공장이나 전쟁터로 끌고 갔다.

8 다음 빈칸에 들어갈 알맞은 기구를 쓰세요. 》 ········· 사회

> 3·1 운동 이후 여러 지역의 임시 정부는 독립을 위한 힘을 하나로 모으기 위해 노력했다. 그 결과 1919년 9월에 중국 상하이에서 여러 임시 정부를 통합한 □□□□□□이/가 수립되었다.

(   )

9 대한민국 정부 수립 과정입니다. 순서대로 기호를 쓰세요. 》 ······ 사회

> ㉮ 남한만의 총선거 실시
> ㉯ 제헌 국회 구성과 헌법 제정
> ㉰ 미군과 소련군이 각각 남한과 북한에서 군정 실시
> ㉱ 이승만을 초대 대통령으로 선출하고 대한민국 정부 수립 선포
> ㉲ 모스크바 3국 외상 회의를 통해 우리나라에 대한 신탁 통치 결정

( ) → ( ) → ( ) → ( ) → ( )

10 우리나라 인구 구성의 변화를 설명한 것입니다. 빈칸에 들어갈 알맞은 말을 쓰세요. 》 ······ 사회

> 우리나라 인구 구성을 살펴보면 아이를 적게 낳는 가정이 늘어나면서 [㉠] 현상이 나타나고 있습니다. 반면 전체 인구에서 65세 이상 노인 인구가 크게 늘어 [㉡] 사회가 되었습니다.

(1) ㉠: ( )   (2) ㉡: ( )

11 각 생물 요소에 대한 설명으로 알맞은 것을 찾아 선으로 이으세요. 》 ······ 과학

| 생산자 | • | | • | 죽은 생물과 배설물 등을 분해하여 영양분을 얻는 생물 |

| 소비자 | • | | • | 스스로 영양분을 만들지 못하고 다른 생물을 먹이로 해 살아가는 생물 |

| 분해자 | • | | • | 햇빛을 이용해 살아가는 데 필요한 영양분을 스스로 만드는 생물 |

▶ 정답과 해설 62쪽

12 다음 생태 피라미드를 보고, 설명에 알맞은 것을 골라 기호로 쓰세요. 》 ·········· 과학

(1) 생산자에 해당하는 단계: (   )

(2) 개체 수가 가장 적은 단계: (   )

13 다음 빈칸에 들어갈 알맞은 말을 쓰세요. 》 ··········· 과학

태양계는 태양과 태양의 영향을 받는 천체들 그리고 그 공간을 말한다. 태양계에서 ⌐ ㉠ ⌐ 은/는 유일하게 스스로 빛을 내는 천체이고, 지구와 같이 태양의 주위를 도는 천체들을 ⌐ ㉡ ⌐(이)라고 한다.

(1) ㉠: (   )   (2) ㉡: (   )

14 다음 설명에 알맞은 행성을 모두 골라 기호를 쓰세요. 》 ··········· 과학

| ㉮ 화성 | ㉯ 목성 | ㉰ 토성 |
| ㉱ 수성 | ㉲ 금성 | ㉳ 해왕성 |

(1) 태양에서 지구보다 가까이 있는 행성: (   )

(2) 태양에서 지구보다 멀리 있는 행성: (   )

15 다음 빈칸에 공통으로 들어갈 말을 쓰세요. 》 ··········· 과학

나침반이 없던 옛날에는 방위를 알기 위해 북쪽 하늘의 별자리를 이용했다. ⌐⌐⌐⌐⌐⌐⌐은/는 정확한 북쪽에 항상 있기 때문에 이를 기준으로 삼아 방위를 확인했다. ⌐⌐⌐⌐⌐⌐⌐은/는 북두칠 성이나 카시오페이아자리를 이용해 찾을 수 있다.

(   )

사회 우리나라의 기후

오랜 기간 한 지역에 나타나는 평균적인 대기 상태를 ⬜⬜ 라고 해.

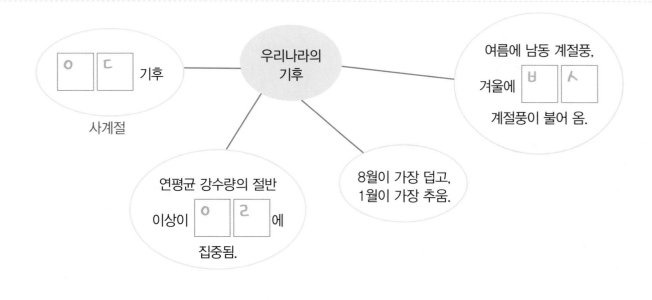

우리나라의 기후

ㅇㄷ 기후
사계절

여름에 남동 계절풍, 겨울에 ㅂㅅ 계절풍이 불어 옴.

연평균 강수량의 절반 이상이 ㅇㄹ 에 집중됨.

8월이 가장 덥고, 1월이 가장 추움.

사회 자연재해

⬜⬜⬜⬜ 는 자연 현상으로 일어나는 재해이지만, 예측하고 예방하면 그 피해를 줄일 수 있어.

자연재해

ㄱㅎ 와 관련된 자연재해

ㅈㅎ 과 관련된 자연재해

황사, 가뭄, 폭염, 홍수, 태풍, 한파, 폭설 등

화산 활동과 지진

▶ 정답과 해설 63쪽

국어 속담

예로부터 전해 오는 쉽고 짧으면서도 소중한 교훈을 담고 있는 말을 ☐☐이라고 해.

속담

- ㅅㄷ을 쓰는 상황
  - 글을 쓸 때
  - 말을 주고받을 때
  - 자신의 의견을 제시할 때
    → 자신의 생각과 의견에 어울리는 적절한 속담을 활용해 쓸 수 있어야 함.
- 속담을 쓰면 좋은 점
  - 듣는 사람이 ㅎㅁ를 느낄 수 있음.
  - 자신의 생각을 효과적으로 드러낼 수 있음.
  - 주장의 논리를 뒷받침해 상대를 쉽게 설득할 수 있음.

사회 일제 강점기

우리나라가 일제에 나라를 빼앗긴 때를 ☐☐ ☐☐☐라고 해.

ㅇㅈ 강점기

- 일제의 ㅅㅁ 통치
  - 조선 총독부 설치
  - 헌병 경찰의 한국인 감시
  - 우리 민족의 독립운동 탄압
  - 경제 수탈, 일본어 강요
- 나라를 되찾기 위한 노력
  - 3·1운동과 대한민국 임시 정부 수립
  - 독립군 부대의 활약
  - 우리 말과 글, 역사 연구

사회 우리나라의 인구

한 나라 또는 일정한 지역에 살고 있는 ☐☐ 의 수는 사망, 출생, 혼인 등 다양한 요인으로 결정돼.

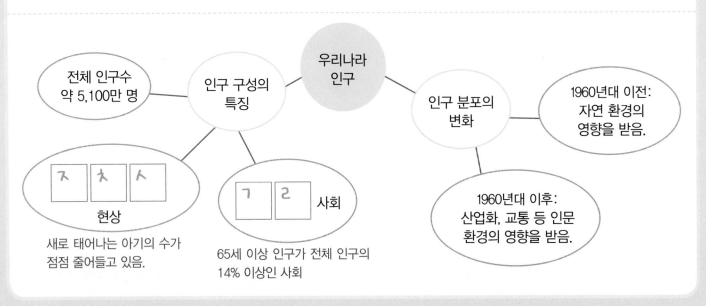

- 전체 인구수 약 5,100만 명
- 인구 구성의 특징
- 우리나라 인구
- 인구 분포의 변화
- 1960년대 이전: 자연 환경의 영향을 받음.
- 1960년대 이후: 산업화, 교통 등 인문 환경의 영향을 받음.

ㅈ ㅊ ㅅ 현상
새로 태어나는 아기의 수가 점점 줄어들고 있음.

ㄱ ㄹ 사회
65세 이상 인구가 전체 인구의 14% 이상인 사회

과학 생태계와 먹이 사슬

어떤 장소에서 서로 영향을 주고받는 생물 요소와 비생물 요소를 ☐☐☐ 라고 해.

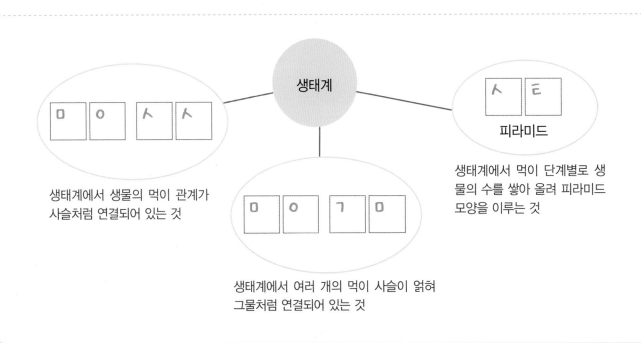

생태계

ㅁ ㅇ ㅅ ㅅ
생태계에서 생물의 먹이 관계가 사슬처럼 연결되어 있는 것

ㅁ ㅇ ㄱ ㅁ
생태계에서 여러 개의 먹이 사슬이 얽혀 그물처럼 연결되어 있는 것

ㅅ ㅌ 피라미드
생태계에서 먹이 단계별로 생물의 수를 쌓아 올려 피라미드 모양을 이루는 것

과학   태양계

태양과 태양의 영향을 받는 천체들 그리고 그 공간을 ☐☐☐ 라고 해.

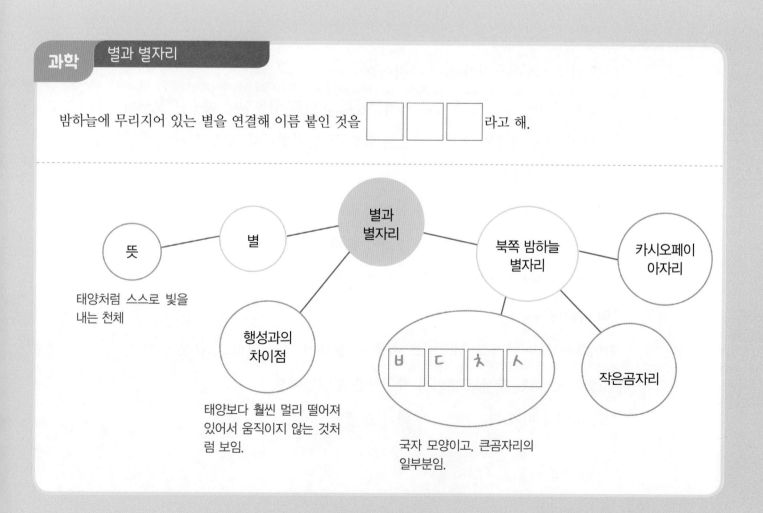

태양계

행성의 크기

지구보다 큰 행성
목성, 토성, 천왕성, 해왕성

지구보다 작은 행성
수성, 금성, 화성

태양에서 지구보다 [ㄱ][ㄲ][ㅇ] 행성
수성, 금성

행성까지의 거리

태양에서 지구보다 [ㅁ] 행성
화성, 목성, 토성, 천왕성, 해왕성

과학   별과 별자리

밤하늘에 무리지어 있는 별을 연결해 이름 붙인 것을 ☐☐☐ 라고 해.

별과 별자리

뜻
태양처럼 스스로 빛을 내는 천체

별

행성과의 차이점
태양보다 훨씬 멀리 떨어져 있어서 움직이지 않는 것처럼 보임.

북쪽 밤하늘 별자리

[ㅂ][ㄷ][ㅊ][ㅅ]
국자 모양이고, 큰곰자리의 일부분임.

카시오페이아자리

작은곰자리

닫힌 문을 열어라!

다시 선생님의 목소리가 흘러 나왔어요.

"그동안 수많은 관문을 통과한 여러분들의 노력과 협동심에 박수를 보냅니다. 이제 가장 어려운 마지막 관문인 닫힌 문 열기입니다. 모두 무사히 탈출하기를 바랍니다."

목소리가 사라지자마자 갑자기 불빛이 모두 꺼지더니 잠시 암흑이 되었어요. 차르륵 하고 커튼이 올라가는 소리가 들리더니 한 줄기 불빛이 한쪽 면을 비췄지요. 그곳에는 굵은 자물쇠 여러 개가 있는 문이 보였어요.

"뭐, 뭐야?"

아이들이 모두 다가갔어요. 번호 자물쇠 세 개가 달려 있었고, 문은 굳게 잠겨 있었어요. 어떤 단서도 없어서 아이들은 황당했어요.

"도, 도대체 이게 뭐야? 단서가 하나도 없어?"

홍민 먼저 다가가 자물쇠를 이리저리 돌려 보았지만, 문은 조금도 열리지 않았어요. 아이들이 차례대로 자물쇠 번호를 맞추려고 노력했어요. 아무 소용 없었어요. 결국 지쳐서 문 앞의 바닥에 옹기종기 앉은 아이들은 애꿎은 열쇠만 노려보았지요.

"혹시 소리 지르는 거 아냐? 열려라, 참깨!"

엉뚱한 홍민이의 말에 아이들이 혀를 찼어요. 그러다가 경아가 말했어요.

"아냐, 아냐. 열쇠는 가짜일지도 몰라. 우리를 헷갈리게 하려고."

아이들 눈이 번뜩였어요. 자리를 박차고 일어선 홍민이가 문을 옆으로 밀었어요. 스르르르, 문이 열렸지요. 아이들이 한숨을 돌린 순간, 바로 뒤에 새로운 문이 보였어요. 문 앞의 테이블에는 알파벳 기호가 가득 써져 있는 종이가 놓여 있었어요.

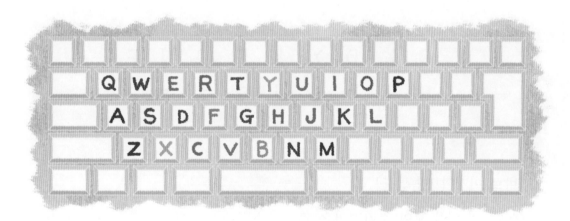

그리고 그 옆에는 빨간 편지 봉투가 있었어요.

"아이구, 이건 또 뭐야?"

경아가 편지 봉투를 열고 그 안의 쪽지를 꺼냈어요.

Q K D X K F C N F

아이들이 머리를 감싸 쥐고 주저앉았어요. 경아가 소리쳤어요.

"우리 담임 선생님은 정말 너무해! 우리가 영어를 잘 아는 것도 아니고!"

그런데 현서는 아까부터 테이블 위의 종이에 가까이 갔다가 멀리 갔다가를 반복하고 있었어요.

"넌 왜 그러고 있어?"

"이거, 영어가 맞을까? 꼭 컴퓨터 자판 같지 않아?"

현서의 말에 홍민이가 달라붙었어요.

"어, 맞다, 맞아. 우리 이걸 한글로 바꾸면 어떨까? 자판이라고 생각하고!"

아이들은 모두 머리를 모아 종이의 기호들을 하나하나 한글 자판으로 바꾸어 봤어요! Q는 ㅂ, W는 ㅈ, E는 ㄷ. 이런 식으로요.

그다음 쪽지의 기호를 한글 자판과 맞추어 보았어요.

QKDXKFCNF
ㅂㅏㅇㅌㅏㄹㅊㅜㄹ

"바로 이거야! 방 탈출!"

아이들이 입을 모아 소리쳤어요.

드디어 문이 열리고 환한 밖이 보였어요. 감격한 아이들은 서로 부둥켜안았어요. 지친 모습이었지만 결국 해냈다는 뿌듯함도 있었지요.

"〈엇, 일등!〉 파이팅!! 드디어 해냈다!!!"

아이들은 서로서로 등을 두드려 주며, 발을 동동 굴렸지요. 방 탈출 프로젝트를 끝낸 반 아이들이 모두 다시 교실로 모였어요.

선생님이 아이들에게 물었지요.

"오늘 수업으로 여러분은 무엇을 배웠나요? 소감을 모두 듣고 싶군요."

아이들은 아직 생생한 탈출의 느낌을 벗어나지 못한 채였지요. 현서가 말했어요.

"마지막 관문은 정말 어려웠어요. 그러나 팀원들과 함께 지혜를 모으고 힘을 모으니 어려운 상황을 벗어날 수 있었어요. 이렇게 서로 머리를 모으고 지혜를 모으고 힘을 모아서 즐겁기도 하고 힘든 일도 헤쳐 나가는 게 바로 '협동'이고 그것은 더 큰 힘을 낸다는 걸 직접 알게 된 귀한 경험이었다고 생각합니다."

정답에 가까운 현서의 말에 아이들이 힘껏 박수를 쳤어요. 아이들 모두 오늘 온몸으로 느낀 값진 경험이었어요.

5단계에서 배운 내용 다시 보기

1주차

1	①	사회	이런저런 땅의 생김새, 지형
	②	사회	단군왕검이 세운 고조선
2	①	과학	속력과 속도는 달라
	②	과학	온도를 변화시키는 열의 이동
3	①	국어	의견을 모으는 토의
	②	국어	상대를 설득하는 토론
4	①	과학	열의 전도와 대류
	②	과학	열의 복사와 단열
5	①	수학	나누는 약수, 곱하는 배수
	②	수학	계산을 쉽게, 약분과 통분

2주차

1	①	사회	고구려, 백제, 신라의 삼국 시대
	②	사회	남북국을 이룬 통일 신라와 발해
2	①	과학	다양한 생물, 균류와 원생생물
	②	과학	우리 주변 어디에나 있는 세균
3	①	수학	부피를 가지는 입체도형
	②	수학	도형의 합동과 대칭
4	①	과학	용액의 성질, 산성과 염기성
	②	과학	물질 녹이기, 용해와 용액
5	①	국어	내용을 전달하는 매체
	②	국어	설명하는 글, 설명문

3주차

1	①	사회	독창적 문화를 꽃피운 고려
	②	사회	통치 체제를 정비한 조선 전기
2	①	과학	수증기 응결로 생긴 이슬과 구름
	②	과학	기압의 높낮이, 저기압과 고기압
3	①	사회	큰 변화를 겪은 조선 후기1
	②	사회	개항의 요구 앞에 선 조선 후기2
4	①	국어	문장을 구성하는 문장 성분
	②	국어	합쳐진 말, 합성어와 파생어
5	①	사회	강제성이 있는 규칙, 법
	②	사회	태어나면서부터 가지는 인권

4주차

1	①	사회	날씨와 달라? 우리나라의 기후
	②	사회	대비하자, 우리나라의 자연재해
2	①	국어	쉽고, 짧고, 교훈 주는 속담
	②	국어	허구적인 문학, 소설
3	①	사회	나라를 빼앗긴 일제 강점기
	②	사회	대한민국 정부를 수립하다
4	①	사회	우리나라의 인구 구성과 분포
	②	과학	생태계 안의 먹이 사슬
5	①	과학	지구가 속해 있는 태양계
	②	과학	밤하늘의 별과 별자리

[인용 사진 출처] 79쪽 팔만대장경판, ⓒ 문화재청, CC BY / 87쪽 수원 화성 팔달문, ⓒ 문화재청, CC BY

* 어휘 풀이는 국립국어원 표준국어대사전을 바탕으로 정리하였습니다.

배경지식이 **문해력이다**

5단계

초등 5~6학년 권장

정답과 해설

1

주차

정답과 해설

배경지식이 문해력이다 | 5단계

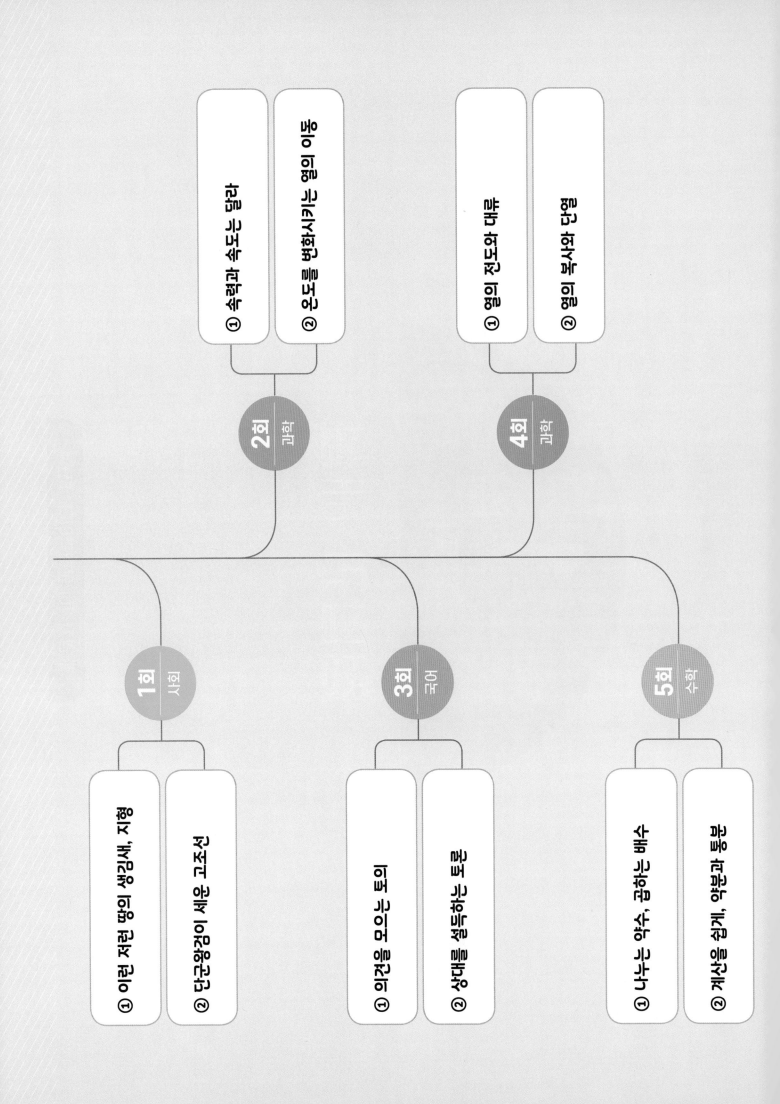

2회 과학
① 속력과 속도는 달라
② 온도를 변화시키는 열의 이동

4회 과학
① 열의 전도와 대류
② 열의 복사와 단열

1회 사회
① 이런 저런 땅의 생김새, 지형
② 단군왕검이 세운 고조선

3회 국어
① 의견을 모으는 토의
② 상대를 설득하는 토론

5회 수학
① 나누는 약수, 곱하는 배수
② 계산을 쉽게, 약분과 통분

1회 · 1주차 ①

이런저런 땅의 생김새, 지형

사회

지형은 땅이 생긴 모양새를 말해. 높고 낮은 산들이 모여 있는 산지, 바다와 맞닿은 육지인 해안, 크고 작은 물줄기가 흐르는 하천, 하천 주변의 넓고 평탄한 평야도 있지.

우리나라는 국토의 약 70%가 산지야. 산지 지역은 소나 양을 기르는 목축업과 서늘한 곳에서 잘 자라는 배추 등을 기르는 고랭지 농업이 발달했어. 또 스키장, 휴양림 등을 만들어 관광지로 개발하고 있지.

우리나라는 삼면이 바다로 둘러싸여 있어. 해안 지역은 바다에 나가 고기를 잡는 어업, 물고기나 김, 미역 같은 해조류를 기르는 양식업이 발달했어. 배를 이용해 다른 곳으로 이동하기 편리하기 때문에 항구 도시나 공업 도시가 발달한 곳도 있지.

우리나라는 동쪽이 높고 서쪽이 낮은 지형이어서 비교적 넓은 평야는 서쪽에 발달해 있어. 하천 하류의 평야는 농사짓기에 적당해. 또 평야는 사람들이 모여 살기가 좋아서 도시가 발달하고 있어. 이처럼 사람들은 여러 지형을 이용하며 살아가고 있지.

지형: 땅이 생긴 모양이나 형세.

관용에 정리

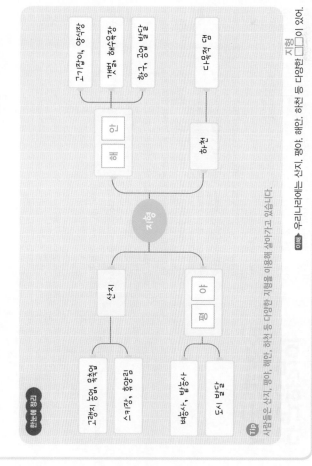

지형
- 산지 → 고랭지 농업, 목축업 / 스키장, 휴양림
- 해안 → 어업, 양식업 / 항구, 공업 도시
- 평야 → 도시 발달
- 하천 → 다목적 댐

이해 우리나라에는 산지, 평야, 해안, 하천 등 다양한 □□□이 있다.

TIP 사람들은 산지, 평야, 해안, 하천 등 다양한 지형을 이용해 살아가고 있습니다.

산지와 관련된 독특한 지형

고원

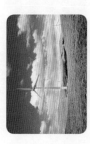

고원은 일반적인 산지와 달리 높으면서도 평평한 지형을 말해. 강원도의 대관령 일대가 대표적인 고원 지대야. 이곳은 여름에도 기후가 서늘하기 때문에 고랭지 농업이 발달했지. 그리고 바람의 힘을 이용해서 친환경 에너지를 만들었고, 풍력 발전기로도 볼 수 있어.

분지

분지는 주변이 산으로 둘러싸여 있어 바람이 잘 통하지 않고 열이 빠져나가지 못해 여름철에 몹시 무덥지. 특히 대구는 여름과 겨울의 기온 차가 크고, 여름에 무척 더워. 그런데 요즘에는 나무를 많이 심어서 도시에 그늘이 많아졌고, 나무와 흙이 뜨거운 열을 흡수해서 대구의 여름철 기온이 조금씩 떨어지고 있어.

화산 활동으로 생긴 지형이 있다고?

지형에 영향을 주는 요소는 매우 다양해. 땅속의 암석에 따라 달라지기도 하고, 강물의 흐름이나 파도, 기후에도 영향을 받지. 또 화산 폭발이나 지진에 의해 많이 생김새가 달라지기도 해.

화산 폭발로 생겨난 지형을 화산 지형이라고 하는데 우리나라의 경우 제주도의 용암 동굴과 오름, 울릉도의 나리 분지, 백두산 천지 등이 화산 지형에 속해.

▲ 정답과 해설 3쪽

◉ 알맞은 말에 ○표를 하세요.

우리나라는 국토의 약 70%가 (산지) , 평야)이고, 삼면이 바다로 둘러싸여 있다. 그리고 하천이 운반해 온 모래나 흙들이 쌓여 만들어진 넓고 기름진 평야도 있다.

해설 우리나라는 국토의 약 70%가 산지이고, 대부분 북동쪽과 동쪽에 높고 험한 산이 많습니다.

◉ 알맞게 선으로 이으세요.

- 산지 — 논농사
- 해안 — 스키장
- 평야 — 갯벌 체험

해설 산지에서는 산의 비탈면을 이용하면 스키장을 만들고, 해안에서는 갯벌 체험 프로그램을 만들어 관광 수입을 올리고 있습니다.

◉ 분지 지형의 특징으로 알맞은 것에 ○표를 하세요.

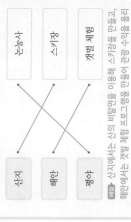

여름과 겨울의 기온 차가 크고, 특히 여름에 무척 덥다. ○

바람의 힘을 이용해서 친환경 에너지를 만드는 풍력 발전기를 볼 수 있다. □

해설 풍력 발전기는 바람이 많이 부는 고원에서 주로 볼 수 있습니다.

1회 ②
단군왕검이 세운 고조선

사회

한반도와 주변 지역은 구석기 시대와 신석기 시대를 지나 청동기 시대로 접어들었어. 청동기 시대에는 권력을 가진 사람들이 나타나 다른 사람들을 지배하기 시작했어. 이들 중 가장 강한 세력이 주변 세력을 정복해 나갔지. 이 과정에서 우리 역사상 최초의 국가인 고조선이 세워졌어.

고조선은 청동기 문화를 바탕으로 세워졌어. 그리고 중국으로부터 철기를 받아들이며 농기구와 무기를 만들어 쓰면서 더욱 발전했지.

고조선은 사회 질서를 유지하기 위해 '8조법'을 만들었어. 여덟 개의 법 조항 중 지금까지 전해지는 것은 '사람을 죽인 사람은 사형에 처하고, 남에게 상처를 입힌 자는 곡식으로 갚아야 하며, 도둑질을 한 자는 노비로 삼고 만약 죄를 받으려면 돈을 내야 한다.'는 세 가지 조항이야.

고조선은 한반도 남쪽으로 나라와 중국의 한 사이에서 중계무역을 하여 크게 성장했어. 하지만 고조선의 성장에 위협을 느낀 중국 한이 공격을 받아 멸망했어.

고조선: 청동기 문화를 바탕으로 세워진 우리 역사상 최초의 국가.

8조법을 통해 알 수 있는 고조선 사회

사람을 죽인 사람은 사형에 처한다.
고조선에서는 살인에 대해 엄격하게 다스렸다는 것을 알 수 있어. 그만큼 사람의 생명을 소중하게 여겼다는 뜻이지.

남을 다치게 한 사람은 곡식으로 갚는다.

사람을 다치게 하면 다친 사람은 일을 할 수 없게 되기 때문에 곡식으로 갚게 한 거야. 농사와 노동력을 매우 중요하게 여겼다는 것을 짐작하게 해 줘.

도둑질을 한 사람은 노비로 삼고, 만약 죄를 면하려면 돈을 내야 한다.
도둑질을 한 사람을 노비로 삼았다는 것은 고조선이 신분이 나뉜 사회였다는 것을 알게 해 줘. 또 죄를 면하려면 돈을 내야 한다면 돈을 바야 한다는 것으로 보아 고조선에서는 화폐가 사용되었다는 것을 알 수 있어.

단군 신화는 그대로 믿을 수 있는 것일까?

신화를 대할 때 중요한 점은 그 속에서 어떤 역사적 의미가 담겨 있는지 알아내는 것이야. 고조선은 하늘을 최고의 신으로 섬겼어. 그래서 고조선을 건국한 단군을 하늘의 자손이라고 한 거야. 환웅이 바람, 비, 구름의 신을 거느리고 왔다는 것은 고조선이 농사를 중요하게 여긴 사회였다는 것을 말해. 환웅과 웅녀의 결혼은 하늘을 숭배하는 부족과 곰을 숭배하는 부족이 결합했다는 것을 의미해. 이처럼 단군 신화 이야기는 국가가 등장할 무렵의 역사적 상황이나 사실을 간접적으로 반영하고 있어.

한눈에 정리

고조선

- **단군왕검의 이야기**
  환웅 부족과 곰을 믿는 부족이 결합해 고조선을 건국함.

- **청동기 문화와 유물**
  거푸집, 비파형 동검, 세형 동검

- **철기의 사용**
  농업이 발전하고, 군사력이 커짐.

- **8조법**
  - 사람을 죽이면 사[ ] 형[ ] 에 처함.
  - 남을 다치게 하면 곡[ ] 식[ ] 으로 갚아야 함.
  - 도둑질하면 노[ ] 비[ ] 가 되거나 돈으로 갚아야 함.
  신분제 사회, 화폐 사용

이해 고조선에는 □□□이라는 여덟 조항의 법이 있었는데 오늘날 세 개 조항만 전해지고 있다.

Tip 우리 역사상 최초의 국가인 고조선은 청동기 문화를 바탕으로 세워졌고, 철기를 받아들이며 농사 도구와 무기로 사용했습니다.

▲ 정답과 해설 4쪽

● 알맞은 말에 ○표를 하세요.

고조선은 (청동기), 철기) 문화를 바탕으로 세워진 우리 역사상 최초의 국가이다.
해설 고조선은 우수한 청동기 문화를 바탕으로 세운 국가입니다.

● 고조선의 다음 법 조항을 통해 알 수 있는 것에 ○표를 하세요.

사람을 죽인 사람은 사형에 처한다.

사람의 생명을 소중하게 생각했다.	○
사람들의 신분이 구분된 사회였다.	

해설 고조선에서 사람의 생명을 소중하게 여겼다는 것을 여기 사이에서 매우 엄격하게 여겼다는 것을 알 수 있습니다.

● 알맞은 말에 ○표를 하세요.

환웅이 웅녀와 결혼하여 아들을 낳았고, 그 아들 후에 단군왕검이 되어 우리나라 최초의 국가인 고조선을 세웠다는 내용은 (단군 신화 , 『조선왕조실록』)을/를 통해 알 수 있다.
해설 고조선의 건국 이야기는 단군 신화를 통해 알 수 있습니다. 『조선왕조실록』은 조선 태조에서 철종까지 472년간의 이 역사를 각 왕별로 기록한 책입니다.

2회 1주차 ①

속력과 속도

속력: 단위 시간 동안 물체가 이동한 거리.

속도: 단위 시간 동안 물체의 위치 변화량으로 속력에 방향을 함께 나타낸 것.

과학

물체의 빠르기는 이동한 거리, 시간과 밀접한 관계가 있어.

진구와 100 m 달리기를 했을 때 출발했다면 결승선에 먼저 도착한 사람이 빠른 거야. 또 운동장에서 서서 출발 신호에 동시에 달리기를 시작해서 정지 신호에 멈추었다면 가장 멀리 간 사람이 가장 빠른 거지.

이처럼 일정한 거리를 이동하는 데 더 짧은 시간이 걸리거나 일정한 시간 동안 더 긴 거리를 이동한 물체가 더 빠르다고 할 수 있어.

이동하는 데 걸린 시간과 이동 거리가 모두 다른 물체의 빠르기는 어떻게 비교할까? 이때는 1초, 1분, 1시간 등과 같은 단위 시간 동안 물체가 이동한 거리를 비교하면 돼. 단위 시간 동안 물체가 이동한 거리를 속력이라고 해. 속력은 이동 거리를 걸린 시간으로 나눈 값이야. 움직이는 물체의 빠르기는 이동 거리뿐만 아니라 방향을 함께 나타내기도 해. 속도는 단위 시간당 이동한 거리뿐만 아니라 방향을 함께 나타내는 것이야. 고속도로에서 자동차가 '100 km/h'로 달린다면 속력을 말하는 것이고, '남쪽으로 100 km/h'로 달린다면 속도를 말하는 것이야.

이동 거리

속력은 단위 시간 동안 물체가 이동한 거리로, 물체의 이동 거리를 걸린 시간으로 나누어 구해.

예를 들어 아래 그림과 같이 집에서 학교까지 직선 거리로는 2 km, 굽은 도로를 따라 가면 4 km 떨어져 있다고 생각해 봐. 내가 집에서 나와 굽은 도로를 따라 걸어서 1시간 만에 학교에 도착했다면 내 걸음의 속력은 얼마일까? 이동 거리는 방향에 관계없이 물체가 움직인 경로의 길이를 모두 합한 값이야. 그래서 이동 거리는 4 km이고, 시간은 1시간이 걸렸으니까 4 km÷1h이므로 속력은 4 km/h야.

다시 한번 강조하자면 이동 거리는 물체가 실제로 이동한 경로를 모두 합한 값이야.

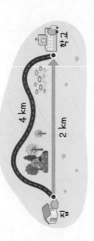

학교 / 집 / 4 km / 2 km

속력의 단위와 읽는 법

속력의 단위는 길이 단위와 시간 단위를 조합하여 표시해. 'm/s', 'km/h' 등으로 나타내.

속력의 단위는 크게 두 가지 방향으로 읽어. 첫 번째 방법은 속력의 단위를 글자 순서대로 읽는 거야. 'km/h'는 '킬로미터 퍼 아워'라고 읽고, 'm/s'는 '미터 퍼 세컨드'라고 읽어. '/'는 영어에서 'per'를 나타내는 기호로 '~에 대해'를 뜻하며, '과'라고 읽어. 'h'와 's'는 각각 시간과 초를 나타내는 단위야.

두 번째 방법은 속력의 단위를 우리말의 뜻을 담아서 읽는 거야. '50 km/h'는 물체가 1시간 동안 이동한 거리를 km 단위로 나타낸 것으로 '시속 오십 킬로미터'라고 읽어. 또 '50 m/s'는 1초 동안 이동한 거리를 m 단위로 나타낸 것으로 '초속 오십 미터'라고 해.

한눈에 정리

속력
- 뜻 — 단위 시간 동안 물체가 이동한 거리
- 구하는 법 — (속력)=(이동 거리)÷(걸린 시간)
- 단위 — km/h(킬로미터 퍼 아워) / m/s(미터 퍼 세컨드) 예 5 m/s → 1초 동안에 5 m를 가는 빠르기
- 속도 — 물체의 속력과 방향을 함께 나타낸 것 예 북동쪽 2 m/s

TIP 물체의 속력은 (이동 거리)÷(걸린 시간)으로 나타냅니다. 속도는 속력에 방향을 함께 나타낸 것입니다.

이해 단위 시간 동안 물체가 이동한 거리를 □□이라고 해. (속력)

◎ 알맞은 말에 ○표 하세요.

1초, 1분, 1시간 등과 같은 단위 시간 동안 물체가 이동한 거리를 (속력, 속도)(이)라고 한다.

해설 속도는 속력에 이동한 방향을 함께 표시한 것입니다.

◎ 2시간 동안 160 km를 이동한 자동차의 속력을 구하는 과정입니다. 빈칸에 들어갈 알맞은 숫자를 쓰세요.

(자동차의 속력)=(이동 거리)÷(걸린 시간)
=160 km÷(**2**)h=80 km/h
이므로 160 km/h

해설 2시간 동안 160 km를 이동하였으므로, 속력은 80 km/h입니다. 즉 자동차는 1시간 동안 80 km를 이동하였습니다.

◎ 알맞게 선으로 이으세요.

km/h — 킬로미터 퍼 아워
m/s — 미터 퍼 세컨드

해설 시간의 단위에는 시간(h, 아워), 초(s, 세컨드) 등이 있습니다.

2회 1주차 ②

온도를 변화시키는 열의 이동

과학

온도: 차갑거나 따뜻한 정도를 숫자에 단위 °C(섭씨도)를 붙여 나타낸 것.

열의 이동: 온도가 높은 물질에서 낮은 물질로 열이 이동함.

여름날에 에어컨이 켜져 있는 건물에 들어갔을 때 춥다고 느끼는 사람도 있고 시원하다고 느끼는 사람도 있지? 이렇게 같은 장소에서도 차갑거나 따뜻한 정도를 사람마다 다르게 느낄 수 있어. 이럴 때 온도를 사용하면 물질의 차갑거나 따뜻한 정도를 정확하게 표현할 수 있어. 온도는 숫자에 단위 °C(섭씨도)를 붙여 나타내. 공기의 온도는 기온, 물의 온도는 수온, 몸의 온도는 체온이라고 하지.

온도를 측정할 때는 온도계를 사용하는데 온도를 재려는 물질에 맞는 온도계를 사용해야 정확한 온도를 알 수 있어. 귀 체온계는 체온을 측정할 때, 적외선 온도계는 주로 액체나 기체의 온도를 측정할 때, 알코올 온도계는 고체의 온도를 측정할 때 사용해.

온도가 다른 두 물질이 접촉하면 온도는 어떻게 변할까? 삶은 연을 차가운 물에 행구면 연이 식어서 온도가 높은 삶은 면에서 차가운 물로 열이 이동하기 때문이야. 온도가 높은 물질에서 낮은 물질로 열이 이동할 때는 차가운 물질에서 따뜻한 물질로 열이 이동할 때는 당근부침 열이 이동해. 이처럼 열은 온도가 높은 물질에서 낮은 물질로 이동해.

온도를 정확하게 측정해야 할 때

우리 생활에서 온도를 정확하게 측정해야 할 때는 언제일까? 병원에서 환자의 체온을 잴 때, 갓난아기의 분유를 타거나 목욕을 시킬 때, 튀김 요리를 할 때 등 다양해. 또 온도를 일정하게 유지해야 하는 박물관이나 냉장고 등의 온도도 정확하게 측정해야 하지.

온도계의 종류

귀 체온계

몸에 열이 날 때는 귀 체온계로 체온을 측정해. 귀 체온계는 측정 버튼을 누르고 1~2초 정도 눌러. 알람 소리가 울리면 체온계를 빼고 온도 표시창에 나타난 온도를 확인해.

적외선 온도계

고체 물질의 온도를 측정할 때는 적외선 온도계를 사용해. 적외선 온도계로 온도를 재려는 물질을 겨누고 측정 버튼을 눌러. 측정 버튼에서 손을 떼고 온도 표시창에 나타난 온도를 확인해.

여름에 아이스크림을 사면 왜 금방 녹아버리지?

여름철 공기 중에 아이스크림이 있으면 열이 공기에서 차가운 아이스크림으로 이동해. 그래서 아이스크림 주변 공기는 차가워지지만 아이스크림은 온도가 높아져서 빨리 녹아버리는 거야.

한눈에 정리

물질의 차갑거나 따뜻한 정도를 **온도**를 사용하면 정확하게 나타낼 수 있어.

온도
- 온도를 측정하는 기구 → 온도계
- 온도를 측정하는 도구 → 온도계, 알코올 온도계 등
- 물질의 차갑거나 따뜻한 정도를 정확하게 알기 위해서 → 귀 체온계, 적외선 온도계

열의 이동
- 접촉한 두 물질의 온도가 변함
- 온도가 □ 물질의 온도는 낮아짐.
- 온도가 □ 물질의 온도는 높아짐.
- 움직여서 온도가 □아짐.
- 움직임 열의 이동.

온도가 다른 두 물질이 접촉하면 두 물질의 온도가 변합니다.

◉ 온도에 대한 설명으로 맞은 것에 ○표를 하세요.

- 공기의 온도는 수온이라고 한다. □
- 적외선 온도계는 액체나 기체의 온도를 측정할 때 사용한다. □
- 온도가 다른 두 물질이 접촉하면 두 물질의 온도가 변한다. ◉

해설 공기의 온도는 기온이라고 합니다. 적외선 온도계는 주로 고체의 온도를 측정할 때 사용합니다.

◉ 알맞은 말에 ○표를 하세요.

열은 온도가 (높은, **낮은**) 물질에서 온도가 (**높은**, 낮은) 물질로 이동한다.

해설 열은 온도가 높은 물질에서 낮은 물질로 이동합니다.

◉ 삶은 연을 차가운 물로 행굴 때 처음보다 온도가 높아지는 것에 ○표를 하세요.

- 삶은 면 □
- 차가운 물 ◉

해설 삶은 면과 차가운 물이 만나면 삶은 면은 온도가 낮아지고, 차가운 물은 온도가 높아집니다.

3회 1주차 ①

의견을 모으는 토의

국어

토의: 어떤 문제를 여러 사람이 협력해 해결하는 방법.

어떤 문제에 대한 좋은 해결책을 찾으려면 어떻게 해야 할까? 바로 이때 필요한 것이 토의야. 토의를 하면 문제 상황을 더 잘 이해할 수 있고, 적절한 문제 해결 방법을 찾을 수 있어.

토의의 절차는 '토의 주제 정하기 → 의견 마련하기 → 의견 모으기 → 의견 결정하기'로 진행돼.

토의 주제를 정할 때에는 토의하고 싶은 주제를 자유롭게 이야기해. 그리고 나서 그 주제가 우리 모두와 관련이 있는지, 해결 방법을 찾을 수 있는지 살펴서 알맞은 토의 주제를 결정해. 그런 다음 토의 주제에 맞게 자신의 의견과 그 의견을 낸 까닭을 말해야 해.

문제 해결 과정에는 여러 사람이 참여하는 것이 좋아. 이때 서로의 의견을 존중하고 다른 사람의 의견을 끝까지 듣고나서 자신의 의견을 말하는 태도를 가져야 하지. 의견을 충분히 주고받았으면 이제 각 의견의 장단점을 찾고 어떤 의견이 알맞은지 판단할 기준을 세워 그 기준에 따라 가장 알맞은 의견으로 결정하면 돼.

토의의 종류

심포지엄
특정한 문제에 대해 다른 의견을 가진 전문가나 그 방면의 권위자 몇 명이 많이 각자 의견을 발표하고 그 후에 청중을 토의에 참가하는 토의 방식이야.

패널 토의
각 분야의 전문가 여러 명이 모여 청중 앞에서 각각의 입장을 발표하고 청중이 참여해 공동으로 (패널, 원탁) 토의야. 주로 정치적이고 시사적인 문제를 해결하는 데 좋은 토의 방식이지.

포럼
특정 문제에 대해 직접 관련이 있는 사람들이 모여 공개적으로 토의하는 것으로, 처음부터 여러 사람이 참여로 이루어지는 토의 방식이야.

원탁 토의
10명 내외의 소수 집단이 원탁에 모여 앉아 토의 주제에 대해 의견을 나누는 것을 말해. 주제에 대한 이해를 더하는 것 자체가 목적이므로 내용과 형식이 가장 자유로운 반면 자칫 산만해지기 쉬운 토의 방식이야.

토의를 통해 문제를 해결하려면 어떻게 해야 해?
한 사람의 의견대로 결정하는 것보다 여러 사람이 의견을 나누는 게 좋아. 왜냐하면 의견을 나누어 다양한 해결 방법을 이끌어 보고 가장 좋은 의견으로 결정해야 해.
토의에서 많은 사람이 찬성하는 의견을 뽑아 결정하는 것을 '다수결'이라고 해. 다수결로 문제를 해결할 때는 충분한 대화와 타협을 하고, 소수의 의견이라도 좋은 의견은 충분히 살펴보는 자세를 가져야 해.

토의 절차와 방법

토의 주제 정하기
- 토의하고 싶은 주제를 자유롭게 이야기하기
- 토의 주제로 알맞은지 판단하기
- 토의 주제 결정하기

의견 마련하기
- 토의 주제에 맞게 자신의 의견 쓰기
- 그 의견이 좋은 까닭 쓰기

의견 모으기
- 친구들과 의견 주고받기
- 각 의견의 장단점 찾기
- 의견이 알맞은지 판단할 기준 세워 판단하기

의견 결정하기
- 기준에 따라 가장 알맞은 의견으로 결정하기

TIP 토의는 어떤 주제에 대한 찬성과 반대의 입장으로 나누어질 수 없고 문제 해결을 위해 서로 같은 방향의 해결 방안을 제시하는 말하기야.

한눈에 정리
이휘 어떤 문제를 여러 사람이 협력해 해결하는 방법을 □□라고 해.

● 토의의 절차에 맞게 차례대로 번호를 쓰세요.

의견 모으기	3
의견 마련하기	2
의견 결정하기	4
토의 주제 정하기	1

해설 토의는 '토의 주제 정하기 → 의견 마련하기 → 의견 모으기 → 의견 결정하기'의 순서로 진행됩니다.

● 알맞은 말에 ○표를 하세요.

해설 각 분야의 전문가 여러 명이 모여 청중 앞에서 각각의 입장을 발표하고 청중이 참여해 공동으로 (패널, 원탁) 토의야. 주로 정치적이고 시사적인 문제를 해결하는 데 좋은 토의 방식이다.

해설 원탁 토의는 10명 내외의 소수 집단이 원탁에 모여 앉아 토의 주제에 대해 의견을 나누는 것입니다.

● 토의에서 의견을 주고받는 태도로 알맞은 것에 ○표를 하세요.

의견을 말할 때에는 그 까닭과 함께 말해야 한다. [○]

자신과 의견이 다른 친구의 의견은 듣지 않아도 된다. [ ]

해설 의견을 말할 때에는 그렇게 생각한 까닭과 함께 말해야 아무 신뢰성 있는 의견을 말할 수 있습니다.

3회 ②

국어 1주차

상대를 설득하는 토론

토론: 어떤 문제에 대하여 찬성과 반대로 나누어 각각 의견을 말하며 논의하는 것.

토론은 찬성과 반대의 입장으로 나뉘어 각자 자기 쪽의 의견을 받아들이도록 상대편을 설득하는 의사소통 과정이야. 그래서 토론 주제는 찬성과 반대로 분명히 나누어질 수 있는 것이어야 해.

토론의 절차는 '주장 펼치기 → 반론하기 → 주장 다지기'로 진행돼.

'주장 펼치기' 단계에서는 찬성편과 반대편이 근거를 들어 주장을 펼치고, 근거를 뒷받침하는 구체적인 자료를 제시해야 해.

'반론하기' 단계에서는 상대편이 제시한 근거가 잘못되었음을 지적하거나 잘못된 근거에 대해 반론 및 질문을 하고, 그 질문에 대한 답을 하는 과정이야.

마지막으로 '주장 다지기' 단계에서는 자기편의 주장과 근거를 강조하고 상대편에서 제기한 반론이 타당하지 않다는 것을 밝혀서 자기편 주장을 다시 한번 강조하고 효과적으로 정리해.

토론을 하면 타당한 근거를 들어 말하기 때문에 자신의 주장과 근거를 명확하게 정리할 수 있어. 또 자신과 생각이 다른 사람의 입장도 이해하게 되어 문제 해결에 더 나은 방법이 무엇인지 결정하는 데 도움이 돼.

토의와 토론의 공통점과 차이점

토의와 토론의 공통점

토의와 토론은 하나의 주제로 여러 사람이 함께 의견을 나누는 활동이야. 또 문제를 해결하는 것을 목적으로 하고 있다는 점에서 공통점이 있어.

토의와 토론의 차이점

토의는 어떤 문제에 대하여 각자의 의견을 나누고 그것들을 모아 의견이 일치나 결정을 하는 활동이야. 반면 토론은 어떤 문제에 대하여 찬성과 반대로 나누어 각자의 의견을 주장하고 상대의 의견을 반박하며 자신의 정당함을 높이는 활동이야.

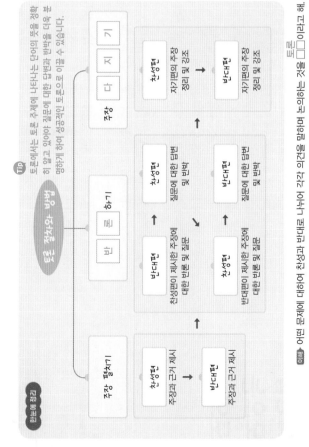

(토론은 자신의 주장이 옳다고 상대를 설득하는 말하기지!)

(토의는 문제를 해결하기 위한 의논하는 말하기야!)

토론을 잘하려면 어떻게 해야 해?

토론 참여자의 역할을 잘 알고 지켜야 해. 토론에 참여하는 사람들은 사회자, 찬성편 토론자와 반대편 토론자, 판정인이야. 사회자는 토론 내용이 주제에서 벗어나지 않도록 노력하고, 찬성과 반대편에 말할 기회를 공평하게 주어야 해. 또 토론의 중요한 내용을 요약하며 토론 결과를 정리해야 하지. 찬성편 토론자와 반대편 토론자는 각자의 입장에서 근거를 들어 자신의 주장을 펼치고 상대편의 주장을 타당성이 없든 불공정한 상대편을 내리지 않도록 하는 쪽의 의견이 지수록 불공정한 판단을 내리지 않도록 하는 게 중요해.

주장을 뒷받침하는 자료가 타당해야 타당해야 해. 찬성편 토론자와 반대편 토론자는 타당한 자료로 주장을 뒷받침해야 해. 믿을 만한 전문가의 의견(면담 자료, 설문 조사 자료)인지, 자료의 출처가 정확한지, 조사 범위가 적절한지 잘 살펴봐야 해.

Tip

토론에서는 토론 주제에 나타나는 단어의 뜻을 정확히 알고 있어야 질문에 대한 답변과 반박을 더욱 분명하게 하여 성공적인 토론으로 이끌 수 있습니다.

배운 내용 정리

토론 절차와 방법

(다이어그램: 주장 펼치기 → 반론하기 → 주장 다지기)

이해 어떤 문제에 대하여 찬성과 반대로 나누어 각각 의견을 말하며 논의하는 것을 □□이라고 해.

◉ 토론의 절차에 맞게 차례대로 번호를 쓰세요.

주장 다지기	3
주장 펼치기	1
반론하기	2

해설 토론은 '주장 펼치기 → 반론하기 → 주장 다지기'의 차례로 진행됩니다.

◉ 알맞은 말에 ○표를 하세요.

(토론, **토의**)은/는 어떤 문제에 대하여 자료 의견을 나누는 활동이고, (**토론**, 토의)은/는 찬성과 반대로 나뉘어 각자의 의견을 주장하고 상대를 설득하는 과정이다.

해설 토의는 가장 좋은 의견을 함께 정하는 활동이고, 토론은 찬반으로 나뉘어 주장과 근거를 들어 의견을 내세우는 활동입니다.

◉ 토론에서 사회자의 역할로 알맞은 것에 ○표를 하세요.

[ ] 타당한 근거를 들어 자신의 주장을 펼쳐야 한다.

[○] 토론의 중요한 내용을 요약하며 토론 결과를 정리해야 한다.

해설 타당한 근거를 들어 자신의 주장을 펼치는 것은 찬성편과 반대편 토론자의 역할입니다.

4회 ① 열의

열의
전도와 대류

전도: 고체에서 열이 이동하는 방법.
대류: 액체와 기체에서 열이 이동하는 방법.

고체, 액체, 기체에서 열이 이동하는 방법은 달라.

뜨거운 물에 숟가락을 담가 두면 숟가락도 뜨거워져. 그런데 물에 직접 닿지 않았던 숟가락 손잡이까지 뜨거워지는 까닭은 뭘까? 그 건 뜨거운 물에 담겼던 부분에서 숟가락 손잡이 쪽으로 열이 이동 했기 때문이야. 이처럼 고체에서 열은 온도가 높은 곳에서 낮은 곳 으로 고체 물질을 따라 이동하지. 이러한 열의 이동 방법을 전도라 고 해. 고체 물질의 종류에 따라 열이 이동하는 빠르기가 달라. 유리 나 나무, 플라스틱보다는 금속에서 더 빨리 이동하고, 금속이 종류 에 따라서도 열이 이동하는 빠르기가 달라.

물을 가열하면 온도가 높아진 물은 위로 올라가고 위에 있던 물은 아래로 밀려 내려오게 돼. 이 과정이 반복되면서 물이 전체적으로 따뜻해지는 거야. 난방 기구를 한 곳에만 켜두어도 집안 전체 공기 가 따뜻해지는 까닭도 마찬가지야. 이렇게 액체나 기체에서 온도가 높아진 물질이 위로 올라가고 아래에 있던 물질이 아래로 밀려 내려 와 열이 이동하는 방법을 대류라고 해.

열은 어떤 방법으로 이동할까?

고체에서 열의 이동(전도)

프라이팬에 달걀을 깨뜨려 넣고 가열하면 불과 가까이 있는 프라이팬 바닥으로 열이 이동해 달걀이 익어. 다시 프라이팬에서 달걀로 열이 이동해서 달걀이 익어.

액체와 기체에서 열의 이동(대류)

물이 담긴 주전자를 가열하면 주전자 바닥의 물이 먼저 따뜻해져서 위로 올라가고, 위에 있던 물은 아래로 밀려 내려와 다시 가열되지. 이러한 과정이 반복되면서 물 전체가 뜨거워져.

에어컨과 난로는 어디에 설치하는 게 좋을까?

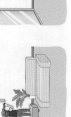

에어컨
에어컨에서 나오는 차가운 공기는 아래로 내려오는 성 질이 있기 때문에 높은 곳에 설치해야 실내가 골고루 시 원해져.

난로
난로 주변에서 데워진 따뜻한 공기는 위로 올라가는 성 질이 있기 때문에 낮은 곳에 설치해야 실내가 골고루 따 뜻해져.

한눈에 정리

전도와 대류

전 도
- 고체에서 열이 이동하는 방법
- 열이 온도가 높은 곳에서 낮은 곳으로 차례대로 이동함.

대 류
- 액체나 기체에서 열이 이동하는 방법
- 온도가 높아진 물질이 위로 올라가고 위에 있던 물질이 아래로 밀려 내려와 열이 이동함.

이해 고체에서 열이 이동하는 방법을 □□, 액체나 기체에서 열이 이동하는 방법을 □□라고 해.
전도 / 대류

TIP 전도는 고체에서, 대류는 액체나 기체에서 열이 이동하는 방법입니다.

● 열이 가장 빨리 이동하는 고체 물질에 ○표를 하세요.

나무 | 유리 | 고무 | [금속]

해설 열은 금속에서 가장 빨리 이동합니다.

● 열의 대류가 나타나는 사례에 모두 ○표를 하세요.

주전자에 물을 끓일 때 ○
프라이팬에 고기를 구울 때
겨울철에 난방 기구를 켤 때 ○

해설 주전자에 물을 끓일 때와 겨울철에 난방 기구를 켤 때 액체에서 열이 이동하는 대류 현상이 나타납니다.

● 실내에서 높은 곳에 설치해야 하는 것에 ○표를 하세요.

에어컨 ○
난로

해설 차가운 공기는 아래로 내려오는 성질이 있기 때문에 에어컨은 높은 곳에 설치해야 실내를 통해 실내가 골고루 시원해집니다.

4회 1주차 ②

열의 복사와 단열

과학

복사: 열이 다른 물질을 거치지 않고 전달되는 것.
단열: 두 물질 사이에 열이 이동하지 않게 막는 것.

우리가 지구에서 살 수 있는 건 태양에서 빛과 열을 보내주기 때문이야. 태양과 지구 사이에는 전도를 일으킬 수 있는 고체도 없고 대류를 일으킬 수 있는 물이나 공기도 없는데 어떻게 열이 전달되는 걸까? 태양에서 뿜어져 나오는 열은 아무런 물질을 거치지 않고 직접 지구에 전달돼. 이처럼 열이 어떤 물질을 거치지 않고 직접 전달되는 것을 복사라고 해. 햇빛을 쬐거나 모닥불 앞에 앉아 있으면 따뜻해지는 것도 복사 때문이야. 투명한 유리로 온실을 만드는 것도 이런 복사열을 이용하기 위해서지.

반대로 두 물질 사이에 열이 통하지 않게 막는 것을 단열이라고 해. 전도, 대류, 복사에 의한 열의 이동을 막는 거지. 단열을 하면 열의 이동을 막아 일정한 온도를 유지할 수 있어. 열의 이동을 막기 위해 사용되는 재료를 단열재라고 해. 건물을 지을 때 집의 벽면이나 지붕, 창문에 단열재를 넣으면 여름에는 시원하고 겨울에는 따뜻하게 실내 온도를 유지할 수 있어. 보온병, 방한복, 한복, 소방복, 이중 유리창 등도 단열의 원리를 이용한 거야.

단열을 이용하는 경우

건물 외벽 벽돌과 벽돌 사이에 스타이로폼이나 기포 콘크리트 같은 단열재를 넣어 열이 전달되는 것을 막아.

이중 유리창 이중 유리창 속에는 공기가 있어서 열이 잘 이동되지 못해.

패딩 점퍼 패딩 점퍼 안에는 오리털이나 거위털, 폴리에 스터로 된 합성 섬유가 들어 있어서 열의 이동을 막아 줘.

피자 배달 가방 피자 배달 가방에는 피자가 오랫동안 따뜻하게 유지될 수 있도록 두꺼운 단열재가 들어 있어.

북극곰 털의 공기층 추운 극지방에서 사는 북극곰의 털 사이에는 공기층이 많이 있는데, 이 공기층이 체온을 빼앗기지 않도록 도와줘.

색깔에 따라 복사열을 이용하는 방법

검은색 복사열을 잘 흡수해서 겨울에 검은색 옷을 입으면 덜 추워.

흰색 복사열을 잘 반사해서 여름에 흰색 옷을 입으면 덜 더워.

비닐하우스에도 복사열이 이용된다고?

농작물을 키우는 비닐하우스를 본 적 있어? 햇빛이 비닐을 통과해 열이 안으로 직접 전달되면 식물이나 비닐은 열을 흡수하지. 또 비닐은 열이 밖으로 빠져나가지 않게 막아 줘. 그래서 비닐하우스 속에 들어가면 겨울에는 따뜻하고 여름에는 찜질방처럼 더운 거야. 식물을 키우는 유리 온실도 같은 원리가 이용된 거지.

한눈에 정리

복사와 단열

복 + 사
- 뜻: 어떤 물질을 거치지 않고 직접 열이 전달되는 것
- 이용: 비닐하우스, 전자레인지, 난로 등

단 + 열
- 뜻: 두 물질 사이에 열이 이동하지 않게 만드는 것
- 이용: 벽돌과 벽돌 사이에 스타이로폼을 넣은 건물 외벽, 이중 유리창, 보온병, 패딩 점퍼 등

TIP 태양열도 복사를 통해 지구에 전달됩니다.

이해 열이 다른 물질을 거치지 않고 직접 전달되는 것을 □□라고 해.
복사

▲ 정답과 해설 10쪽

◎ 열이 어떤 물질을 거치지 않고 직접 전달되는 것을 뜻하는 말에 ○표를 하세요.

전도 대류 (복사)

해설 태양열처럼 열이 직접 전달되는 것을 복사라고 합니다.

◎ 알맞게 선으로 이으세요.

여름에 열을 반사하기 위해 —— 검은색
겨울에 열을 흡수하기 위해 —— 흰색

참고 여름에는 복사열을 잘 반사하는 흰색 옷을 입으면 덜 덥고, 겨울에는 복사열을 잘 흡수하는 검은색 옷을 입으면 덜 춥습니다.

◎ 단열의 원리가 이용된 경우를 모두 골라 ○표를 하세요.

○ 피자 배달 가방
□ 프라이팬 바닥
○ 스타이로폼을 넣은 건물 외벽

해설 프라이팬 바닥은 열의 전달이 잘 일어날 수 있는 금속으로 만듭니다.

5회 ① 1주차

나누는 약수, 곱하는 배수

약수: 어떤 수를 나누어떨어지게 하는 수.

배수: 어떤 수의 몇 배가 되는 수.

사탕 8개를 친구들에게 똑같이 나누어 주려면 몇 개씩 나누어 주어야 할까? 맞아, 사탕 8개를 1명에게 주면 8개, 2명에게 주면 4개, 4명에게 주면 2개, 8명에게 주면 1개씩 똑같이 줄 수 있지. 이처럼 어떤 수를 나누어떨어지게 하는 수를 약수라고 해.

이번엔 사탕 8개, 초콜릿 12개를 친구들에게 똑같이 나누어 주려면 몇 명에게 나누어 주어야 할까? 이럴 땐 8과 12의 공통된 약수를 구한 다음 그중 가장 큰 수를 찾으면 돼. 이때 가장 큰 수가 바로 최대공약수야.

'그 장난감 가게는 나의 한 달 용돈의 두 배야.'처럼 어떤 수의 몇 배가 되는 수를 배수라고 해.

30분과 40분이 각각 한 번씩 일람이 울리는 두 시계가 오전 8시에 일람이 동시에 울렸다면 바로 다음번에 두 시계의 일람이 울리는 때는 언제일까? 이럴 때 두 수의 공통된 배수인 공배수 중에서 가장 작은 수인 최소공배수를 구하여 알아보면 돼.

약수와 배수의 성질

약수의 성질

약수는 나눗셈을 이용해 나누어떨어지게 하는 수를 구하면 돼. 어떤 수의 약수에는 1과 어떤 수 자신이 항상 포함돼. 그래서 약수 중 가장 작은 수는 1, 가장 큰 수는 어떤 수 자신이야.

$1 \times 10 = 10$
$2 \times 5 = 10$
$5 \times 2 = 10$
$10 \times 1 = 10$

→ 10의 약수는 1, 2, 5, 10

배수의 성질

배수는 곱셈을 이용해 구하면 돼. 자연수는 끝이 없기 때문에 어떤 수의 배수는 무수히 많아. 그래서 어떤 수의 배수 중에서 가장 작은 수는 어떤 수 자신이지만 가장 큰 배수는 구할 수 없어.

$5 \times 1 = 5$
$5 \times 2 = 10$
$5 \times 3 = 15$
⋮

→ 5, 10, 15......는 5의 배수

약수와 배수의 관계 알아보기

약수와 배수의 관계

두 수가 약수와 배수의 관계인지 알아보려면 나누거나 곱해 보면 돼. 큰 수를 작은 수로 나누었을 때 나누어떨어지거나 반대로 작은 수에 어떤 수를 곱해 큰 수가 나오면 두 수는 약수와 배수의 관계라는 걸 알 수 있어.

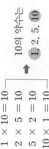

한눈에 정리

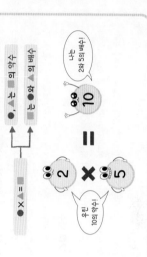

약수 — 어떤 수를 나누어떨어지게 하는 수
→ **공약수** — 두 수의 공통된 약수
→ **최대공약수** — 두 수의 공약수 중에서 가장 큰 수

배수 — 어떤 수를 1배, 2배, 3배......한 수
→ **공배수** — 두 수의 공통된 배수
→ **최소공배수** — 두 수의 공배수 중에서 가장 작은 수

이해 어떤 수를 나누어떨어지게 하는 수를 □□라고 해.

TIP 어떤 수의 약수와 배수에는 항상 자기 자신이 포함됩니다.

◉ 빈칸에 들어갈 알맞은 말을 쓰세요.

6을 1배, 2배, 3배......한 수를 6의 ( )라고 한다.

배 수

해설 어떤 수를 1배, 2배, 3배...... 한 수를 어떤 수의 배수라고 합니다.

◉ 알맞은 내용에 ○표를 하세요.

두 수의 공약수 중 가장 큰 수를 (최소공배수, **최대공약수**)라고 한다.

해설 두 수의 공약수 중 가장 큰 수를 최대공약수라고 하고, 두 수의 공배수 중 가장 작은 수를 최소공배수라고 합니다.

◉ 맞으면 ○표, 틀리면 ×표를 하세요.

어떤 수의 배수 중에서 가장 작은 수는 1이다. ×

두 수에서 큰 수를 작은 수로 나누어떨어지게 하는 두 수는 서로 약수와 배수의 관계이다. ○

해설 어떤 수의 배수 중 가장 작은 수는 어떤 수 자신입니다.

수학

계산을 쉽게, 약분과 통분

오늘 간식은 맛있는 피자야. 나는 전체의 $\frac{1}{3}$ 을 먹고, 동생은 전체의 $\frac{200}{800}$ 을 먹을 거야. 한눈에 보기에는 동생이 더 많이 먹는 것

보이지만 $\frac{200}{800}$ 을 약분하면 기약분수 $\frac{1}{4}$ 로 나타낼 수 있어.

약분은 분모와 분자를 공약수로 나누어 간단한 분수로 만드는 것이야. 기약분수는 분모와 분자를 최대공약수로 나누어 분모와 분자의 공약수가 1뿐인 분수를 말해.

피자를 나누어 먹을 때 나는 전체의 $\frac{1}{3}$ 을 먹고, 동생은 전체의 $\frac{1}{4}$ 을 먹는다면 누가 더 많이 먹는 걸까? 분모가 다른 분수의 크기를 비교하려면 분모를 같게 해야 하는 통분을 해서 비교하면 돼.

이처럼 약분을 하면 분수가 간단해져서 분수의 곱셈과 나눗셈을 쉽게 할 수 있어. 또 통분을 하면 분수의 크기를 비교하기 편리하고 분모가 다른 분수의 덧셈과 뺄셈도 쉽게 할 수 있지.

분수에서 약분과 통분은 계산과 통분은 계산을 편리하게 하기 위한 것이라고 할 수 있어.

약분: 분모와 분자를 공약수로 나누어 간단히 하는 것

통분: 분수의 분모를 같게 하는 것

분수를 간단하게 나타내기

약분

약분할 때에는 분모와 분자의 공약수로 나누어야 분수의 크기가 변하지 않아. 이와 같이 분모와 분자를 그들의 공약수로 나누어 간단히 하는 것을 약분한다고 해.

기약분수

기약분수는 분모와 분자의 공약수가 1뿐인 분수로 더 이상 약분할 수 없는 분수란 뜻이야. 약분은 분모와 분자를 공약수로 나누는 방법과 최대공약수로 나누는 방법이 있는데 공약수로 약분하면 또다른 공약수로 약분해야 하지만 최대공약수로 약분하면 더 이상 약분할 필요가 없는 기약분수가 돼.

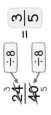

$$\frac{24}{40} \frac{\div 8}{\div 8} = \frac{3}{5}$$

→ 40과 24의 최대공약수인 8로 약분하여 $\frac{3}{5}$ 이라는 기약분수를 구했어.

분모가 같은 분수로 나타내기

통분

분수의 분모를 같게 만드는 것을 통분한다고 하고, 통분한 분모를 공통분모라고 해. 공통분모가 같은 두 분수를 찾아보면 셀 수 없이 많다는 것을 알 수 있어.

통분하는 방법

두 분모의 곱으로 통분하면 최소공배수를 구하지 않아서 편리하지만 분모의 곱이 커서 계산이 힘들 수 있어. 하지만 두 분모의 최소공배수로 통분하면 최소공배수를 먼저 찾아야 하는 번거로움은 있지만 수가 작아지므로 계산이 편리해져.

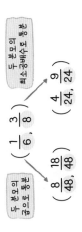

두 분모의 곱으로 통분 $\left(\frac{1}{6}, \frac{3}{8} \right)$ 두 분모의 최소공배수로 통분

$\left(\frac{8}{48}, \frac{18}{48} \right)$　$\left(\frac{4}{24}, \frac{9}{24} \right)$

한눈에 정리

크기가 같은 분수	분모와 분자에 각각 0이 아닌 같은 수를 곱하기
	분모와 분자를 각각 0이 아닌 같은 수로 나누기

약분	분모와 분자를 공약수로 나누기
	분모와 분자를 최대공약수로 나누기 → [기][약]분수

통분	두 분모의 곱을 공통분모로 하여 통분하기
	두 분모의 최소공배수를 공통분모로 하여 통분하기

→ 분수

TIP 분모와 분자를 공약수로 나누어 간단히 하는 것을 □□이라고 해. → 약분

이해 분모와 분자를 공약수로 나눌 때 1로 나누지 않습니다. 1로 나누면 자기 자신이 되기 때문입니다.

◉ 다음에서 설명하는 말을 쓰세요.

[기] [약] [분] [수]

분모와 분자의 공약수가 1뿐인 분수이다.

해설 분모와 분자의 공약수가 1뿐인 분수를 기약분수라고 합니다.

◉ 맞는 것에 ○표를 하세요.

약분할 때에는 분모와 분자의 공약수로 나누어야 한다. (○)

약분할 때 분모와 분자의 최소공배수로 나누면 기약분수가 된다. ( )

해설 약분할 때에는 분모와 분자의 공약수로 나누면 기약분수가 됩니다.

◉ 알맞은 내용에 ○표를 하세요.

통분하는 방법은 두 분모의 (합 , 곱)으로 통분하거나 두 분모의 최소공배수로 통분하는 방법이 있다.

해설 통분하는 방법은 두 분모의 곱 또는 두 분모의 최소공배수로 통분하는 방법이 있습니다.

1주차
확인 문제

1. 다음 빈칸에 들어갈 알맞은 말을 쓰세요. ≫ 〔사회〕

> 우리나라는 국토의 약 70%가 산지이고 대체로 ㉠ 쪽이 높고, ㉡ 쪽이 낮은 지형이다.

(1) ㉠: (동) (2) ㉡: (서)

해설: 우리나라 지형은 대체로 동쪽이 높고 서쪽이 낮아서 큰 하천은 대부분 동쪽에서 서쪽으로 흘러갑니다.

2. 다음과 같은 특징을 가진 지형은 무엇인지 쓰세요. ≫ 〔사회〕

> • 땅이 넓고 기름져 농사짓기에 알맞다.
> • 사람들이 모여 살기가 좋아서 도시가 발달한 곳이 많다.

(평야)

해설: 평야는 넓고 평평한 땅입니다. 평야는 농사짓기에 알맞고, 도로나 건물이 들어서기에도 적당해서 도시가 발달한 곳이 많습니다.

3. 고조선에 대한 설명으로 알맞은 것을 모두 고르세요. (② , ③) ≫ 〔사회〕
① 우리 역사 속 두 번째 국가이다.
② 중국 한의 공격으로 멸망하였다.
③ 단군왕검의 건국 이야기가 전해진다.
④ 우수한 철기 문화를 바탕으로 세워졌다.
⑤ 사회 질서를 유지하기 위한 3개의 법 조항이 있었다.

해설: 고조선은 우리 역사상 첫 번째 국가로, 단군왕검의 건국 이야기가 이야기가 전해오고 있습니다. 우수한 청동기 문화를 바탕으로 세워졌으며, 단군왕검의 사회 질서를 유지하기 위한 8조법이 있었습니다.

4. 다음을 보고 자전거의 속력을 구하세요. ≫ 〔과학〕

> 나는 자전거를 타고 2시간 동안 36 km를 이동했어.

(18) km/h

해설: (속력)=(이동 거리)÷(걸린 시간)이므로, 36 km÷2h=18 km/h입니다.

1주차 | 확인 문제

▶ 정답과 해설 12쪽

5. 다음 경우에 필요한 온도계를 선으로 이으세요. ≫ 〔과학〕

- 어항 속 물의 온도를 측정할 때 → 알코올 온도계
- 열이 나는 사람의 체온을 잴 때 → 귀 체온계
- 화분에 있는 흙의 온도를 측정할 때 → 적외선 온도계

해설: 귀 체온계는 귓속에 넣어 체온을 측정하는 온도계이고, 알코올 온도계는 액체나 기체의 온도를 측정할 때 쓰는 온도계이며, 적외선 온도계는 고체 물질의 온도를 측정할 때 쓰는 온도계입니다.

6. 온도와 열에 대한 설명으로 알맞은 것을 모두 고르세요. (① , ⑤) ≫ 〔과학〕
① 온도가 다른 두 물질이 접촉하면 열이 이동한다.
② 사람마다 차갑거나 따뜻하다고 느끼는 정도가 같다.
③ 삶은 메밀면을 차가운 물로 헹구면 메밀면은 더 따뜻해진다.
④ 고체에서 열은 온도가 낮은 물질에서 온도가 높은 물질로 이동한다.
⑤ 물을 끓일 때 온도가 높은 냄비에서 온도가 낮은 물질로 열이 이동한다.

해설: 고체에서 열은 온도가 높은 물질에서 온도가 낮은 물질로 이동합니다. 삶은 메밀면을 차가운 물로 헹구면 메밀면은 차가워지고, 물은 따뜻해집니다.

7. 다음은 토의의 절차 중 어느 단계에 해당하는 것인가요? (①) ≫ 〔국어〕

> • 토의하고 싶은 주제를 자유롭게 이야기한다.
> • 토의 주제가 공동의 문제인지, 해결 방법을 찾을 수 있는지 판단한다.

① 토의 주제 정하기
② 의견 마련하기
③ 의견 모으기
④ 의견 결정하기

해설: 토의하고 싶은 주제를 자유롭게 이야기한 후 토의 주제로 알맞은지 판단하는 단계는 토의 주제를 정하는 단계입니다.

8. 다음은 어떤 토의 방법에 대한 설명인지 쓰세요. ≫ 〔국어〕

> 특정 주제에 대해 여러 전문가들이 청중 앞에서 자유롭게 각자의 의견을 발표하고, 청중이 참여하여 공동으로 생각하는 토의 방법이다. 주로 정치적이고 시사적인 문제를 해결하는 데 좋은 토의 방식이다.

(패널 토의)

해설: 패널은 자신의 주장을 펴는 각 분야 전문가들을 말합니다.

1주차 | 확인 문제

▶ 정답과 해설 13쪽

13 다음 곱셈식을 보고, 약수와 배수를 찾아 빈칸에 알맞은 수를 써 넣으세요. (수학)

$$1 \times 16 = 16 \quad 2 \times 8 = 16 \quad 4 \times 4 = 16 \quad 8 \times 2 = 16 \quad 16 \times 1 = 16$$

(1) 16은 (1), (2), (4), (8), (16)의 배수입니다.

(2) (1), (2), (4), (8), (16)은/는 16의 약수입니다.

해설 어떤 두 수를 곱해서 16이 되었을 때 16은 어떤 두 수의 배수이고, 어떤 두 수는 16의 약수입니다.

14 다음은 $\dfrac{24}{32}$ 를 약분한 것입니다. 빈칸에 알맞은 수를 쓰세요. (수학)

$$\frac{24}{32} \;\Rightarrow\; \frac{㉠}{16}, \; \frac{㉡}{4}$$

(1) ㉠: (12) (2) ㉡: (8) (3) ㉢: (3)

해설 분모와 분자의 공약수를 구한 다음에 1을 제외한 공약수로 나눕니다.

공약수: 12

- 공약수 2로 약분하면 $\dfrac{24}{32} = \dfrac{12}{16}$
- 공약수 4로 약분하면 $\dfrac{24}{32} = \dfrac{6}{8}$
- 공약수 8로 약분하면 $\dfrac{24}{32} = \dfrac{3}{4}$

15 다음 분수를 통분하려고 합니다. 빈칸에 알맞은 분수를 쓰세요. (수학)

$$\left(\frac{4}{7}, \frac{4}{5}\right) \;\Rightarrow\; (\ ㉠\ ), (\ ㉡\ )$$

(1) ㉠: ($\dfrac{20}{35}$) (2) ㉡: ($\dfrac{28}{35}$)

해설 두 분모의 곱이나 두 분모의 최소공배수를 공통분모로 하여 통분합니다.

1주차 | 확인 문제

9 다음은 토론의 절차입니다. 빈칸에 들어갈 알맞은 단계를 쓰세요. (국어)

주장 펼치기 → [   ] → 주장 다지기

(반론하기)

해설 토론은 찬성과 반대의 입장으로 나뉘어 자기의 주장을 펼치고, 반론을 통해 상대편의 주장이 타당하지 않다는 것을 밝혀 상대를 설득하는 과정입니다.

10 다음 경우에 열이 이동하는 방향을 ( ) 안에 화살표로 표시하세요. (과학)

프라이팬

(→)

달걀

해설 먼저 불과 가까이 있는 프라이팬으로 열이 이동해 담겨진 다음, 프라이팬에서 다시 달걀로 열이 이동해 달걀이 익습니다.

11 다음 빈칸에 들어갈 알맞은 말을 쓰세요. (과학)

어떤 물질을 거치지 않고 직접 직접 열이 전달되는 것을 ㉠ (이)라고 하고, 두 물질 사이에 열이 이동하지 않게 하는 것을 ㉡ (이)라고 한다.

(1) ㉠: (복사) (2) ㉡: (단열)

해설 열이 직접 전달되는 것을 복사, 열의 이동을 막는 것을 단열이라고 합니다.

12 단열을 이용한 사례로 맞는 것을 골라 기호를 쓰세요. (과학)

㉮ 모닥불을 쬐는 것
㉯ 에어컨을 집 안의 높은 곳에 설치한 것
㉰ 냄비의 바닥과 문제를 금속으로 만든 것
㉱ 건물 외벽 사이에 스타이로폼을 넣은 것

(㉱)

해설 건물 외벽이나 지붕에 스타이로폼을 넣으면 열의 이동을 막아서 겨울이나 여름에 적정한 실내 온도를 유지할 수 있습니다.

1주차
정리 학습

사회

지형

우리나라에는 산지, 평야, 해안, 하천 등 다양한 **지** **형** 이 있어.

지형

- 해안
- **하** **천**
- 평야
- **산** **지**

과학

속력과 속도

단위 시간 동안 물체가 이동한 거리를 **속** **력** 이라고 해.

속력
- 단위
  - km/h (킬로미터 퍼 아워)
  - m/s (미터 퍼 세컨드)
- **속** **도**

단위 시간 동안
물체가 이동한
거리

물체의 속력과 방향을 함께
나타낸 것

과학

열과 온도

물질이 차갑거나 따뜻한 정도는 **온** **도** 를 사용하면 정확하게 나타낼 수 있어.

온도와 열

- **온** **도**
  - 측정하는 도구
  - 차갑거나 따뜻한 정
    도를 숫자에 ℃(섭씨
    도)를 붙여 나타냄.
  - 귀 체온계, 적외선 온도계,
    알코올 온도계 등

- **열** 의 이동
  - 접촉한 두 물질이 온도가 변함.
  - 온도가 높은 물질에서 온도가 낮은
    물질로 열이 이동함.

국어

토의

어떤 문제를 여러 사람이 협력해 해결하는 방법을 **토** **의** 라고 해.

토의 절차와
방법

- 의견 결 정 하기
- 의견 모으기
- 의 견 마련하기
- 토의
  주제 정하기

▶ 정답과 해설 15쪽

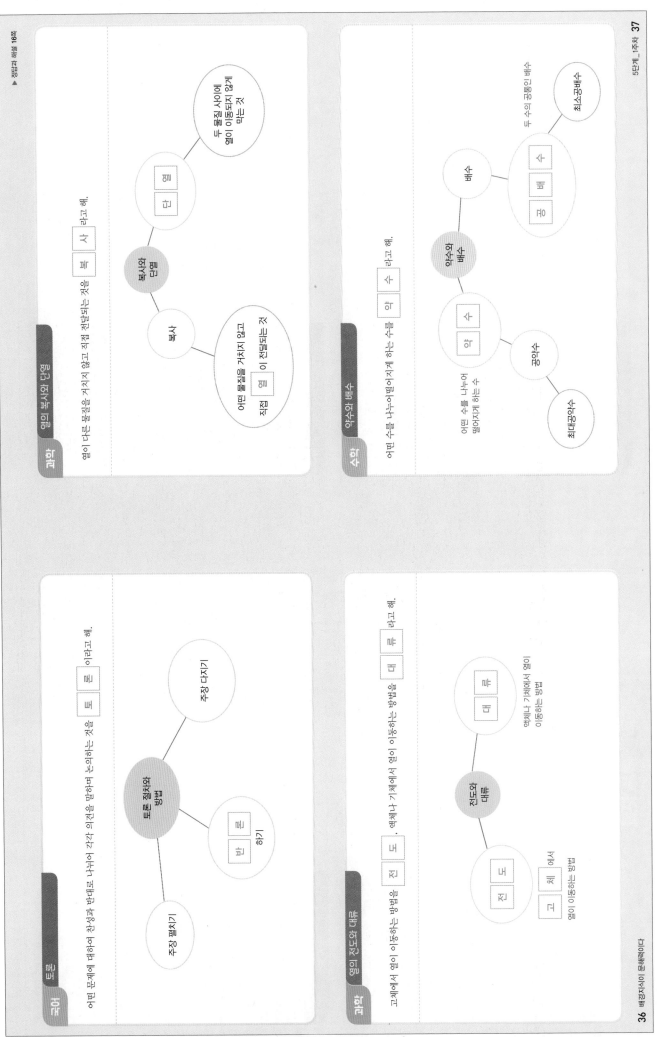

국어

토론

어떤 문제에 대하여 찬성과 반대로 나뉘어 각각 의견을 말하며 논의하는 것을 토론 이라고 해.

토론 절차와 방법

- 주장 다지기
- 반론 하기
- 주장 펼치기

과학

열의 전도와 대류

고체에서 열이 이동하는 방법을 전도, 액체나 기체에서 열이 이동하는 방법을 대류 라고 해.

전도와 대류

- 대류 : 액체나 기체에서 열이 이동하는 방법
- 전도 : 고체 에서 열이 이동하는 방법

과학

열의 복사와 단열

열이 다른 물질을 거치지 않고 직접 전달되는 것을 복사 라고 해.

복사와 단열

- 복사 : 어떤 물질을 거치지 않고 직접 열 이 전달되는 것
- 단열 : 두 물질 사이에 열이 이동되지 않게 막는 것

수학

약수와 배수

어떤 수를 나누어떨어지게 하는 수를 약수 라고 해.

약수와 배수

- 약수 : 어떤 수를 나누어 떨어지게 하는 수
  - 공약수
  - 최대공약수
- 배수 : 두 수의 공통인 배수
  - 공배수
  - 최소공배수

2
주차

정답과 해설

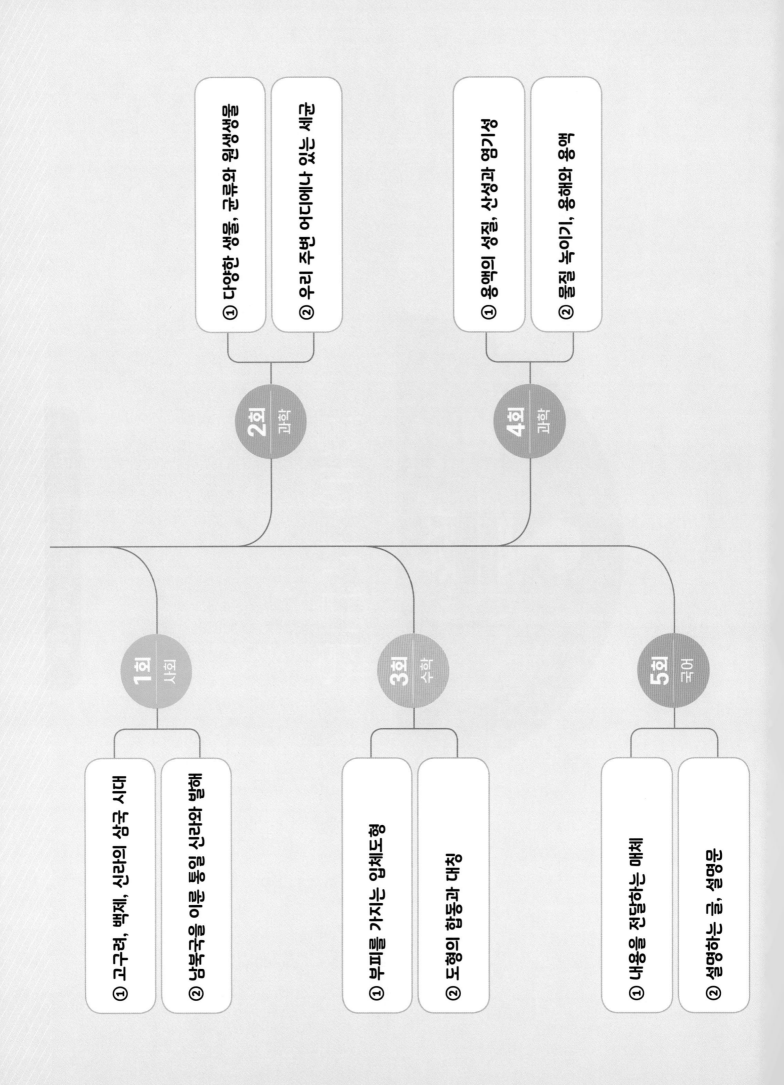

2회
과학

① 다양한 생물, 균류와 원생생물
② 우리 주변 어디에나 있는 세균

4회
화학

① 용액의 성질, 산성과 염기성
② 물질 녹이기, 용해와 용액

1회
사회

① 고구려, 백제, 신라의 삼국 시대
② 남북국을 이룬 통일 신라와 발해

3회
수학

① 부피를 가지는 입체도형
② 도형의 합동과 대칭

5회
국어

① 내용을 전달하는 매체
② 설명하는 글, 설명문

고구려, 백제, 신라의 삼국 시대

삼국 시대: 고구려, 백제, 신라가 서로 경쟁하며 성장하던 시기.

고조선이 멸망한 후 한반도와 주변 지역에는 여러 국가가 등장했어. 그중 고구려, 백제, 신라가 체계적인 국가의 모습을 갖추었지.

백제는 온조가 한강 지역의 위례성에 세운 나라야. 한강 지역은 물이 풍부하고, 교통도 편리해서 유리한 입장에서 나라의 기틀을 세우고 삼국 중 가장 먼저 전성기를 맞았지. 근초고왕은 백제의 영토를 최대로 넓히고, 주변 나라와도 활발히 교류했어.

고구려는 주몽이 졸본에 세운 나라야. 부여에서 내려온 주몽은 졸본의 세력과 연합해 고구려를 세웠어. 이후 고구려는 국내성으로 수도를 옮기고, 주변으로 세력을 넓혔지. 광개토 대왕은 영토를 크게 넓히고 전성기를 열었어. 그의 아들인 장수왕 때에는 사방으로 영토를 크게 넓히고 전성기를 누렸어.

신라는 박혁거세가 지금의 경주 지역인 금성에 세운 나라야. 진흥왕은 백제와 함께 고구려가 차지하고 있던 한강 유역을 빼앗았고, 이어 백제와도 전쟁을 벌여 한강 유역을 모두 차지했어. 또 청소년 단체인 화랑도를 국가적인 조직으로 만들어 인재를 길러냈어.

삼국은 서로 경쟁하고, 필요에 따라 손을 잡기도 하며 성장했어.

Tip
고구려, 백제, 신라는 비슷한 시기에 성립되어 나라의 기틀을 잡고, 함께 경쟁하며 발전해 나갔습니다.

한눈에 정리
우리 역사에서 고구려, 백제, 신라가 서로 경쟁하며 함께 발전했던 때를 □□ □□라고 해.

삼국 시대		
백제	고구려	신라
온조	주몽	박혁거세
위례성 (한강 지역)	졸본	금성 (경주 지역)
4세기	5세기 (광개토 대왕, 장수왕)	6세기 (진흥왕)

건국 인물 →
첫 수도 →
전성기 →

한강을 차지하기 위한 삼국의 경쟁

고구려, 백제, 신라는 서로 한강을 차지하기 위해 치열하게 경쟁했어. 어느 나라가 한강 지역을 차지하느냐에 따라 전성기를 누린 나라가 결정됐지. 삼국 시대에 한강 지역은 어떤 의미였을까?

한강 지역은 풍부한 물과 주변의 비옥한 토지 덕분에 사람들이 모여 살기에 좋았어. 한반도의 중심에 위치해 있어서 사방으로 통하는 곳이기도 했지. 그뿐만 아니라 한강과 연결된 서해를 통해 중국과 직접 교류하기에도 좋았어. 그래서 삼국은 서로 동맹을 맺거나 전쟁을 벌이면서 한강 지역을 차지하려고 했어.

▲ 고구려의 전성기(5세기)

가야는 왜 삼국과 같은 대접을 받지 못해?

고구려, 백제, 신라가 성장하던 때에 낙동강 유역에는 가야라는 나라가 있었어. 가야는 우수한 철을 생산해 중국과 왜(일본)에 수출하며 성장했어. 당시 철은 농기구와 무기를 만드는 데 없어서는 안 될 재료였기 때문에 가야의 철은 주변 나라에 인기가 많았어. 문화도 높은 수준으로 발전해 많은 문화유산을 남겼어. 하지만 당시를 삼국 시대라고 부르며 가야를 포함시키지 않고 있어. 왜 그럴까?

가야는 삼국과 달리 여러 개의 작은 나라가 연맹을 이룬 국가로, 강력한 왕권을 가진 나라로 성장하지 못했어. 그러다가 가야 연맹을 이끌던 금관가야와 대가야가 차례로 무너지면서 역사 속으로 사라졌기 때문이야.

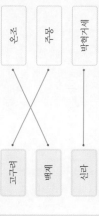

● 삼국을 건국한 인물을 바르게 선으로 이으세요.

고구려 — 온조
백제 — 주몽
신라 — 박혁거세

해설 고구려는 주몽이 졸본 지역에, 백제는 온조가 한강 위례성에, 신라는 박혁거세가 금성에 세운 나라입니다.

● 알맞은 말에 ○표를 하세요.

고구려는 (근초고왕 · 광개토 대왕과 장수왕) 때 영토를 크게 확장하고 전성기를 맞았다.

해설 백제는 4세기 근초고왕 때, 고구려는 5세기 광개토 대왕과 장수왕 때, 신라는 6세기 진흥왕 때 전성기를 맞았습니다.

● 맞는 것에 ○표를 하세요.

삼국 시대를 이끈 세 나라는 고려, 백제, 신라이다.

삼국은 낙동강을 차지하기 위해 열하게 경쟁했다.

삼국 중 한강 지역을 차지한 나라가 전성기를 이룹었다.

해설 한강 지역은 풍부한 물과 비옥한 토지, 편리한 교통로를 갖춘 덕분에 이른 국가로, 즉 고구려, 백제, 신라가 서로 차지하려고 했습니다.

남북국을 이룬 통일 신라와 발해

1회

2주차 ②

사회

통일 신라: 신라가 당과 연합해 백제와 고구려를 멸망시키고, 당의 군사를 몰아내어 삼국을 통일한 676년 이후의 신라.

발해: 고구려 유민 출신인 대조영이 고구려 유민과 말갈족을 이끌고 698년에 동모산 지역에 세운 나라.

신라는 삼국 시대를 끝내고 통일을 이루었어. 삼국 중 가장 늦게 전성기를 맞았던 신라가 어떻게 삼국을 통일할 수 있었을까?

신라는 백제의 공격을 받아 국경 지역을 빼앗기고 고구려에 도움을 요청했지만 거절당했어. 오히려 고구려와 백제가 연합군의 공격을 맺었지. 위기를 맞은 신라는 김춘추를 당에 보내어 당과 동맹을 맺었어. 신라와 당의 연합군은 먼저 백제를 멸망시키고, 고구려도 무너뜨렸어. 이후 당이 한반도 전체를 지배하려고 하자 신라는 당을 몰아내고 우리 역사상 최초로 삼국 통일을 이루었어. 이렇게 통일 신라의 역사가 시작되었지.

한편, 고구려 유민 출신인 대조영은 당이 정치적으로 혼란한 틈을 타 고구려 유민과 말갈족을 이끌고 동모산 지역에 발해를 세웠어. 발해는 스스로 고구려를 계승한 나라임을 밝히고, 옛 고구려 땅을 회복해 나갔어. 또 고구려 문화를 바탕으로 독자적인 문화를 발전시키고, 여러 나라와 활발하게 교류했지. 당은 발해를 바다 동쪽에서 일어나 번성한 나라라는 뜻에서 '해동성국'이라고 불렀어.

삼국 통일과 통일 신라

삼국 통일의 의미
신라는 우리 역사상 최초로 한반도에 있던 여러 나라를 통일했어. 이로써 삼국이 하나의 나라를 이루어 발전할 수 있었지.

삼국 통일의 한계
신라의 삼국 통일에는 한계점도 있어. 통일 과정에서 외세인 당의 힘을 빌렸고, 고구려가 지배하던 많은 대부분을 잃었어.

통일 신라
삼국을 통일한 이후의 신라는 통일 전의 신라와 구분하기 위해 쓰는 나라 이름이야. 당시에 통일 신라라고 부르지는 않았어.

발해는 고구려와 어떤 관련이 있어?

발해를 건국한 대조영은 고구려 장군 출신이고, 발해 건국의 주축이 된 세력 역시 고구려 유민이야. 또 발해는 스스로 고구려를 계승한 나라임을 내세웠으며, 발해의 많은 문화는 자신을 고려(고구려) 국왕이라고 했고, 발해가 고구려 양식과 닮았다는 점도 고구려를 계승한 나라라는 것을 말해 주지. 나라의 힘을 기른 발해는 고구려의 옛 영토를 대부분 되찾았으며, 통일 신라와 어깨를 겨루는 나라로 발전했어.

▲ 발해의 전성기(9세기)

Tip 신라는 당과 동맹을 맺어 백제와 고구려를 차례로 무너뜨린 후에 당을 몰아내고 삼국 통일을 이루어 냈고, 대조영은 고구려 유민과 말갈족을 이끌고 발해를 세웠습니다. 이로써 남북에 통일 신라와 북쪽의 발해가 남북국을 이루는 형세가 되었습니다.

한눈에 정리

```
          [남북국 시대]

[통일 신라]              [발해]

신라                    대  조  영
  ↓                       ↓
당의 도움                고구려 유민과
  ↓                     말갈족을 이끌고
백제와 고구려            고구려 유민 이동
멸망시킴                   ↓
  ↓                     이 고구려 유민과
신라 당 군대 몰아냄       말갈족을 이끌고
  ↓                     발해 건국
[삼][국][통][일]
```

예제 신라가 삼국을 통일한 후에 북쪽에서는 대조영이 □□를 건국했다.

◎ 알맞은 말에 ○표를 하세요.

백제와 고구려의 공격으로 어려움에 처한 신라는 (일본, 당)과 동맹을 맺어 위기를 극복하려고 했다.

해설 신라는 김춘추를 당에 보내 동맹을 맺어 통일 전쟁을 벌일 때 군사적인 지원을 받기로 했습니다.

◎ 다음은 남북국 시대의 모습입니다. 빈칸에 알맞은 나라 이름을 쓰세요.

해설 삼국을 통일한 신라와 대조영이 건국한 발해가 남북국 형세를 이루었습니다.

◎ 발해에 대한 설명으로 알맞은 것에 ○표를 하세요.

백제의 장수 출신인 대조영이 세운 나라이다. □

신라를 계승한다는 의식을 분명히 하였다. □

당은 발해를 '해동성국'이라고 불렀다. ○

해설 발해는 고구려 장수 출신인 대조영이 동모산 지역에 세운 나라로, 스스로 고구려를 계승한 나라라고 내세웠습니다. 또 나라가 번성하자 당이 '해동성국'이라고 불렀습니다.

▲ 정답과 해설 20쪽

2회
① 2주차

다양한 생물, 균류와 원생생물

과학

균류: 곰팡이와 버섯 같이 거미줄처럼 가늘고 긴 모양의 균사로 이루어져 있고 포자로 번식하는 생물.
원생생물: 동물이나 식물, 균류로 분류되지 않으며 생김새가 단순한 생물.

동물과 식물 어디에도 포함되지 않는 생물들이 있어.

식물은 대부분 엽록소로 광합성을 하며 살아가는 데 필요한 양분을 스스로 만드는 생물이야. 동물과 달리 이동할 수 없기 때문에 꽃을 피우고 씨를 이용해 번식을 하지.

버섯은 식물과 달리 스스로 양분을 만들지 못하고 죽은 생물이나 다른 생물에서 양분을 얻기 때문에 식물이 아니야. 그렇다고 스스로 이동할 수 없으니 동물도 아니지. 버섯은 죽은 생물이나 나무껍질, 낙엽, 나무 밑동에서 양분을 얻어 살아가. 이와 같은 생물을 균류라고 해. 균류는 보통 거미줄처럼 가늘고 긴 모양의 균사로 이루어져 있고 포자로 번식해.

식물에도 동물에도 속하지 않는 생물은 몸에도 있어. 연못이나 늪 같은 하천에는 잘린볼레나 해캄 같은 생물들이 있어. 이들을 원생생물이라고 하는데, 생김새가 매우 단순해. 몸을 녹색으로 변하게 하는 해캄은 엽록소가 있어서 광합성을 하여 스스로 양분을 만드는 식물의 특징을 지닌 원생생물이야. 이에 반해 잘린볼레는 움직이고 먹이도 먹는 동물의 특징을 지닌 원생생물이지.

균류

곰팡이와 버섯 같은 균류는 균사로 이루어져 있어. 균사는 세포들이 사슬처럼 연결된 하나의 가닥을 말해. 이 균사들이 그물망처럼 연결되어 만들어진 것을 균사체라고 해. 균류의 균사는 우리가 눈으로 볼 수 있는 부분뿐 아니라 눈에 보이지 않는 곳에도 넓게 펴져 있어. 효모도 아니라 눈에 보이지만 대부분의 균류는 균사로 되어 있지.

버섯

균류 중에서 갓과 자루로 이루어진 자실체를 만드는 무리를 버섯이라고 해. 평소에는 땅속이나 나무 속에 균사체로 있다가 버섯의 모양을 만들어지면 포자를 만들어 뿔 리 퍼뜨려 번식해.

자실체란 균류의 포자(홀씨)를 만들기 위한 부분이야. 자실체가 빽빽하게 모여 덩이를 이루고 있지. 포자는 버섯이나 곰팡이 같은 균류가 이가루 식물이 만들어 내는 생식 세포를 말해. 보통 줄처럼 하지, 하나의 세포로 되어 있고, 단독으로 싹을 틔워 새로운 버섯이 돼.

원생생물의 특징

동물이나 식물, 균류로 분류되지 않으며, 생김새가 매우 단순해. 잘린볼레나 해캄 같이 연못이나 느린 하천에서 사는 것도 있고, 녹조류(파래), 갈조류(미역), 홍조류(김) 와 같이 바다에서 사는 원생생물도 있어.

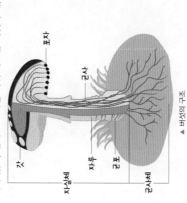

▲ 버섯의 구조

알맞은 말에 ○표를 하세요.

((**균류**), 원생생물)은/는 스스로 양분을 만들지 못하고 죽은 생물이나 다른 생물에서 양분을 얻어 사는 생물이다.

해설 버섯, 곰팡이, 효모 등이 균류는 죽은 생물을 분해하여 양분을 얻거나 다른 생물에서 양분을 흡수하며 사는 생물입니다.

원생생물에 대한 설명으로 옳은 것에 모두 ○표를 하세요.

- 포자로 번식한다.
- 생김새가 매우 단순하다. ●
- 몸체가 균사로 구성되어 있다.
- 동물에도 식물에도 포함되지 않는다. ●

해설 포자로 번식하고 몸체가 균사로 구성되어 있는 것은 균류입니다.

알맞게 선으로 이으세요.

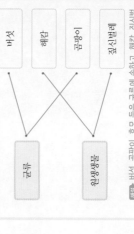

해설 버섯, 곰팡이, 효모 등은 균류에 속하고, 해캄, 잘린볼레, 아메바 등은 원생생물에 속합니다.

한눈에 정리

동물이나 식물에 포함되지 않는 생물

균류	뜻	곰팡이와 버섯 같이 거미줄처럼 가늘고 긴 모양의 균사로 이루어져 있고 포자로 번식하는 생물
	종류	곰팡이, 버섯, 효모 등
원생생물	뜻	동물이나 식물, 균류로 분류되지 않으며 생김새가 단순한 생물
	종류	해캄, 잘린볼레, 아메바, 녹조류 등

Vip 생물을 동물과 식물 그리고 동물이나 식물에 포함되지 않는 생물로 구분할 수 있고, 동물이나 식물에 포함되지 않는 생물에는 균류, 원생생물 등이 있습니다.

이해 생물을 분류할 때 버섯, 곰팡이는 □□에 속하고, 해캄은 □□□□에 속해.

2회

② 2주차

우리 주변 어디에나 있는 세균

세균: 균류나 원생생물보다 크기가 더 작고 생김새가 단순한 생물.

세균은 매우 작아서 맨눈으로 볼 수 없지만 다른 생물이 몸이나 공기, 물, 흙 등 등 우리 주변 어디에나 존재해. 동물도 식물도 아닌 생물로 균류나 원생생물보다 크기가 더 작고 생김새가 단순해.

세균은 생명력이 강해서 다른 생물이 살기 어려운 환경에서도 살 수가 있어. 이런 세균은 남극 같이 살기 추운 곳에서 빠르게 발견되기도 해. 그리고 살기에 알맞은 조건이 되면 매우 빠르게 번식하고, 돌연변이도 많아서 세균의 개수와 종류는 무수히 많아.

세균은 생김새에 따라 공 모양, 막대 모양, 나선 모양 등으로 구분하며, 꼬리가 있는 세균도 있어. 세균은 하나씩 따로 떨어져 있거나 여러 개가 서로 연결되어 있기도 해.

세균은 균류와 함께 죽은 동물과 나뭇잎 등을 작게 분해하고, 음식을 상하게 하기도 해. 또 사람을 비롯한 다른 생물에게 여러 가지 병을 일으키기도 하지. 하지만 김치와 같은 발효 음식을 만드는 데 도움을 주기도 하고 유산균처럼 우리 몸을 이롭게 하지.

세균

세균은 하나의 세포로 이루어진 생물로 크기가 매우 작아서 사람의 맨눈으로는 관찰할 수 없어. 물체를 몇 배 이상 확대하여 관찰할 수 있는 현미경을 이용하여야 세균의 존재를 확인할 수 있게 되었어. 그리고 살기에 알맞은 조건이 되면 매우 빠르게 번식하고, 돌연변이도 많아서 세균의 종류가 무수히 많고, 돌연변이 또한 빈번히 발생하기 때문에 모양도 매우 다양해. 세균은 물, 공기, 동식물에 양분을 얻고, 스스로 그 수를 늘리기 때문에 다른 생물에 비해 생존과 번식에 유리해.

▲ 광학 현미경

한눈에 정리

- 균류나 원생생물보다 크기가 더 작 고 단 순 한 생물.
- 맨눈으로 볼 수 없고 광학 현미경을 사용해 관찰할 수 있음.

세 균

크기	매우 작아서 맨눈으로 볼 수 없음.
생김새	둥근 모양, 막대 모양, 나선 모양 등 매우 다양함.
사는 곳	생물의 몸, 공기, 물, 흙 등 우리 주변 어디에나 존재함.
종류	콜레라균, 대장균, 포도상 구균, 헬리코박터 파일로리, 유산균 등

TIP 세균은 맨눈으로 볼 수 없을 만큼 매우 작고 생김새도 단순한 생물로, 질병을 일으키는 원인이 되기도 해.

이해 □□은 눈에 보이지 않을 만큼 작고 생김새가 단순한 생물로 우리 주변 어디에서나 존재합니다.

세균이 사는 곳과 특징

콜레라균
오염된 물이나 음식 등에서 살고, 막대 모양으로 구부러져 있어. 꼬리가 달려 있고 이것을 이용해 이동해.

대장균
사람이나 소 같은 동물의 창자에서 살고, 막대 모양으로 여러 개가 뭉쳐져 있어.

헬리코박터 파일로리
사람의 위장에서 살고, 나선 모양으로 꼬리가 여러 개 있어.

염전에서 사는 세균도 있다고?

호염성 세균은 소금 호수나 사해, 염전과 같이 염분이 매우 높은 곳에서 사는 세균이야. 호염성 세균은 고온의 환경에서 사는 세균으로 뜨거운 물이 해저의 지하로부터 솟아 나오는 구멍인 열수공, 온천이나 간헐천 등에서도 살아가.

◉ 세균에 대한 설명으로 옳은 것에 ○표를 하세요.

질병을 일으키지 않는다. [ ]

매우 작아서 맨눈으로 볼 수 없다. [○]

매우 덥거나 추운 곳에서는 살 수 없다. [ ]

해설 세균은 여러 가지 질병을 일으키기도 하고, 유산균처럼 우리 몸을 이롭게 하기도 합니다. 또 환경이 열악한 곳에서도 살 수 있습니다.

◉ 알맞은 말에 ○표를 하세요.

세균은 생명력이 (강하며 / 약하며), 번식 속도가 (빠르고 / 느리고) 돌연변이가 (많다 / 적다).

해설 생명력이 강하고, 살기에 알맞은 조건이 되면 짧은 시간 안에 엄청난 속도로 번식합니다.

◉ 알맞게 선으로 이으세요.

세균 ·   · 버섯

      · 해감

      · 콜레라균

      · 대장균

해설 버섯과 균류, 해감은 원생생물에 속합니다.

3회 2주차 ①
부피를 가지는 입체도형

수학

도형은 크게 평면도형과 입체도형으로 구분해. 평면도형은 원, 삼각형, 사각형처럼 평면 위에 그려진 도형을 말하고, 입체도형은 여러 개의 평면이나 곡면으로 둘러싸여 부피를 가지는 도형을 말해.

상자나 주사위의 면을 살펴보면 평면도형인 직사각형 또는 정사각형 6개로 이루어진 도형인 걸 알 수 있어. 이와 같은 도형을 직육면체 또는 정육면체라고 하고 입체도형으로 구분해.

입체도형은 기둥 모양과 뿔 모양으로 나뉘는데 우리 주변에서 흔히 볼 수 있는 것들이야. 각기둥 모양의 연필꽂이, 원기둥 모양의 건축물에서 볼 수 있듯 기둥 모양은 다시 각기둥과 원기둥으로 나눌 수 있어. 밑면의 모양에 따라 기둥 모양의 이름이 정해지는데 밑면의 모양이 삼각형이면 삼각기둥이고, 원이면 원기둥이 되는 거지.

삼각뿔 모양의 스피커, 원뿔 모양의 모자처럼 뿔 모양도 각뿔과 원뿔로 나눌 수 있어. 밑면의 모양이 삼각형이면 삼각뿔이고, 원이면 원뿔이 되는 거지.

입체도형: 평면도형이 아닌 도형.

각기둥

각기둥은 밑면이 서로 평행하고 합동인 다각형이고, 옆면이 모두 직사각형으로 이루어진 입체도형이야. 각기둥은 밑면의 모양이 삼각형, 사각형, 오각형 ……일 때 삼각기둥, 사각기둥, 오각기둥……이라고 해.

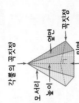

각뿔

각뿔은 밑면이 다각형이고, 옆면이 모두 삼각형인 뿔 모양의 입체도형이야. 각뿔도 밑면의 모양이 삼각형, 사각형, 오각형……일 때 삼각뿔, 사각뿔, 오각뿔……이라고 해. 각뿔의 옆면은 모두 삼각형이고 한 점인 각뿔의 꼭짓점에서 만나게 돼.

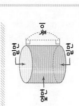

원기둥

원기둥은 밑면이 서로 평행하고 합동인 원으로 이루어진 입체도형이야.

원뿔

원뿔은 밑면이 원이고 옆으로 둘러싼 면이 곡면인 뿔 모양의 입체도형이야.

구

구는 축구공, 구슬처럼 공 모양의 입체도형이야. 평면도형을 한 직선을 축으로 하여 1회전한 입체도형을 회전체라고 하는데 원기둥, 원뿔, 구는 모두 회전체라고 할 수 있어.

한뼘에 정리

평면이나 곡면으로 둘러싸여 부피를 가지는 도형을 입체도형이라고 해.

TIP 각기둥, 원기둥의 밑면은 2개이고 각뿔, 원뿔의 밑면은 1개입니다.

▲ 정답과 해설 23쪽

◉ 각기둥으로 알맞은 것에 ○표를 하세요.

해설 각기둥은 두 밑면이 서로 평행하고 합동인 다각형으로 이루어진 입체도형입니다.

◉ 알맞은 말에 ○표를 하세요.

각기둥과 각뿔은 (밑면, 옆면)의 모양에 따라 각기둥과 각뿔의 이름이 정해진다.

해설 각기둥과 각뿔은 밑면의 모양에 따라 삼각기둥, 사각뿔처럼 각기둥과 각뿔의 이름이 정해집니다.

◉ 맞는 것에 ○표를 하세요.

각뿔의 옆면은 모두 삼각형이다.

원뿔은 위아 아래에 있는 면이 서로 평행하고 합동인 원이다.

해설 위와 아래에 있는 면이 서로 평행하고 합동인 원으로 이루어진 입체도형은 원기둥입니다.

3회 ② 2주차

도형의
합동과 대칭

수학

합동: 두 개의 도형이 크기와 모양이 같아서 완전히 포개지는 것.
대칭: 도형 안에서 한 직선을 따라 접거나 한 점을 중심으로 180° 돌렸을 때 완전히 겹쳐지는 것.

종이 두 장을 포개어서 하트 모양을 그린 다음 오려 봐. 오린 종이를 겹쳐 보면 모양과 크기가 같지. 이렇게 모양과 크기가 같아서 포개었을 때 완전히 겹쳐지는 두 개의 도형을 서로 합동이라고 해. 모양은 같은데 크기가 다르다면 그건 합동이 아니라 닮음이라고 해.

합동인 도형

모양과 크기가 같아서 포개었을 때, 완전히 포개었을 때 완전히 겹쳐지는 점, 변, 각이 각각 겹쳐지네. 겹치는 점을 대응점, 겹치는 변을 대응변, 겹치는 각을 대응각이라고 해. 서로 합동인 두 도형의 대응변의 길이와 대응각의 크기가 서로 같아.

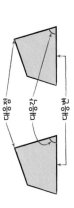

대응점 / 대응각 / 대응변

대칭인 도형

선대칭도형
한 직선을 따라 접어서 완전히 겹쳐지는 도형을 선대칭도형이라고 해. 선대칭도형에서 그 기준이 되는 직선을 대칭축이라고 해. 대칭축은 1개 또는 여러 개인데 대칭축이 여러 개인 경우에는 한 점에서 만나.

점대칭도형
한 도형을 어떤 점을 중심으로 180° 돌렸을 때 처음 도형과 완전히 겹쳐지는 도형을 점대칭도형이라고 하고, 그 점을 대칭의 중심이라고 해. 점대칭도형에서 대칭의 중심은 오직 1개뿐이야.

선대칭도형과 점대칭도형에서 각각의 대응변의 길이와 각각의 대응각의 크기는 서로 같아. 선대칭도형에서 대응점끼리 이은 선분은 대칭축과 수직으로 만나고 대칭축은 이 선분을 둘로 나눠. 점대칭도형에서 대응점끼리 이은 선분은 대칭의 중심에서 만나고 대칭의 중심은 대응점끼리 이은 선분을 둘로 나눠.

▲ 선대칭도형   대칭축
▲ 점대칭도형   대칭의 중심

◉ **알맞은 말에 ○표를 하세요.**

모양과 크기가 같아서 포개었을 때, 완전히 포개었을 때 완전히 겹쳐지는 두 도형을 서로 (**합동**, 대칭)이라고 한다.

해설 서로 합동인 두 도형의 대응변과 대응각의 크기가 서로 같습니다.

◉ **알맞은 것에 ○표를 하세요.**

• 선대칭도형에서 각각의 대응변의 길이가 서로 (**같다**, 다르다).
• 선대칭도형에서 각각의 대응각의 크기가 서로 (**같다**, 다르다).

해설 선대칭도형에서 각각의 대응변의 길이와 대응각의 크기는 서로 같습니다.

◉ **맞는 것에 ○표를 하세요.**

선대칭도형에서 대칭축은 항상 1개이다.

점대칭도형에서 대칭의 중심은 1개뿐이다.

해설 대칭축은 1개일 수도 있고, 여러 개일 수도 있습니다.

한눈에 정리

대칭축
대칭의 중심

선대칭도형

합동과 대칭 — 합동 / 대칭

점 | 대 | 칭 | 도 | 형
점 | 대 | 칭 | 형

예시 두 개의 도형이 크기와 모양이 같아서 완전히 포개어지는 것을 □□이라고 해.

TIP 도형에서 크기와 모양이 똑같은 도형을 합동이라고 하고, 대칭축을 기준으로 완전히 겹치는 도형을 선대칭도형, 대칭의 중심을 중심으로 180°만큼 돌렸을 때 처음 도형과 완전히 겹치는 도형을 점대칭도형이라고 합니다.

4회 ①

용액의 성질, 산성과 염기성

2주차

과학

여러 가지 용액을 분류하려면 어떻게 해야 할까? 맛, 색깔, 냄새, 촉감 등으로도 구분할 수 있어. 하지만 피부에 닿거나 먹으면 위험한 용액도 많아. 그럴 때에는 지시약을 이용해 분류할 수 있어. 리트머스 종이, 페놀프탈레인 용액, 자주색 양배추 용액같은 지시약을 이용하면 산성 용액과 염기성 용액으로 분류할 수 있어.

먼저 푸른색 리트머스 종이를 붉게 변화시키고, 페놀프탈레인 용액에는 색깔 변화가 없으며, 자주색 지시약을 떨어뜨리면 붉은색 계열로 변하는 용액은 산성 용액이야.

붉은색 리트머스 종이를 푸르게 변화시키고, 페놀프탈레인 용액을 떨어뜨리면 붉게 변하며, 자주색 양배추 지시약을 떨어뜨리면 푸른색이나 노란색 계열로 색깔이 변하는 용액은 염기성 용액이야.

생선을 손질한 도마에서 나는 비린내는 염기성이기 때문에 산성인 식초나 레몬을 쓰면 돼. 또 속이 쓰릴 때는 염기성 물질인 제산제를 먹고, 욕실을 청소할 때는 염기성 물질인 표백제를 사용하지.

이처럼 산성 용액과 염기성 용액은 생활에서 다양하게 쓰여.

산성: 대체로 신맛을 내는 용액.
염기성: 대체로 쓴맛을 내고 미끌거리는 느낌의 용액.

pH가 뭐야?

어떤 물질이 산성인지 염기성인지를 pH로 나타내는 경우가 많아. 우리 주변의 대부분의 물질은 저마다 pH, 즉 수소 이온 농도 지수를 가지고 있거든. pH 7을 기준으로 해서 pH가 7보다 작으면 산성, pH가 7보다 크면 염기성으로 구분하지.

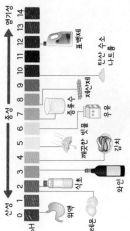

산성 ─ 중성 ─ 염기성
pH 0 1 2 3 4 5 6 7 8 9 10 11 12 13 14
레몬 / 위액 / 와인 / 식초 / 김치 / 깨끗한 빗물 / 우유 / 증류수 / 세제(비누) / 표백제 / 탄산 수소 나트륨

산성 용액과 염기성 용액을 섞으면 어떻게 될까?

산성 용액에 염기성 용액을 조금씩 넣으면 점점 산성이 약해져. 반대로 염기성 용액에 산성 용액을 조금씩 넣으면 염기성이 점점 약해지지. 왜냐하면 용액 속에 들어 있는 산성을 띠는 물질과 염기성을 띠는 물질이 서로 짝을 맞춰 각각의 성질을 잃어버리기 때문이야. 그래서 산성 물질이 많으면 염기성 물질을 넣어 중화시켜주고, 염기성 물질이 많으면 산성 물질을 넣어주는 거야. 산성을 약하게 하려면 염기성 물질을 쓰고, 염기성 물질의 성질을 약하게 하려면 산성 물질을 쓰는 거야.

요구르트를 마시고 나서 꼭 양치질을 해야 하는 까닭은?

충치를 일으키는 세균은 산성을 좋아하는데 요구르트를 마시면 입안이 산성을 띠게 변해. 그러면 충치를 일으키는 세균이 활발히 활동하게 되지. 그럼 막으려면 염기성이 필요하잖아? 그래서 염기성인 치약으로 양치질을 하면 입안의 산성 물질을 없애 세균의 활동을 막을 수 있는 거야.

한눈에 정리

산성 용액
지시약의 변화
- 푸른색 리트머스 종이를 붉은색으로 변화시킴.
- 페놀프탈레인 용액을 떨어뜨리면 색깔이 변하지 않음.
- 자주색 양배추 지시약을 떨어뜨리면 붉은색 계열로 변함.

이용
- 생선을 손질한 도마를 식초로 닦아 냄.
- 변기를 청소할 때 변기용 세제를 사용함.

염기성 용액
지시약의 변화
- 붉은색 리트머스 종이를 푸른색으로 변화시킴.
- 페놀프탈레인 용액을 떨어뜨리면 붉은색으로 변함.
- 자주색 양배추 지시약을 떨어뜨리면 푸른색이나 노란색 계열로 변함.

이용
- 속이 쓰릴 때 제산제를 먹음.
- 욕실을 청소할 때 표백제를 사용함.

용액의 분류 염기성

TIP 페놀프탈레인 용액은 염기성 용액의 색깔을 붉은색으로 변화시킵니다.

▶ 정답과 해설 25쪽

◉ 지시약에 대한 설명으로 알맞은 것에 ○표를 하세요.

□ 어떤 용액을 만나도 색깔 변화가 없는 물질이다.

◉ 어떤 용액을 만났을 때 눈에 띄는 색깔 변화가 나타나는 물질이다.

해설 지시약은 어떤 용액을 만났을 때 눈에 띄는 변화가 나타나는 물질로 리트머스 종이, 페놀프탈레인 용액 등입니다.

◉ 리트머스 종이의 색깔 변화를 보고 알맞은 용액을 선으로 이으세요.

푸른색 → 붉은색 ── 산성 용액
붉은색 → 푸른색 ── 염기성 용액

해설 푸른색 리트머스 종이를 붉게 변화시키는 것은 산성 용액이고, 붉은색 리트머스 종이를 푸른색으로 변화시키는 것은 염기성 용액입니다.

◉ 밑줄 친 물질은 산성인지 염기성인지 골라 ○표를 하세요.

생선을 손질하여 비린내(산성, **염기성**)가 나는 도마를 식초(**산성**, 염기성)로 닦는다.

해설 생선 비린내는 염기성이기 때문에 산성인 식초로 닦아 냄새를 없앱니다.

4회 ②
물질 녹이기, 용해와 용액

2주차

용해: 어떤 물질이 다른 물질에 녹아 골고루 섞이는 현상.

용질: 녹는 물질.

용액: 녹는 물질이 녹이는 물질에 골고루 섞여 있는 물질.

담장을 쌓을 때 물에 소금을 넣으면 소금이 녹아 눈에 보이지 않게 되지? 이처럼 어떤 물질이 다른 물질에 녹아 쉽게 보이지 않게 용해라고 하고, 녹는 물질이 녹이는 물질에 골고루 섞여 있는 물질을 용액이라고 해. 이때 녹는 물질을 용질, 녹이는 물질을 용매라고 하는데 용매에 녹으면 용질이 완전히 없어지는 걸까? 아니야. 용질이 아주 작게 변하여 골고루 섞여 있어서 눈에 보이지 않을 뿐 분자를 측정해 보면 소금이 물에 용해되기 전과 용해된 후의 무게는 같아.

그럼 용질마다 용매에 용해되는 양은 같을까? 물에 용해되는 용질은 소금, 설탕, 베이킹 소다 등이 있는데, 물의 온도와 양이 같을 때 용질마다 용해되는 양이 달라. 그리고 같은 용질이라도 물의 온도가 높을수록 용해되는 양이 많아지지. 용질이 용매에 많이 녹으면 진한 용액이 돼. 색깔이 없는 용액은 진한 용액인지 색깔로 진하기를 알 수 없어. 하지만 소금물처럼 색깔이 없는 용액은 뜨고 가라앉는 정도를 보고 비교할 수 있어. 그때도 어떤 물체를 넣었을 때 뜨고 가라앉는 정도나 진한 용액이 묽은 용액보다 물체가 높이 떠오르는.

용액이 진할수록 물체가 많이 떠오르는 까닭은?

용액의 진하기와 물체가 뜨는 정도

용액이 진하기는 용매 속에 용질이 녹아 있는 정도를 말하는데, 진한 용액일수록 용매에 용질이 많이 녹아 있다는 거야.

그러니까 용해에 부피가 같을 때 진한 용액이 연한 용액 보다 무게가 더 무겁겠지? 또 진한 용액은 용질을 뜨게 하는 힘이 더 커져. 그래서 진한 용액일수록 물체를 띄웠을 때 높이 떠오르는 거야.

진한 용액 사해

사해는 세계에서 염도가 가장 높은 호수야. 즉 소금이 많이 녹아 있는 진한 용액이라는 거지. 그래서 사해에서는 수영을 할 줄 모르는 사람이 물에 둥둥 떠서 신문도 읽기도 해.

미숫가루 탄 물도 용액일까?

미숫가루를 여러 가지 곡물을 갈아서 가루로 만든 거야. 미숫가루를 물에 타서 숟가락으로 잘 저어도 가라앉거나 뜨는 물질이 없어.

그런데 가만히 놓아두면 바닥에 가라앉는 물질이 생기고, 거름종이로 걸러낼 때도 걸러지는 게 있어. 그래서 미숫가루 탄 물은 용액이 아니야.

한눈에 정리

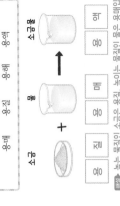

어떤 물질이 다른 물질에 녹아 골고루 섞이는 현상을 용해라고 하는데, 이때 녹는 물질이 녹이는 물질에 골고루 섞여 있는 물질을 용액이라고 함.

- **용질의 종류** : 용질의 종류에 따라 같은 양과 온도 물에 용해되는 정도가 다름.
- **물의 온도** : 같은 종류의 용질이라도 물의 온도에 따라 용해되는 정도가 다름.
- **색깔** : 색깔이 없는 용액은 진한 용액일수록 색깔이 진함.
- **정도** : 색깔이 없는 용액은 골고루 섞여 있는 물질을 띄웠을 때 높이 뜸.

이해 녹는 물질이 녹이는 물질에 골고루 섞여 있는 물질을 □□이라고 해.

Tip 설탕물이나 소금물도 용액이다.

▲ 정답과 해설 26쪽

● 소금을 물에 녹였을 때 다음은 각각 무엇에 해당하는지 아래에서 골라 쓰세요.

소금 + 물 → 소금물

용매   용질   용해   용액

용질	용매	용액

채점 녹는 물질인 소금은 용질, 녹이는 물질인 물은 용매입니다. 용질이 물에 녹아 있는 소금물은 용액입니다.

● 다음을 비교해 빈칸에 >, =, <로 표시하세요.

설탕을 녹이기 전 설탕물과 물의 무게 [=] 설탕을 녹인 후 설탕물의 무게

채점 설탕이 용해되기 전의 무게와 용해된 후의 무게는 같습니다.

● 소금물의 진하기를 비교하는 방법에 모두 ○표를 하세요.

- [○] 맛을 본다.
- [ ] 색깔을 비교한다.
- [○] 물체를 띄워 본다.

채점 소금물은 색깔이 없기 때문에 색깔로 진하기를 비교할 수 없습니다.

내용을 전달하는 매체

매체: 어떤 소식이나 사실을 널리 알리는 물체나 수단.

매체는 내용을 전달하는 수단이 되는 것을 말해. 매체는 그 특성이 다르기 때문에 그것을 이용하는 방법도 각각 달라.

신문, 잡지, 책 같은 인쇄 매체는 다른 매체에 비해 보존이 쉽고 반복해서 볼 수 있어. 이와 같은 매체에는 문자, 사진, 그림 등을 표현 수단으로 하고 있어서 시각적인 효과도 뛰어나기 때문에 글과 그림, 사진이 주는 시각 정보를 잘 살펴봐야 해.

시각과 청각을 모두 이용하는 영상 매체는 동영상, 문자, 음성, 음악, 음향 등을 표현 수단으로 하고 있어. 이와 같은 매체에는 텔레비전 영상물, 영화 등이 있는데 화면 연출, 음향 효과에 주의를 기울여서 봐야 해. 그러기 위해서는 화면 구성을 잘 살피고 소리에 담긴 정보도 잘 들어봐야겠지?

전자 기기의 힘을 이용하는 인터넷 매체는 문자, 사진, 그림, 동영상, 음성, 음악, 음향 등을 앞에서 말한 인쇄 매체와 영상 매체의 표현 수단을 모두 활용할 수 있어. 이처럼 인터넷 매체가 달라지면 내용을 전달하는 표현 방법이 달라져.

매체의 종류와 특징

텔레비전
영상을 통하여 다양하고 많은 양의 정보를 전달해. 다큐멘터리 같은 프로그램을 통하여 전문적인 정보도 생생하게 연을 수 있어.

신문
신문은 매일 일어난 크고 작은 사건들을 기사문으로 전해 줘. 기사문과 관련된 사진을 넣어 읽는 이의 이해를 돕기도 하지.

라디오
소리를 통해서 정보를 전달해. 원하는 분야의 정보를 골라서 듣고 녹음할 수도 있어.

책
책을 통하여 필요한 분야의 체계적이고 전문적인 정보를 찾을 수 있어.

▲ 다양한 매체

매체를 올바르게 이용하는 방법이 있어?

인쇄 매체와 영상 매체
인쇄 매체는 글로 표현한 내용을 머릿속으로 떠올리면서 내용을 꼼꼼히 확인하며 읽어야 해. 영상 매체는 여러 가지 표현 방법을 활용하기 때문에 표현에 활용된 요소들이 나타내는 바가 무엇인지 생각하며 봐야 해.

인터넷 매체
우선 적절한 정보를 어디에서 어떻게 찾을지를 정확히 알고, 정보에 대한 분별력을 갖출 수 있어야 해. 사람에 대한 예의를 갖추는 태도 역시 매우 중요해.

한눈에 정리

```
        인쇄
        매체  ── 종류: 신문, 잡지, 책 등.
               특징: 문자, 사진, 그림 등을 표현 수단으로 하고 있어서
               시각적인 효과가 뛰어남.

        영상
        매체  ── 종류: 영화, 드라마, 뉴스 등.
               특징: 동영상, 문자, 음성, 음악, 음향 등을 표현 수단으로
               하고 있어서 화면 연출, 음향 효과가 뛰어남.

   매체

        인터
        넷    ── 종류: 누리 소통망(SNS), 휴대 전화 문자 메시지 등.
        매체   특징: 문자, 사진, 그림, 동영상, 음성, 음악, 음향 등 인쇄
               매체와 영상 매체의 표현 수단을 모두 활용함.
```

개념 □□□는 어떤 소식이나 사실을 널리 알리는 수단이 되는 것을 말해.

Tip 정보 통신 기술의 발달에 따라 매체의 발달이 이루어졌어. 다양한 매체가 있는 인터넷, 쌍방향 영상향 케이블 텔레비전, 스마트폰, UCC 등 새로운 매체가 등장했습니다.

◉ 다음과 같은 장점을 가진 매체의 종류는 무엇인지 쓰세요.

> 영상을 통하여 다양하고 많은 양의 정보를 전달해. 다큐멘터리 같은 프로그램을 통하여 전문적인 정보도 생생하게 연을 수 있어.

| 텔 | 레 | 비 | 전 |

해설 '다큐멘터리' 같은 프로그램이라고 한 것을 통해 텔레비전임을 알 수 있습니다.

◉ 알맞은 내용에 ○표를 하세요.

매체가 달라지면 내용을 전달하는 표현 방법이 달라진다. (신문, 영화)은/는 글자 사진을 이용하고, (신문, 영화)은/는 소리, 영상 등을 다양하게 이용하여 내용을 표현한다.

해설 신문은 글자 사진, 영화는 영상, 영화는 소리, 영상, 라디오는 소리 등 매체마다 내용을 전달하는 표현 방법이 달라집니다.

◉ 인터넷 매체를 이용하는 방법으로 알맞은 것에 ○표를 하세요.

적절한 정보를 어디에서 어떻게 찾을지를 정확히 아는 것이 필요하다. [○]

인간에 대한 예의보다 정보에 대한 분별력을 갖추는 게 더 중요하다. [ ]

해설 인터넷 매체를 바르게 이용하려면 서로에 대한 예의를 갖추고 적절한 정보를 찾아내는 분별력이 필요합니다.

5회

2주차 ②

국어

설명하는 글, 설명문

설명문: 어떤 대상의 특성이나 사실, 지식, 정보 등을 체계적으로 독자에게 전달하는 글.

어떤 사실이나 정보를 전달하여 읽는 이를 이해시키는 것을 목적으로 하는 글을 설명문이라고 해. 설명문은 어떤 특성이 있을까?

첫째, 제3자의 입장에서 사물을 보거나 생각하거나 하기 때문에 객관성이 있어야 해. 둘째, 있는 그대로를 설명해야 하는 사실성이 있어야 하지. 셋째, 읽는 이가 쉽게 이해할 수 있도록 정확하게 풀어 설명해야 하는 정확성을 가져야 해. 넷째, 각 부분이 전체와 밀접하게 연관되어 통일된 전체를 이루어야 하는 체계성(통일성)이 있어야 해.

설명문은 처음(머리말), 가운데(본문), 끝(맺음말)의 짜임을 갖고 있는데, '처음'에는 설명 대상을 소개하고 설명의 동기나 이유, 목적과 함께 흥미를 모든 내용을 써. '가운데'에서는 다양한 설명 방법을 사용하여 대상을 구체적으로 설명해야 해. '끝'에서는 설명한 내용을 정리하면서 마무리하면 돼.

설명문을 쓸 때는 내용에 대한 전달을 쉽게 하기 위해 정의, 열거, 분류, 분석, 인과, 인용 등 다양한 설명 방법을 사용할 수 있어.

설명문을 쓰는 방법

설명문 쓰기

놀이 방법 설명서, 장난감 조립 설명서, 요리 방법 설명서 등도 설명문에 속해. 이와 같은 글을 쓰려면 먼저 설명하는 대상을 정하고, 그 대상에 대한 정보를 모아 내용을 조직해야 해. 그리고 대상의 특성을 잘 드러낼 수 있는 설명 방법을 생각한 주 글을 써. 다 쓴 다음에는 읽어 보며 고쳐쓰기를 하면 돼.

관심 있는 글 → 조사한 자료 → 짜임에 맞게
감을 골라 관 를 체계적으로 글을 쓰고, 고
련 자료를 조 정리하여 글의 쳐 써서 마무
사함. 개요를 짬. 리함.

설명문에 어긋나는 표현 피하기

설명문은 객관적인 글이기 때문에 '쓰네기통을 이곳에 두지 맙시다.'와 같이 자신의 의견이나 주장이 나타나는 표현은 쓰지 않아야 해. 그리고 설명문은 사실적으로 쓰는 글이므로 '점은 그곳에 등식을 가면 사람이 많을지도 모른다.'와 같은 추측이나 짐작의 표현도 알맞지 않아.

설명할 대상 정하기와 자료 수집

설명할 대상을 무엇으로 정해야 할까?

친구들에게 무엇을 설명하고 싶은지, 친구들이 관심을 보일 만한 것이 무엇인지 떠올려 봐. 누구나 다 아는 정보 다 친구들이 잘 모르는 내용을 설명하는 것이 좋아. 그래야 친 구들의 흥미를 보일 수 있고 새롭게 안 내용을 통해 필요한 정보를 얻을 수 있을 때니까 좋아.

필요한 자료는 어떻게 수집해야 할까?

설명문은 신뢰성이 높고 정확한 자료를 바탕으로 써야 해. 자료를 수집하려면 인터넷을 검색하거나 책을 찾아볼 수 있고, 대상을 잘 아는 사람에게 궁금한 점을 물어볼 수 있어. 주의할 점은 다른 사람의 생각이나 글을 활용할 때에는 출처를 꼭 표시해야 해.

예시문 어떤 대상의 특성이나 사실, 지식, 정보 등을 체계적으로 독자에게 전달하는 글을 □□□이라고 해.

설명문

한눈에 정리

설명문
설명 방법
여러 가지

정의	대상의 개념을 쉽게 풀어서 설명하는 방법
비교·대조	둘 이상의 대상의 비슷한 점과 차이점을 중심으로 설명하는 방법
분류	대상을 일정한 기준에 따라 묶어 설명하는 방법
분석	대상을 구성 요소로 나누어 체계적으로 설명하는 방법
열거	설명하려는 대상의 특성을 나열해 설명하는 방법
인과	일이 일어난 까닭(원인)과 그 까닭으로 일어난 일(결과)로 설명하는 방법
인용	다른 사람의 말이나 글을 자신의 말이나 글 속에 끌어와 설명하는 방법

Tip 이 밖에도 눈에 보이듯 자세하게 설명하는 '묘사'와 시간의 흐름에 따라 설명하는 '서사'의 방법도 사용됩니다.

◉ 알맞게 선으로 이으세요.

열거		대상의 개념을 쉽게 풀어서 설명하는 방법
분류		대상을 일정한 기준에 따라 묶어 설명하는 방법
정의		설명하려는 대상의 특성을 나열해 설명하는 방법

해설 대상을 이해하기 쉽게 설명하려면 여러 가지 설명 방법을 활용합니다.

◉ 설명문이 특성으로 알맞은 것에 모두 ○표를 하세요.

(객관성) (논리성) (사실성) (체계성) (주관성)

해설 설명문은 사실을 알기 쉽게 설명하는 글로 객관성, 사실성, 정확성, 체계성의 특성이 있습니다.

◉ 설명문을 쓰는 방법으로 알맞은 것에 ○표를 하세요.

□ 친구들이 잘 알고 있는 내용을 설명 한 대상으로 정해야 쓰는 것이 좋다.

□ 정확한 정보를 알려 줄 수 있어야 하므로 신뢰할 만한 자료를 쓸데로 수집해야 한다.

해설 누구나 다 아는 것보다 친구들이 잘 모르는 내용을 설명하면 친구들의 흥미를 보일 수 있고 새롭게 안 내용을 통해 필요한 정보를 얻을 수 있습니다.

2주차 확인 문제

1 다음 빈칸에 들어갈 알맞은 나라 이름을 각각 쓰세요. 〈사회〉

> ㉠ 은/는 한강 유역인 위례성에 도읍을 정하고, 삼국 중에서 가장 먼저 전성기를 맞았다. ㉡ 은/는 광개토 대왕과 장수왕 때 영토를 크게 넓혔다. 또 ㉢ 은/는 진흥왕 때 한강 유역을 차지하고, 화랑도를 국가 조직으로 만들어 인재를 길렀다.

(1) ㉠: (백제)　(2) ㉡: (고구려)　(3) ㉢: (신라)
[해설] 백제는 4세기 근초고왕 때, 고구려는 5세기 광개토 대왕과 장수왕 때, 신라는 6세기 진흥왕 때 한강 유역을 차지하고 전성기를 맞았습니다.

2 신라가 삼국을 통일한 과정입니다. 순서대로 기호를 쓰세요. 〈사회〉

㉮ 신라와 당이 동맹을 맺었다.
㉯ 신라 군대가 당 군대를 몰아내었다.
㉰ 신라와 당의 연합군이 백제를 멸망시켰다.
㉱ 신라와 당의 연합군이 고구려를 멸망시켰다.

(㉮) → (㉰) → (㉱) → (㉯)
[해설] 신라는 당과 동맹을 맺고 백제와 고구려를 차례로 무너뜨렸습니다. 당이 한반도 전체를 차지하려고 하자 당 군대를 몰아내고 삼국 통일을 이루었습니다.

3 발해에 대한 설명으로 잘못된 것은 무엇인가요? (③) 〈사회〉

① 대조영이 세운 나라이다.
② 당은 발해를 '해동성국'이라고 불렀다.
③ 스스로 고조선을 계승한 나라임을 내세웠다.
④ 고구려 유민과 말갈족을 이끌고 세운 나라이다.
⑤ 나라의 힘을 키워 옛 고구려의 땅을 대부분 되찾았다.
[해설] 발해 왕들은 스스로 고구려를 계승한 나라임을 내세웠습니다.

4 세균의 특징으로 알맞은 것에 ○표를 하세요. 〈과학〉

(1) 맨눈으로 관찰할 수 있다. ( )
(2) 스스로 양분을 만들고 포자로 번식한다. ( )
(3) 매우 덥거나 추운 곳, 염분이 높은 곳에서도 살 수 있다. (○)
[해설] 세균은 크기가 매우 작아서 맨눈으로는 볼 수 없고 현미경으로 관찰할 수 있습니다. 스스로 양분을 만들지 못하고 포자로 번식하는 것은 균류입니다.

2주차 | 확인 문제

▶ 정답과 해설 29쪽

5 균류에 대해 바르게 말한 사람은 누구인지 쓰세요. 〈과학〉

해찬: 꽃을 피우고 씨를 이용해 번식해.
소현: 스스로 양분을 만들지 못하고 죽은 생물이나 나무 등지에서 양분을 얻어 살아가.
지우: 생김새가 매우 단순하고, 엽록소가 있어서 광합성을 해 스스로 양분을 만드는 것도 있어.
(소현)
[해설] 균류는 포자로 번식합니다. 생김새가 매우 단순한 것은 원생생물이며, 원생생물 중 해캄은 엽록소로 광합성을 해 스스로 양분을 만들어 살아갑니다.

6 원생생물에 속하는 것을 모두 골라 기호를 쓰세요. 〈과학〉

㉮ 버섯　　㉯ 해캄
㉰ 곰팡이　㉱ 녹조류
㉲ 효모　　㉳ 짚신벌레

(㉯), (㉳)
[해설] 버섯, 효모, 곰팡이는 균류에 속하고, 해캄, 해캄, 녹조류, 짚신벌레는 원생생물에 속합니다.

7 다음 설명에 알맞은 입체도형을 골라 기호를 쓰세요. 〈수학〉

㉮　　㉯　　㉰

(1) 밑면이 원이고 옆으로 둘러싼 면이 곡면인 뿔 모양의 입체도형: (㉯)
(2) 밑면이 다각형이고, 옆면이 모두 삼각형인 뿔 모양의 입체도형: (㉰)
(3) 두 면이 서로 평행하고 합동인 원으로 이루어진 기둥 모양의 입체도형: (㉮)
[해설] (1)은 원뿔, (2)는 다각뿔, (3)은 원기둥에 대한 설명입니다.

8 다음 두 도형은 서로 합동입니다. 각 ㅁㅂㅅ은 몇 도인지 쓰세요. 〈수학〉

(70)°
[해설] 두 도형은 합동이므로 각 ㅁㅂㅅ의 대응각은 각 ㄴㄷㄹ입니다.

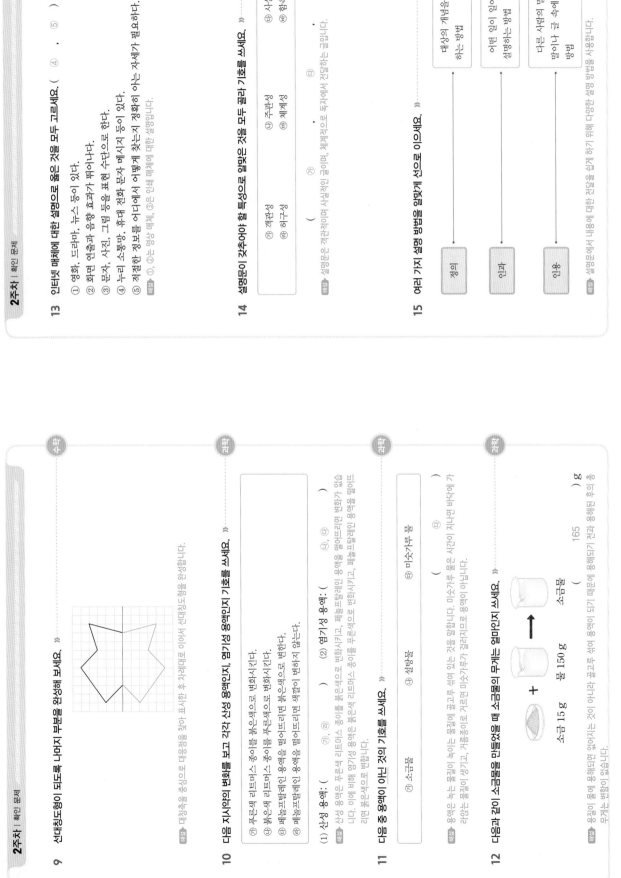

2주차 | 확인 문제

▲ 정답과 해설 30쪽

13 인터넷 매체에 대한 설명으로 옳은 것을 모두 고르세요. (④ , ⑤)

① 영화, 드라마, 뉴스 등이 있다.
② 화면 연출과 음향 효과가 뛰어나다.
③ 문자, 사진, 그림 등을 표현 수단으로 한다.
④ 누리 소통망, 휴대 전화 문자 메시지 등이 있다.
⑤ 적절한 정보를 어디에서 어떻게 찾는지 정확히 아는 자세가 필요하다.

해설 ①, ②는 영상 매체, ③은 인쇄 매체에 대한 설명입니다.

14 설명문이 갖추어야 할 특성으로 알맞은 것을 모두 골라 기호를 쓰세요.

㉮ 객관성 ㉯ 주관성 ㉰ 사실성
㉱ 허구성 ㉲ 체계성 ㉳ 함축성

(㉮, ㉰, ㉲)

해설 설명문은 객관적이며 사실적인 글이며, 체계적으로 독자에게 전달하는 글입니다.

15 여러 가지 설명 방법을 알맞게 선으로 이으세요.

정의 — 대상의 개념을 쉽게 풀어서 설명하는 방법

인과 — 어떤 일이 일어난 까닭과 결과로 설명하는 방법

인용 — 다른 사람의 말이나 글을 자신의 말이나 글 속에 끌어와 설명하는 방법

해설 설명문에서 내용에 대한 전달을 쉽게 하기 위해 다양한 설명 방법을 사용합니다.

2주차 | 확인 문제

9 선대칭도형이 되도록 나머지 부분을 완성해 보세요.

해설 대칭축을 중심으로 대응점을 찾아 표시한 후 차례대로 이어서 선대칭도형을 완성합니다.

10 다음 지시사항을 보고 각각 산성 용액인지, 염기성 용액인지 기호를 쓰세요.

㉮ 푸른색 리트머스 종이를 붉은색으로 변화시킨다.
㉯ 붉은색 리트머스 종이를 푸른색으로 변화시킨다.
㉰ 페놀프탈레인 용액을 떨어뜨리면 붉은색으로 변한다.
㉱ 페놀프탈레인 용액을 떨어뜨리면 색깔이 변하지 않는다.

(1) 산성 용액: (㉮, ㉱) (2) 염기성 용액: (㉯, ㉰)

해설 산성 용액인 푸른색 리트머스 종이를 붉은색으로 변화시키고, 페놀프탈레인 용액을 떨어뜨리면 변화가 없습니다. 이에 반해 염기성 용액은 붉은색 리트머스 종이를 푸른색으로 변화시키고, 페놀프탈레인 용액을 떨어뜨리면 붉은색으로 변합니다.

11 다음 중 용액이 아닌 것의 기호를 쓰세요.

㉮ 소금물 ㉯ 설탕물 ㉰ 미숫가루 물

(㉰)

해설 용액은 녹는 물질이 녹아 골고루 섞여 있는 것을 말합니다. 미숫가루 물은 시간이 지나면 바닥에 가라앉는 물질이 생기고, 거름종이로 거르면 미숫가루가 걸러지므로 용액이 아닙니다.

12 다음과 같이 소금물을 만들었을 때 소금물의 무게는 얼마인지 쓰세요.

소금 15 g + 물 150 g → 소금물 (165) g

해설 용질이 물에 용해되면 없어지는 것이 아니라 골고루 섞여 용액이 되고 용질이 물속에 용해되기 전과 용해된 후의 무게는 변함이 없습니다.

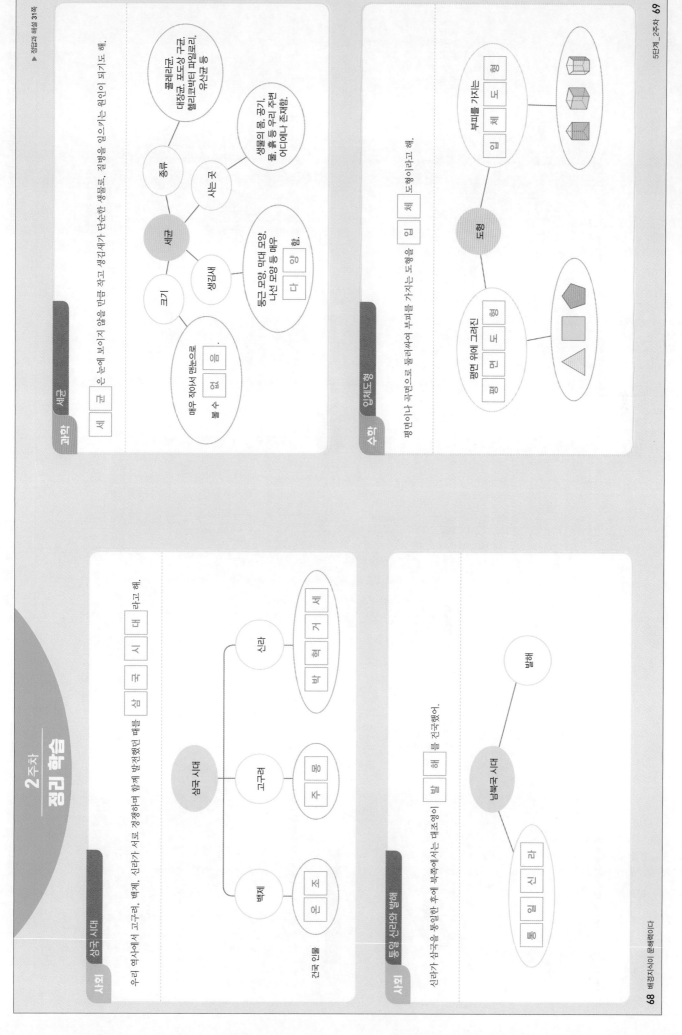

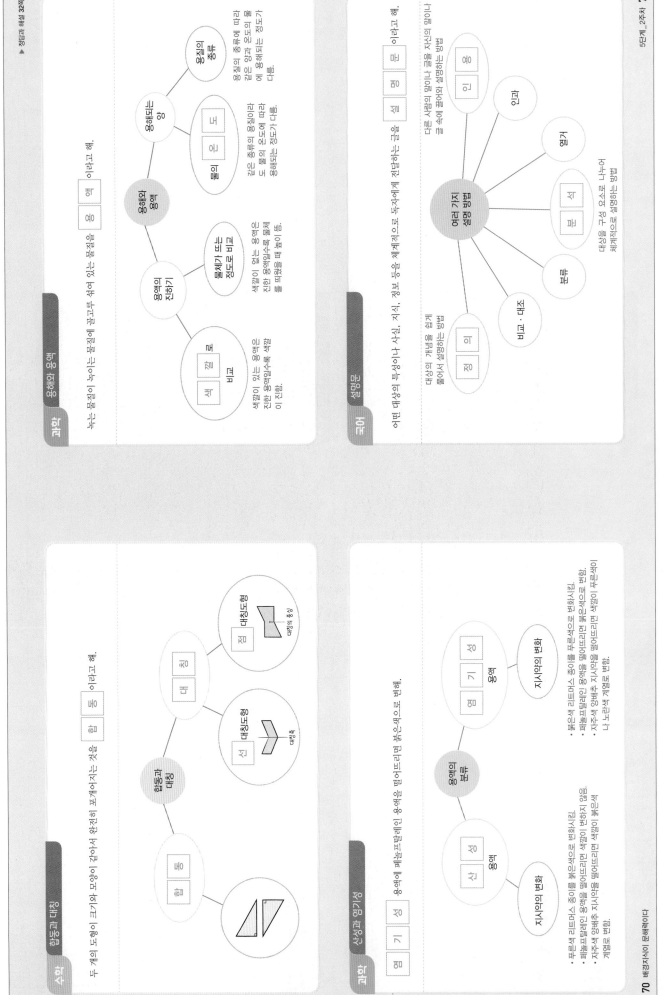

3

주차

정답과 해설

배경지식이 문해력이다 | 5단계

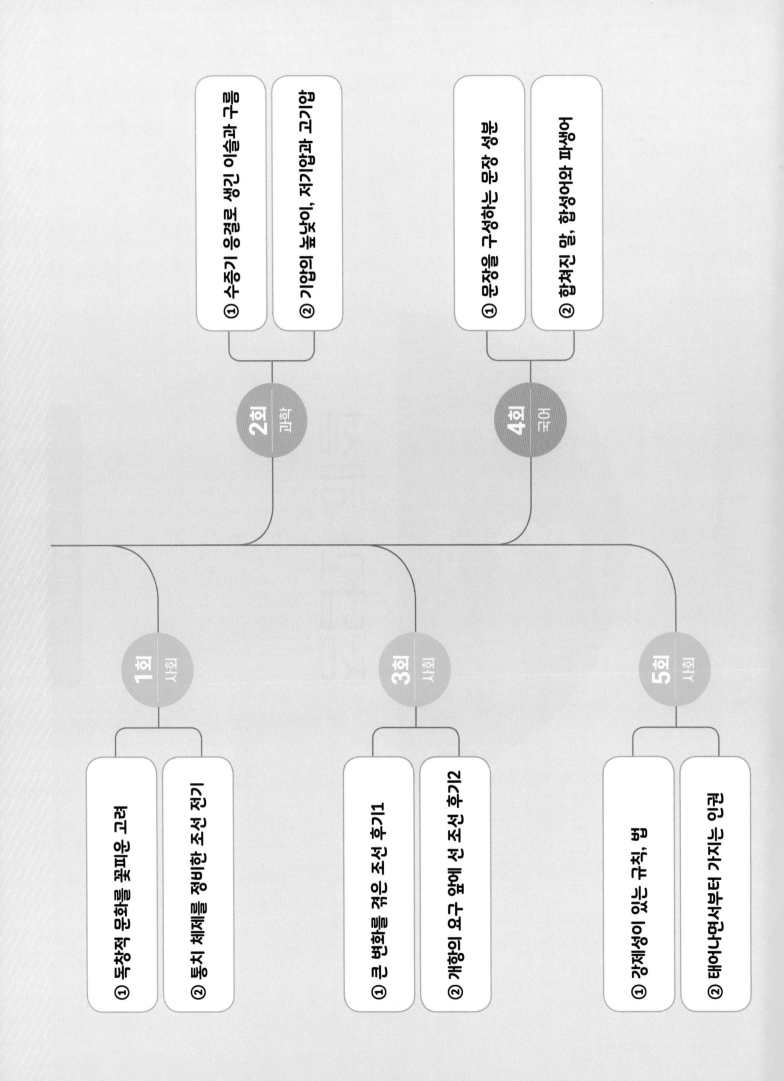

2회 과학
① 수증기 응결로 생긴 이슬과 구름
② 기압의 높낮이, 저기압과 고기압

4회 국어
① 문장을 구성하는 문장 성분
② 합쳐진 말, 합성어와 파생어

1회 사회
① 독창적 문화를 꽃피운 고려
② 통치 체제를 정비한 조선 전기

3회 사회
① 큰 변화를 겪은 조선 후기1
② 개항의 요구 앞에 선 조선 후기2

5회 사회
① 강제성이 있는 규칙, 법
② 태어나면서부터 가지는 인권

독창적 문화를 꽃피운 고려

3주차 ①

1회

사회

신라(통일 신라) 말 지방에서는 독자적으로 각 지방을 다스린 호족이 등장했어. 이들 중 견훤과 궁예는 세력을 키워 각각 후백제와 후고구려를 세웠어. 나라가 신라, 후백제, 후고구려로 나뉘어 후삼국 시대를 열었지. 그런데 궁예는 점점 신하들을 의심하고, 난폭한 정치를 했어. 이에 왕건이 신하들의 지지를 얻어 궁예를 몰아내고 고구려를 계승한다는 뜻에서 고려라는 나라를 세웠어. 신라의 경순왕이 스스로 고려에 항복하고, 왕건이 고려에 귀순한 견훤과 함께 후백제를 무너뜨려 마침내 후삼국을 통일했어.

고려: 왕건이 궁예를 내쫓고 세운 나라로, 후삼국을 통일함.

유네스코 세계 기록 유산이 된 고려 문화재

팔만대장경판 몽골의 침입으로 고려가 이전에 만들었던 초조대장경이 불에 타 없어졌어. 이에 고려는 대장경판이 라는 판목을 설치하고 16년에 걸쳐 팔만대장경을 완성했어. 팔만대장경판은 많은 사람이 새겼지만 글자가 고르고 틀린 글자가 거의 없어. 또 목판의 보존 상태도 뛰어나 유네스코 세계 기록 유산으로 등재되었어.

▲ 팔만대장경판

『직지심체요절』 금속 활자로 인쇄된 『직지심체요절』은 100여 년 전에 우리나라에 왔던 프랑스 외교관이 사들여 서 프랑스로 건너가게 되었어. 그후 프랑스 국립 도서관에 기증되었어. 나중에 그곳에서 연구원으로 일하던 박병선 박사의 연구 덕분에 『직지심체요절』이 세계에서 가장 오래된 금속 활자를 이용한 인쇄물이라는 사실이 밝혀졌어. 고려의 『직지심체요절』은 2001년에 세계 기록 유산으로 등재되었어.

고려가 문익점이 아니었더라면 우리 조상들이 겨울에 벌벌 떨었을 거라고?

고려 말에 문익점은 원에 갔다가 돌아오는 길에 몰래 목화씨 몇 개를 들여왔어. 그중 한 그루가 재배에 성공했고, 목화솜으로 무명옷을 지어 입게 되었어. 목화가 재배되기 전에 일반 백성들은 한겨울에도 삼베나 모시옷 같은 얇은 옷을 입었어. 당시 비단은 값이 매우 비쌌거든. 모시와 삼베는 올 사이의 간격이 느슨해 바람이 잘 통해서 겨울철 옷감 으로 적당하지 않았어. 목화가 널리 보급되자 일반 백성 들도 겨울에 부드럽고 따뜻한 무명옷을 해 입었지. 그래 서 추운 겨울을 나기가 한결 수월해졌어.

▲ 무명옷을 입은 고려 사람들

● 알맞은 말에 ○표를 하세요.

도자기 표면 무늬를 새긴 후 그 자리에 다른 흙을 메운 다음 유약을 발라 굽는 (상감 청자) 나전칠기는 고려의 독창적인 기법이다.

해설 고려의 상감 청자는 다른 나라에서는 찾아볼 수 없는 기법으로 만들어져 세계에 공예품으로 여겨졌습니다.

● 서로 관련 있는 것끼리 선으로 이으세요.

팔만대장경	세계에서 가장 오래된 금속 활자로 인쇄된 책
『직지심체요절』	부처의 힘으로 몽골의 침입을 이겨 내고자 만든 불교 경전

해설 팔만대장경은 몽골의 침입에 맞서 부처의 힘으로 나라를 구하려고 만든 불교 경전이고, 『직지심체요절』은 현재 전해지는 금속 활자 인쇄본 중 가장 오래된 책입니다.

● 금속 활자에 대한 설명으로 알맞은 것에 ○표를 하세요.

나무판에 글자를 새겨 인쇄하는 목판 인쇄의 한 종류이다. ☐

우리나라의 금속 활자는 유럽보다 앞서 발명되었다. ⭕

해설 『직지심체요절』은 독일 구텐베르크의 금속 활자보다 70여 년 앞서 인쇄되었습니다.

한눈에 정리

고려 문화

불교문화	연등회 / 팔관회 — 고려에서는 왕실, 귀족, 일반 백성까지 널리 불교를 믿었음
귀족 문화	고려청자 / 나전칠기 — 고려 귀족들은 청자를 일상생활 도구로 사용했음
과학 기술	팔만대장경판 / 『직지심체요절』 / 무명옷 보급 — 목판 인쇄술의 발달, 금속 인쇄술의 발달

UP 고려 시대에는 연등회나 팔관회같은 불교 행사를 즐기고, 불교를 널리 믿었습니다.

이해 왕건은 나라를 세우고 고구려를 계승한다는 의미에서 나라 이름을 ☐☐로 정했어. → 고려

통치 체제를 정비한 조선 전기

조선 전기: 조선은 건국 후 유교 이념을 바탕으로 통치 체제를 정비하고, 문화와 과학 기술을 발달시켰음.

사회

이성계 같은 신흥 무인 세력과 성리학을 신봉하려는 새로운 학문을 익혀 관리가 된 신진 사대부는 고려 말의 혼란을 해결하고자 했어. 이들은 고려를 유지하면서 나라를 개혁하려는 세력과 이성계를 중심으로 새 나라를 세우자는 세력으로 나뉘었어. 이성계의 아들이 반대파인 정몽주를 죽이고, 이성계는 1392년에 조선을 건국해. 조선은 한양으로 도읍을 옮기고, 유교 정신에 따라 경복궁과 도성의 4대문 등을 건설했어. 그리고 유교 질서를 바탕으로 백성을 다스렸지.

세종은 창업을 뽑아 훈민의, 앙부일구, 자격루 같은 과학 기구를 만들고, 과학 기술을 발전시켰어. 또 우리글인 한글, 즉 훈민정음을 만들어 일반 백성들도 쉽게 배워서 쓰게 했지.

안정과 평화를 누리던 조선은 임진왜란과 병자호란을 겪으면서 큰 피해를 입었어. 전쟁이 끝난 후 백성들은 흉폐해진 땅을 다시 일구어 농토의 면적을 늘렸고, 나라에서도 농민의 세금 부담을 줄여 주는 대동법을 시행하였지. 광해군 때에는 전쟁으로 고통받는 사람들을 위해 허준으로 하여금 『동의보감』을 편찬하게 하였어.

조선의 신분 제도

조선 시대에는 태어날 때부터 신분이 정해져 있었어. 신분은 양반, 중인, 상민, 천민으로 나뉘었고, 신분에 따라 하는 일, 옷차림 등 사회적 위치가 달랐어.

양반은 유교 가르침을 공부하고, 관리가 되어 나랏일을 하기도 했어. 중인은 양반을 도와 관청에서 일하거나 궁궐에서 그림을 그렸지. 또 외국 사신을 만나 통역을 하는 일 등을 했지. 상민은 평민을 말해. 대부분 농사를 지으며, 나라에 세금을 내고 큰 공사가 있을 때 불려 나갔어. 천민은 양반 집이나 관공서에서 일하는 노비, 광대, 악공 등이 천민에 속했어.

임진왜란과 이순신의 활약

일본이 조선을 침략하자 전쟁에 대한 대비가 부족했던 조선군은 번번이 패했어. 일본군은 순식간에 한양까지 처들어왔지. 반면 이순신은 임진왜란이 일어나기 전부터 전쟁에 대비했어. 거북선과 판옥선을 만들고, 군사 훈련을 하며, 식량과 무기를 준비했어. 이순신이 이끄는 조선 수군은 일본 수군과 싸워 계속 승리했어. 특히 한산도 대첩에서 하의 날개를 펼친 듯한 형태로 일본 수군을 크게 무찔렀어.

바다로 물자를 보급하지 못하자 육지에서 싸우던 일본군도 어려움을 겪게 되었지. 결국 일본군은 철수하면서 전쟁이 끝났어.

▲ 학익진 전법(상상화)

조선 시대에도 신분증이 있었다고?

조선 시대에 16세 이상의 남자는 모두 신분을 증명하는 호패를 지니고 다녀야 했어. 호패는 담긴 내용은 신분별로 달랐지. 양반은 보통 이름, 출생 년도, 관리를 뽑는 시험인 과거에 합격한 연도와 과거의 종류를 적었어. 노비는 나이, 거주지, 얼굴빛, 키, 수염이 있는지, 없는지 등을 기록했대.

◎ 알맞은 말에 ○표를 하세요.
조선은 ((유교) , 불교)를 바탕으로 나라를 다스렸다.

해설 조선이 건국되자 정도전을 비롯한 신진 사대부들은 중 성리 유교를 중요하게 여기는 유교를 나라를 다스리는 근본으로 삼았습니다.

◎ 세종 때 있었던 일에 ○표를 하세요.
백성들의 삶에 도움이 되는 수유 기, 자격루를 만들었다. (○)
임금에 고동 받는 백성들을 위해 『동의보감』을 편찬했다. ( )

해설 『동의보감』은 광해군 때 허준이 작성한 의술서입니다.

◎ 알맞은 것끼리 선으로 이으세요.

글공부를 하거나 관리가 되었다.	—	양반
대부분 농사를 짓고, 나라에 세금을 냈다.	—	중인
노비 등 가장 천한 계 여긴 신분이다.	—	상민
양반을 도와 관청에서 일했다.	—	천민

해설 중인은 오늘날로 치면 전문 기술자들이었습니다. 상민은 농사를 짓고 나라에 세금과 노동력을 제공했습니다.

한눈에 정리

건국 — 이 성 계
• 한양으로 도읍을 옮기고 백성을 나라의 근본으로 삼음.

발전 — 세 종
• 훈민정음 창제, 훈천의, 자격루 등 발명
• 때 과학 기술과 문화를 크게 발전시킴.

위기 — 임진왜란 / 병자호란
• 일본이 중국 명으로 가는 길을 내어 달라며 조선에 쳐들어옴.
• 청이 조선에 임금과 신하의 관계를 요구했는데 조선이 이를 거절하자 처들어옴.

이성계 가 신진 사대부와 손을 잡고 조선을 건국함.

Q보충 □□□□는 신진 사대부와 손을 잡고 조선을 건국했어.

TIP 조선 전기에는 과학 기술과 문화가 크게 발전했습니다. 앙부일구나 해시계 등으로 시간을 측정하였지만 과학 기술이 발전하면서 해시계에 이을 녹이 든, 새로운 발명이 나오기도 했습니다.

3주차
2회 ①

과학

수증기 응결로 생기 이슬과 구름

이슬: 공기 중의 수증기가 기온이 내려가거나 차 찬 물체에 부딪힐 때 물방울로 맺히는 것.

구름: 공기 중의 수증기가 응결해 물방울이 되거나 얼음 알갱이 상태로 변해 하늘에 떠 있는 것.

이슬과 안개는 주로 새벽에 많이 나타나는데, 공기 중에 수증기가 많은 것을 볼 수 있어.

이슬은 강이나 호수 주변에서 주로 볼 수 있어.

이슬은 밤에 기온이 낮아져서 차가워진 나뭇가지나 풀잎 등에 수증기가 응결해 물방울로 맺히는 거야. 안개는 공기 중의 수증기가 응결해 지표면 가까이에 작은 물방울로 떠 있는 거야. 응결이란 공기 중의 수증기가 온도가 낮은 물체에 닿아 물방울이 되는 현상을 말해.

땅 위의 따뜻해진 공기는 위로 올라가. 높이 올라갈수록 기온이 낮아져 차가워진 공기 중 수증기가 응결해 물방울이 되거나 비에, 크기가 커진 얼음 알갱이가 무거워져 떨어지면서 녹은 것이 비야. 날씨가 추울 때는 얼음 알갱이의 크기가 커지면서 무거워져 떨어질 때 녹지 않은 채로 떨어지는데, 이것이 눈이야.

이슬과 안개

해가 지면 지표면 가까이 있는 풀잎이나 나뭇잎 등의 온도가 낮아져. 물체의 온도가 낮아지면 그 물체의 표면은 온도를 감소해 공기 중 수증기가 작은 물방울로 달라붙는데 이것이 이슬이야.

밤에 지표면 근처의 공기가 차가워져 공기의 온도가 낮아지면 공기 중 수증기가 응결해 작은 물방울로 떠 있게 되는데 이것은 안개야.

이슬과 안개는 주로 새벽이나 이른 아침에 볼 수 있어. 이슬과 안개가 잘 생기는 조건은 낮과 밤의 온도 차이가 크고 바람이 불지 않는 맑은 날이야.

▲ 이슬

▲ 안개

일상생활에서 볼 수 있는 응결 현상

- 추운 날, 실내에 들어가면 차가운 안경알 가운데 안경알에 뿌옇게 흐려져.
- 따뜻물로 사워를 하면 욕실 벽에 물방울이 맺혀.
- 아이스크림이나 드 포장지에 물방울이 맺혀.
- 냉장고에서 꺼낸 음료수병의 표면에 물방울이 생겨.

구름이 생기는 까닭

수증기를 포함한 공기가 위로 올라가수록 부피가 점점 커지고 온도가 낮아져, 공기 냉어리가 작은 물방울로 되거나 얼음 알갱이가 되어 하늘에 떠 있는 것이 구름이야. 공기 중의 수증기가 응결해 물방울이 되어 있느데 이것이 구름이지.

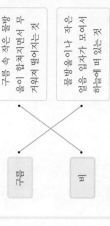

한눈에 정리

수증기가 응결해 나타나는 현상

이슬	밤에 차가워진 나뭇가지나 풀잎 표면 등에 수증기가 응결해 물방울로 맺히는 것
안개	밤에 지표면 근처의 공기가 차가워지면 공기 중 수증기가 응결해 작은 물방울로 떠 있는 것
구름	공기 중 수증기가 응결해 물방울이 되거나 얼음 알갱이 상태로 변해 하늘에 떠 있는 것
눈, 비	• 비는 구름 속 작은 물방울이 합쳐지면서 무거워져 떨어지거나, 크기가 커진 얼음 알갱이가 무거워져 떨어지면서 녹은 것 • 눈은 얼음가 추위 녹지 않고 떨어지는 것

공통점: 공기 중의 수증기가 응결해 나타난다   차이점

이슬·안개·구름·비

TIP 공기 중의 수증기가 물방울로 변하는 현상을 응결이라고 합니다. 응결로 나 타나는 것에는 이슬, 안개, 구름, 비나 눈 등이 있습니다.

이해 공기 중의 수증기가 온도가 낮은 물체에 닿아 물방울이 되는 현상을 □□이러고 해.

▶ 정답과 해설 37쪽

① 알맞은 말에 ○표를 하세요.

공기 중의 수증기가 응결해 물체 표면에 물방울로 맺히는 것을 (이슬 , 안개)(이)라고 한다. 또 공기 중의 수증기가 작은 물방울로 되어 지표면 가까이에 떠 있는 것을 (이슬 , 안개)(이)라고 한다.

해설 이슬과 안개는 수증기의 응결로 나타나는 현상인데, 물방울로 맺히면 이슬이 되고, 지표면 가까이에 떠 있으면 안개가 됩니다.

① 이슬과 안개가 만들어지는 과정에서 공통점에 ○표를 하세요.

공기가 팽창한다.	□
수증기가 응결한다.	○
지표면의 공기가 따뜻해진다.	□

해설 이슬, 안개, 구름, 비는 수증기가 응결해 나타나는 모습입니다.

① 알맞게 선으로 이으세요.

구름 ——— 물방울이나 작은 얼음 알갱이 모여서 하늘에 떠 있는 것

비 ——— 구름 속 작은 물방울이 합쳐지면서 무 거워져 떨어지는 것

해설 공기 중의 수증기가 응결해 물방울이 되거나 작은 얼음 알갱이가 되어 하늘에 떠 있으면 구름이 되고, 구름 속 작은 물방울이 합쳐지면서 무거워져 떨어지면 비가 됩니다.

2회 ② 기압의 높낮이, 저기압과 고기압

저기압: 주위보다 상대적으로 기압이 낮은 것.
고기압: 주위보다 상대적으로 기압이 높은 것.

과학

기압이란 지구를 둘러싼 공기가 지구의 표면을 누르는 힘을 말해.

일정한 부피에 공기 알갱이가 많을수록 공기는 무거워지며 기압은 높아져. 차가운 공기는 따뜻한 공기보다 일정한 부피에 공기 알갱이가 더 많아 무겁고 기압이 더 높아. 이처럼 공기가 무거운 것을 고기압이라고 하고, 공기가 가벼운 것을 저기압이라고 해.

고기압과 저기압

따뜻한 지표면 위의 공기는 일정한 부피당 공기 알갱이가 가벼워 가볍고 지표면에 미치는 기압도 낮아져. 반면 차가운 지표면 위의 공기는 일정한 부피당 공기 알갱이가 더 많아 무겁고 기압이 더 높아. 이처럼 상대적으로 무거운 공기가 높아지고, 공기가 가벼운 것을 저기압이라고 해. 공기는 고기압에서 저기압으로 이동하는데, 이처럼 기압 차로 공기가 수평으로 이동하는 것을 바람이라고 해. 즉, 바람은 공기의 움직임이야.

기압과 바람

따뜻해진 지역의 공기는 주변보다 가벼워 올라가면서 기압이 낮아져. 반대로 차가워진 지역의 공기는 주변보다 무거워 내려오면서 기압이 높아지지.

어느 한 곳의 기압이 주위보다 높을 경우 이 주위의 기압이 높은 쪽에서 낮은 쪽으로 공기가 이동하게 돼, 이와 같이 공기가 저기압으로 향하는 공기의 수평 이동을 바람이라고 해. 두 곳의 기압 차가 클수록 바람은 더 강해져.

바닷가에서 부는 바람은 낮과 밤이 다르다고?

바닷가에서 낮과 밤에 서로 다른 방향으로 공기가 흘러. 낮에 태양열을 받으면 육지가 바다보다 빨리 데워져 육지로 가는 바다보다 기압이 낮아져. 그래서 바다에서 육지로 해풍이 불어. 반면에 밤에는 육지가 바다보다 빨리 식어 육지가 바다 위 공기는 저기압, 육지 위 공기는 고기압이 돼 육지에서 바다로 육풍이 불어.

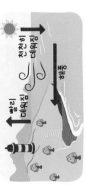
▲ 낮에 부는 바람: 해풍(바다 → 육지)

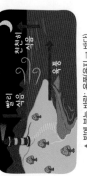
▲ 밤에 부는 바람: 육풍(육지 → 바다)

한문에 정리

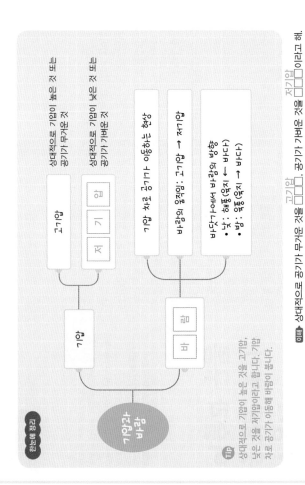

```
기압  ┐
      ├─ 고기압
저기압 ┘

바람  ┐
      ├─ 상대적으로 기압이 높은 것 또는 공기가 무거운 것
      │  └ 고기압
      ├─ 상대적으로 기압이 낮은 것 또는 공기가 가벼운 것
      │  └ 저기압
      └─ 기압 차로 공기가 이동하는 현상
         • 낮 : 해풍 (바다 → 육지)
         • 밤 : 육풍 (육지 → 바다)
```

이해 상대적으로 공기가 무거운 것을 고기압 , 공기가 가벼운 것을 □□□이라고 해.

◉ 알맞은 말에 ○표를 하세요.

상대적으로 공기가 무거운 것을 (고기압 . 저기압)이라고 하고, 공기가 가벼운 것을 (고기압 . 저기압)이라고 한다.

해설 주위보다 공기가 무거우면 기압이 높아지고, 주위보다 공기가 가벼우면 기압이 낮아집니다.

◉ 다음에서 설명하는 현상으로 알맞은 것에 ○표를 하세요.

어느 두 지점 사이에 기압 차가 생겨 공기가 고기압에서 저기압으로 이동하는 현상이다.

□ 구름   ● 바람   □ 이슬

해설 기압 차로 공기가 이동하는 현상을 바람이라고 합니다.

◉ 밤에 바닷가에서 부는 바람의 방향을 빈칸에 화살표로 표시하세요.

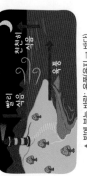

해설 밤에는 육지가 바다보다 빨리 식어 육지 위 공기는 고기압, 바다 위 공기는 저기압이 됩니다. 그래서 육지에서 바다로 바람이 붑니다. 이를 육풍이라고 합니다.

큰 변화를 겪은 조선 후기

조선 후기: 후란을 겪은 사회·경제적으로 큰 변화를 겪음.

조선 후기: 조선은 임진왜란과 병자

임진왜란을 전후해 조선의 지배층은 붕당을 이루어 정치를 이끌어 나갔어. 처음에는 붕당 간의 다양한 의견이 나라를 운영하는 데 도움을 주었지. 하지만 시간이 지날수록 붕당 간에 갈등과 대립이 커지고, 자기 당이 이익만 앞세우면서 정치가 혼란스러워졌지.

영조는 탕평책을 널리 알리기 위해 탕평비를 세웠는데, 붕당에 상관없이 능력 있는 인재를 고루 뽑아 정치를 안정시키기 위해 노력했어. 또 균역법을 실시해 세금을 줄이고, 허문과 제도를 정비했어.

정조 역시 탕평 정치로 특정 붕당이 권력을 독점하는 것을 막기 위해 노력했어. 규장각을 설치해 젊은 학자들의 나랏일을 연구하게 하고, 조선의 새로운 과학 기술을 활용해 수원 화성을 건설했어.

영조와 정조의 개혁 정책을 펴는 동안 일부 학자들은 실생활에 도움이 되는 학문, 즉 실학을 연구하기 시작했어. 실학자들은 새로운 문물과 현실 문제에 관심을 두고 농업, 상업과 공업, 우리나라 고유 분야를 연구하며 사회를 발전시키려고 노력했어.

한눈에 정리

흥기 조선 □□에는 정치, 경제, 사회, 문화 등 여러 분야에서 큰 변화가 일어났어.

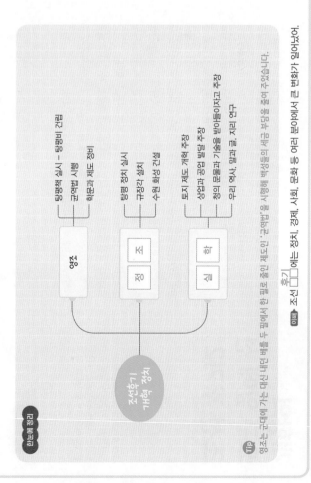

영조	탕평책 실시 – 탕평비 건립
	균역법 시행
	허문과 제도 정비
정조	탕평 정치 실시
	규장각 설치
	수원 화성 건설
실학	토지 제도 개혁 주장
	상업과 공업 발달 주장
	청의 문물과 기술을 받아들이자고 주장
	우리 역사, 말과 글, 지리 연구

조선후기 개혁 정치

TIP
영조는 근대화로 가는 대신 네모 패를 두 쪽에서 한 필로 줄인 제도인 '균역법'을 시행해 백성들이 세금 부담을 줄어 주었습니다.

영조와 정조의 개혁 정책

영조

붕당 정치의 폐해를 잘 알고 있었던 영조는 당파에 관계 없이 인재를 골고루 뽑아 등용하는 '탕평책'을 시행했어. 그리고 탕평책을 널리 알리기 위해 탕평비를 세웠다는 내용을 세긴 탕평비까지 탕평의 구호 없이 시행으로 는 인재를 고루 뽑아 정치를 안정시키기 위해 노력했어. 또 균역법을 실시해 세금을 줄이고, 허문과 제도를 정비했어.

정조

정조 역시 영조의 탕평책을 이어받아 여러부나 정치를 안정시키 려고 노력했어. 왕실 도서관인 규장각을 설치하여 젊은 하자들로 하여금 나랏일과 관련된 여러 학문을 연구하게 했어. 새로운 과학 기술을 응용하여 수원 화성을 건설했지. 정조는 수원 화성을 상업의 중심지로 삼아 구향 중심의 정치를 운영해 나가고자 했어.

▲ 수원 화성 팔달문

현실 문제를 해결하기 위한 노력, 실학

임진왜란과 병자호란이라는 큰 전쟁을 지르고 백성들의 삶은 너무 힘들어졌어. 하자들은 현실의 문제를 해결해 줄 수 있는 새로운 하문의 필요성을 느꼈지. 이런 상황에서 등장한 것이 실학이야.

농사를 중요하게 여긴 실학자들은 토지 제도를 바꾸고 과학적인 농사 기술을 알게 농민이 잘 사는 사회를 만들고자 했어. 또 상공업을 중요하게 여긴 실학자들은 상공 업이 나라를 부강하게 할 수 있는 방법이라고 여기고 청 의 선진 문물을 받아들이자고 했어. 또한 우리나라의 고 유한 것을 중요하게 생각한 하자들은 우리의 역사, 지리, 언어, 자연 등을 연구하는 하문입니다.

◉ 알맞은 말에 ○표를 하세요.

영조와 정조는 (붕당 정치 (탕평책))을/를 실시해 인재를 붕당과 상관없이 나랏일을 함 인재를 골고 루 뽑았다.

해설 붕당에 상관없이 인재를 골고루 뽑아 등용하는 정책 은 '탕평책'입니다.

◉ 알맞게 선으로 이으세요.

영조 ──── 균역법 시행

정조 ──── 수원 화성 건설

해설 균역법을 시행한 것은 영조이고, 수원에 새로운 도시 인 수원 화성을 건설한 것은 정조입니다.

◉ 실학에 대한 설명으로 맞는 것에 ○표를 하세요.

□ 현실적인 문제보다 철학적인 문제 를 다루었다.

○ 농업과 상공업을 발달시키기 위해 여러 연구를 하였다.

□ 우리 것을 버리고 청의 문물을 받아 들이자고 주장하였다.

해설 실학은 현실 문제를 연구하는 하문입니다.

3회 3주차 ②

개항의 요구 앞에 선 조선 후기2

조선 후기1: 조선의 세도 정치로 어지럽혀진 정치 기강을 바로잡기 위해 노력하는 가운데 서양 열강이 나라의 문을 열라며 조선에 접근해 옴.

정조가 죽고 나이가 어린 왕들이 즉위하면서 왕의 외척, 즉 왕의 어머니나 처가쪽 가문이 정치권력을 독점하는 세도 정치가 나타났어. 안동 김씨 등 몇몇 가문이 주요 관직을 독차지하고, 벼슬을 사고파는 일이 잦았지. 세도 정치로 인해 정치는 혼란스럽고, 백성들의 삶도 어려워졌어.

이때 고종이 어린 나이로 왕이 되자 고종의 아버지인 흥선 대원군이 정치적 실권을 잡았어. 흥선 대원군은 서원을 몇 개만 남기고 없애고, 호포제를 실시해 양반들에게도 세금을 걷는 등 개혁 정책을 폈어. 하지만 임진왜란 때 불탄 경복궁을 다시 지으면서 백성들을 동원하고, 강제로 기부금을 걷어 백성의 불만이 높아졌지. 그런 가운데 프랑스, 미국 군함이 통상을 하자며 조선을 위협했어. 흥선 대원군은 이들의 침략을 막아내며 통상 수교 거부 정책을 폈어. 고종이 직접 정치를 하게 되었을 때 일본이 개항을 하라며 조선을 압박했고, 일본과 강화도 조약을 맺게 돼. 강화도 조약은 외국과 맺은 최초의 근대적 조약이지만 불평등한 조약이었어.

TIP 한눈에 정리
흥선 대원군은 세도 정치로 어지럽혀진 정치 기강을 바로잡고, 왕권을 강화하기 위해 여러 개혁 정책을 폈습니다.

흥선 대원군

개혁 정치
- 세도 정치 척결
- 서원 철폐
- 능력 위주의 인재 등용
- 경복궁 중건

고종 — 통 상 수 교 거부 정책
- 병인양요
- 프랑스, 강화도 침략
- 신미양요
- 미국, 강화도 침략
- 척화비 건립

강 화 도 조약

이해 조선은 일본과 맺은 □□□으로 개항을 시작했어.

조선 후기에 등장한 새로운 종교

천주교 청에 다녀온 사신들이 천주교 관련 서적을 가져오면서 우리나라에 처음 소개되었어. 처음에는 서학이라고 하여 서양 학문 가운데 하나로 연구되다가 종교로 받아들여졌어. 하지만 평등 사상과 조상의 제사를 거부한다는 이유로 나라에서 천주교를 금했어. 흥선 대원군 역시 프랑스 선교사를 비롯해 많은 천주교 신자들을 처형했어. 주에 이 사건을 빌미로 프랑스가 조선에 쳐들어와.

동학 최제우는 서학에 맞서기 위해 동학을 창시했어. 동학은 '사람이 곧 하늘'이라는 인내천 사상과 새로운 시대가 열린다는 '후천 개벽 사상'을 바탕으로 백성들 사이에 빠르게 퍼져나갔어. 나라에서는 동학이 세상을 어지럽히고 백성을 속인다며 최제우를 처형했어. 하지만 동학은 백성들 사이에 퍼져가며 훗날 동학 운동으로 이어져.

조선에 통상을 요구하며 침략한 서양 세력

병인양요(1866년) 프랑스 선교사가 처형된 사건을 구실로 프랑스군이 강화도에 쳐들어왔어. 조선은 양헌수 부대 등의 활약으로 프랑스 군대를 물리쳤지만 많은 문화재를 약탈해 갔어.

신미양요(1871년) 미국 상선이 통상을 요구하며 행패를 부리다가 평양 백성들의 공격을 받아 침몰한 사건이 있었어. 미국은 이 사건을 구실로 강화도에 침입했어. 어재연 부대의 활약으로 미군을 물리쳤지.

강화도 조약이 불평등 조약인 까닭은?

- 조선의 해안을 일본이 자유로이 측량하도록 하게 한다. → 일본이 조선을 침략하기 쉽게 하고, 군함 등이 자유롭게 접근하도록 했어.
- 개항한 항구에서 일본이 죄를 지어도 조선 정부가 심판할 수 없다. → 조선 땅에서 일본이 자유를 누릴 수 있도록 하면서 조선의 사법권을 침해했어.

이해 조선은 일본과 맺은 □□□□으로 개항을 시작했어.

▲ 정답과 해설 40쪽

● 흥선 대원군이 펼친 개혁 정책에 ○표를 하세요.

☐ 호포제를 실시해 양반에게도 세금을 내게 하였다.
◉ 전국의 수많은 서원에 세금을 면제하는 혜택을 주었다.
☐ 서양 세력과 활발하게 통상을 하게 하였다.

해설 흥선 대원군은 백성을 괴롭히던 서원을 대폭 정리하고, 서양 세력과의 통상과 수교를 거부하는 정책을 폈습니다.

● 다음 사건이 어느 나라가 조선을 침략한 사건인지 바르게 선으로 이으세요.

병인양요 — 프랑스 / 영국 / 미국 — 신미양요

해설 병인양요는 1866년에 프랑스 함선이, 신미양요는 1871년에 미국 함선이 강화도에 쳐들어온 사건입니다.

● 알맞은 말에 ○표를 하세요.
강화도 조약은 운요호 사건을 계기로 조선이 일본과 맺은 (평등 / (불평등)) 조약으로, 외국과 처음으로 맺은 근대적 조약이다.

해설 강화도 조약은 조선이 외국과 처음으로 맺은 근대적 조약이자 불평등한 조약입니다.

4회 3주차 ①

문장을 구성하는 문장 성분

국어

문장 성분: 문장을 구성하면서 일정한 역할을 하는 부분.

가족이나 학급, 회사에 각자 구성원들이 있듯이 문장에도 문장을 구성하는 부분이 있어. 이를 문장 성분이라고 하는데 문장을 구성하면서 일정한 역할을 해.

문장을 구성하는 성분은 크게 주성분, 부속 성분, 독립 성분으로 나눌 수 있어. 동작이나 상태의 주체가 되는 주어, 주어의 움직임, 상태, 성질 따위를 풀이하는 서술어, 동작의 대상이 되는 목적어, 서술어의 부족함을 보충하는 보어가 주성분이야. 주어와 목적어, 서술어를 꾸며 주는 관형어와 주로 서술어를 꾸며 주는 부사어가 부속 성분이지. 독립 성분에는 독립어가 있는데, 이는 다른 문장 성분과 직접 관련이 없는 '어머나!'와 같은 감탄사를 말해.

문장 성분들 간에도 일정한 역속 관계가 있어. 한 성분이 나타나면 반드시 다른 성분이 나타나야 하는 것을 말하는데, 이를 '호응'이라고 해. 호응 관계가 잘 이루어지지 않은 문장은 뜻이 모호해지거나 어색해질 수 있어.

문장 성분의 호응 관계

높임의 대상과 서술어의 호응

높임말은 주로 웃어른을 높일 때에 쓰는 말이나 '전지전능한 신'처럼 특수한 낱말을 사용하여 공경하는 마음을 나타낼 수 있어. '계시나 께', 서술어에 '-시-'를 붙여서 높임의 대상을 높이거나 문장 끝에 '-습니다, -어요'를 붙여서 듣는 사람을 높이기도 해.

시간을 나타내는 말과 서술어의 호응

시간을 나타내는 말에는 과거, 현재, 미래를 표현하는 말이 있어. '나는 어제 체조도에 갈 것이다.'라는 표현에서 '어제'는 잘못 쓴 표현이야. '갈 것이다'와 호응을 이루려면 '내일'처럼 미래를 나타내는 말로 바꾸어야겠지? 이렇게 시간을 나타내는 말과 서술어를 알맞게 사용해야 해.

서술어를 꾸며 주는 말과 서술어의 호응

서술어를 꾸며 주는 말이 사용된 문장에서는 '비록 ~하지만', '왜냐하면 ~때문이다.', '만약 ~한다면', '별로 ~없다', '반드시/꼭 ~이야야 한다'와 같이 서술어를 꾸며 주는 말과 서술어가 호응을 꽤야 해.

문장의 호응 관계를 지켜야 하는 까닭은 뭐야?

문장에서 호응이 이루어지지 않으면 뜻이 잘못 전달될 수 있어.

문장에서 호응이 이루어지지 않으면 어색한 문장이 되거나 뜻이 잘못 전달될 수 있어. 예를 들어, '우리 선생님은 결코 우리를 사랑하신다.'라는 문장을 생각해 봐. 정말 우리를 사랑하신다는 것인지, 사랑하시지 않는다는 것인지 이해하기 잘 되지 않을 거야. '결코는 ~않다, 못하다, 없다'와 같은 부정어와 같이 쓰여야 하는데도,

주어와 목적어, 서술어도 잘 어울리게 써야 해.

'사냥꾼은 토끼를 잡혔다.'라는 문장은 어딘가 이상하지? 주어가 '사냥꾼'이고 목적어가 '토끼'니까 서술어는 '잡혔다'가 아니라 '잡았다'가 맞어. '어머니께서 아기를 안 잤다.'라는 문장은 어떨까? 이 문장 역시 어머니께서 아기를 안은 거니까 '안았다'라고 써야 호응이 잘 이루어진 문장인 거야.

한눈에 정리

주성분
- 주어 : 서술어가 나타내는 동작의 주체
  - 예) 꽃이 피다.
- 목적어: 서술어의 동작 대상이 되는 말
  - 예) 나는 밥을 먹었다.
- 서술어: 주어의 동작이나 상태 등을 풀이한 말
  - 예) 동생은 장꾸러기이다.

부속
- 보어: 주어의 내용을 보충하는 말
  - 예) 누나는 선생님이 되었다.
- 관형어: 사물, 사람과 같이 대상을 나타내는 말을 꾸며 주는 말
  - 예) 노란 나비를 보았다.
- 부사어: 주로 서술어를 꾸며 주는 말
  - 예) 기차가 빨리 간다.

독립
- 독립어: 부름, 감탄, 대답 등을 나타내는 말
  - 예) 앗 시간을 깜빡 했어, 응 고마워.

(이해) 문장을 구성하면서 일정한 역할을 하는 부분을 문장 성분 □□이라고 해.

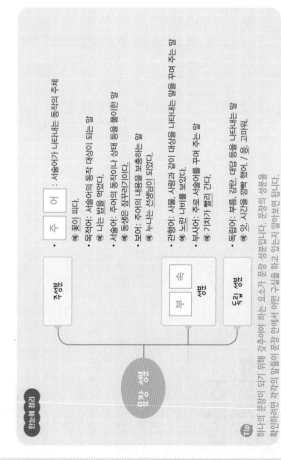

● 문장 성분 중 주성분끼리 묶은 것에 ○표를 하세요.

주어 / 보어 / 관형어 / 독립어

주어 / 목적어 / 서술어 / 보어 ○

주어 / 서술어 / 부사어 / 보어

(해설) 주어, 목적어, 서술어, 보어가 문장의 주성분입니다.

● 알맞은 말에 ○표를 하세요.

문장에서 주어의 움직임, 상태, 성질 따위를 풀이하는 말을 (독립어, (서술어))라고 한다.

(해설) 동작이나 상태의 주체가 되는 주어, 주어의 움직임, 상태, 성질 따위를 풀이하는 말을 서술어라고 합니다.

● 다음 중 호응이 잘 이루어진 문장에 ○표를 하세요.

우리 동네에 새로 생긴 도서관에는 새로운 책이 많아.

안녕은 '~한다면 좋음이고, '별로는 '않다', '없 다'와 같은 부정어와 같이 쓰여요.

우리 동네에 새로 생긴 도서관에는 새로운 책이 많아 있어.

4회 ②

합쳐진 말,
합성어와
파생어

3주차

합성어: 뜻을 가진 두 낱말이 하나로

합쳐진 낱말.

파생어: 낱말과 뜻을 더해 주는 말이

하나로 합쳐진 낱말.

국어

낱말을 자음에 따라 나누어 보면 뜻이 있는 하나의 낱말로 된 '단어'와 뜻이 있는 낱말이 합쳐진 '복합어'로 나눌 수 있어. 우리가 자주 쓰는 낱말의 자음을 분석해 볼까? 예를 들어, '산, 바다, 나무'는 더 이상 쪼갤 수 없으니 단일어겠지? 그럼 '돌다리, 밤나무, 김밥'은 어때? 모두 하나의 낱말이지만 '돌+다리', '밤+나무', '김+밥'으로 나눌 수 있는 합성어야. 이처럼 따로 쓰이는 낱말끼리 서로 합쳐져서 새로운 낱말이 되는 경우가 있어. 하지만 복합어에는 이처럼 뜻을 가진 두 낱말이 합쳐진 경우만 있는 게 아니야. '맨손, 헛수고, 짓누르다'처럼 '맨', '헛', '짓'은 낱말 앞에 붙어서 '아무것도 없는', '그해에 새로 난은', '마구, 함부로'라는 뜻을 더해 줘. '나무꾼, '장사꾼'에 쓰이는 '꾼'은 낱말 뒤에 붙어서 '어떤 일을 전문으로 하거나 즐겨 하는 사람'이라는 뜻으로 쓰이지만 이처럼 혼자 쓰이지는 않지만 다른 낱말의 앞이나 뒤에 붙어서 뜻을 더해 주는 낱말은 파생어라고 해. 낱말의 자음을 어떻게 붙여 쓰이는 낱말의 뜻을 짐작할 수 있고, 낱말을 어떻게 만들었는지 이해할 수 있어서 좋아.

어근과 접사

어근 '어근'이란 말씀 어(語)에 뿌리 근(根)을 써서 말의 뿌리라는 뜻이야. 낱말을 만들 때 의미를 나타내는 중심이 되는 부분을 말하지. 단어는 만들어진 방법에 따라 하나의 어근으로 이루어진 단일어(예) 나무와 하나의 어근에 다른 어근이나 접사가 붙어 이루어진 복합어로 나뉘어. 복합어는 2개 이상의 어근으로 이루어진 함성어(예) 돌다리)와 1개 이상의 어근과 접사로 이루어진 파생어(예) 나무꾼)으로 구분해.

접사 '접사'란 붙을 접(接)에 말 사(辭)를 써서 혼자서 쓰이지 않고 항상 다른 어근에 붙어 새로운 단어를 만드는 부분이야. 접사는 붙을 통해 주고 새로운 단어를 만드는 중요한 역할을 해. '애호박', '애송이'라는 말 들어봤지? '애'는 '어린' 또는 '작은'이라는 뜻이야. 이처럼 어근 앞에 접사가 있는 경우는 접두사라고 하고, '욕심쟁이', '심술꾸러기'에 쓰이는 '쟁이'나 '꾸러기'는 '어떤 일을 심하게 하거나 많이 하는 사람'이라는 뜻으로 접사야.

낱말을 사전에서 찾아볼까?

낱말의 기본형은 무엇을 뜻하는 말이야?

'책상, 나무, 눈' 등과 같이 사물의 이름을 나타내는 단어이나 함성이는 형태가 바뀌는 낱말이 아니야. 하지만 '가다, 빠르다, 뒤섞다'와 같이 움직임과 성질이나 상태를 나타내는 낱말의 형태가 '가고, 가는, 간다', '빠르니, 빠르고, 빠르다', '뒤섞인과 같이 바꿔니 이름 대표하는 낱말이 기본형이야. 기본형은 움직임을 나타내는 말과 성질이나 상태를 나타내는 말에서 바뀌지 않는 부분에 '-다'를 붙여 만들어.

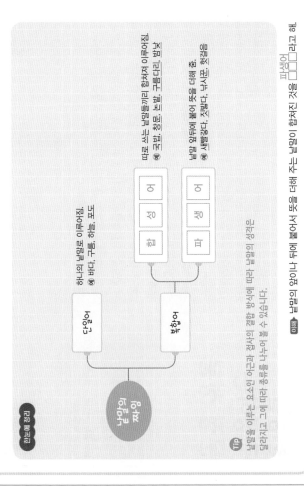

한눈에 정리

낱말의 짜임

- **단일어**: 하나의 낱말로 이루어짐. (예) 바다, 구름, 하늘, 포도
- **복합어**
  - **함성어**: 따로 쓰는 낱말들끼리 합쳐져 이루어짐. (예) 국화, 창문, 장롱, 눈물, 구름다리, 밤낮
  - **파생어**: 낱말 앞뒤에 붙어 뜻을 더해 줌. (예) 새빨갛다, 덧붙다, 뒤섞다, 헛걸음

TIP 낱말을 이루는 요소인 어근과 접사의 결합 방식에 따라 낱말의 성격은 달라지고 그에 따라 종류를 나누어 볼 수 있습니다.

이해 낱말의 앞이나 뒤에 붙어서 뜻을 더해 주는 낱말이 합쳐진 것을 □□□라고 해.

▲ 정답과 해설 42쪽

◎ 다음 중 파생어에 ○표를 하세요.

- 하늘
- ○ 헛수고
- 할머니

해설 '하늘, 할머니'는 단어입니다. '헛수고'는 '헛+수고'로 이루어진 파생어입니다.

◎ 앞맞은 말에 ○표를 하세요.

혼자서 쓰이지 않고 항상 다른 낱말에 붙어 새로운 단어를 만드는 부분을 (어근, (접사))(이)라고 한다.

해설 혼자서 쓰이지 않고 항상 다른 낱말에 붙어 새로운 단어를 만드는 부분을 접사라고 합니다.

◎ 낱말의 기본형을 만드는 방법으로 앞맞은 것에 ○표를 하세요.

- ○ 움직임을 나타내는 말과 성질이나 상태를 나타내는 말에서 바뀌지 않는 부분에 '-다'를 붙여 만든다.
- 사물의 이름을 나타내는 단어이나 함성이에 '-다'를 붙여 만든다.

해설 움직임을 나타내는 말과 성질이나 상태를 나타내는 말에서 형태가 바뀌지 않는 부분에 '-다'를 붙여 만듭니다.

5회
3주차 ①
강제성이 있는 규칙, 법

사회

공동체 안에서 질서를 유지하고, 안전하게 살아가기 위해서는 도덕이나 법 같은 사회 규범을 지켜야 해. 그렇다면 법은 어떻게 만들어질까? 만약 밤늦게 등교 시간에 자동차가 어린이 보호 구역에서 제한 속도를 지키지 않고 빨리 달리면 어떻게 될까? 과태료를 내야 해. 법은 도덕과 달리 국가가 만든 강제성을 가진 규칙을 말해.

법을 어겼을 때는 제재를 받지. 법이 사회 변화에 맞지 않거나 인권을 침해할 때는 제재를 바꾸거나 다시 만들기도 해.

법이 필요한 까닭은 무엇일까? 법은 개인의 권리를 보장해 줘. 개인의 생명이나 재산, 권리를 보호해 주고, 개인 간에 생긴 분쟁을 해결해 주지. 그리고 사회 질서를 유지하게 유지해 줘. 사고나 범죄로부터 사람들을 보호하고 안전하게 살아갈 수 있게 해 주지. 도로 교통법은 교통사고를 예방할 수 있게 해 주고, 환경과 관련한 법은 환경 오염과 파괴를 예방해 주는 것처럼 말이야.

이처럼 법을 지키는 것은 다른 사람의 권리를 보장하는 동시에 나의 권리도 보장받는 방법이야.

법: 국가가 만든 강제성을 가진 규칙.

학교와 학교 주변에서 적용되는 법

「식품 위생법」
우리가 먹는 학교 급식은 「식품 위생법」의 적용을 받아. 많은 학생들이 모여서 함께 하는 식사이기 때문에 식중독 같은 것을 예방하고, 영양적으로 균형 잡힌 식단을 제공하기 위해서야.

「도로 교통법」
초등학교, 유치원, 어린이집, 학원 등 만 13세 미만 어린이 시설의 주변 도로 중 일정 구간을 어린이 보호 구역이라고 해. 「도로 교통법」은 어린이 보호 구역에서 어린이가 안전하게 다닐 수 있도록 자동차의 통행 속도를 시속 30km 이내로 제한하고 있어.

「어린이 식생활 안전 관리 특별법」
학교와 학교 주변에서는 「어린이 식생활 안전 관리 특별법」에 따라 어린이의 건강을 해치는 식품이나 불량 식품 등의 판매를 금지하고 있어.

밤 10시 이후에는 법으로 샤워를 금지하는 법이 있다고?

스위스는 소음으로 이웃 간에 분쟁이 일어나는 것을 방지하기 위해서 밤 10시 이후에 샤워를 하는 것을 법으로 금지하고 있어.

상가표어에서는 겹을 수 없는 것만으로 벌금을 내야 해.

공공장소를 깨끗하게 유지하기 위해서 만든 법인데, 겸을 섬따나가 벌을 받을 수 있기 때문에 법으로 금지하는 것이라고 해.

한눈에 정리

법
- 뜻: 사회생활을 할 때 지켜야 하는 행동 기준. 국가가 만든 강제성이 있는 규칙
- 특징: 어겼을 때 제재를 받음. 사회의 변화에 맞지 않거나 인권을 침해할 때 바꾸거나 다시 만들 수 있음.
- 필요성과 역할: 개인의 권리 보장

사 회 질 서 유지

개인의 권리 보장

TIP 법은 사회생활을 할 때 지켜야 하는 행동 기준으로 도덕과 달리 국가에서 만든 강제성이 있는 규칙이에요. 법은 어겼을 때 제재를 받습니다.

정답 사회생활을 할 때 지켜야 할 행동 기준으로, 국가가 만든 강제성이 있는 규칙을 □이라고 해.

◎ 법으로 제재를 받는 경우에 ○표를 하세요.

길에서 만난 친구 어머니께 인사를 하지 않았다.	□
어린이 보호 구역에서 시속 80km로 지나갔다.	○
친구들과 축구를 하다가 반칙을 했다.	□

해설 법은 국가에서 만든 강제성이 있는 규칙으로 어겼을 때 제재를 받습니다.

◎ 알맞은 것끼리 선으로 이으세요.

- 식품 위생법 — 학교 주변 도로
- 도로 교통법 — 학교에서 먹는 급식
- 어린이 식생활 안전 관리 특별법 — 학교와 학교 주변 상점

해설 불량 식품 등이 어린이의 건강을 해치거나 「어린이 식생활 안전 관리 특별법」을 지켜야 합니다.

◎ 법에 대한 알맞은 태도에 모두 ○표 하세요.

법을 잘 지키면 나만 손해를 본다.	□
법을 잘 지켜야 사회 질서가 유지된다.	○
법은 나와 다른 사람의 권리를 보장하는 것이다.	○

해설 법은 나와 다른 사람의 안전한 권리를 보장해 주고, 사회 질서를 유지합니다.

5회

3주차 ②

태어나면서부터 가지는 인권

사회

인권은 나이, 성별, 피부색이나 국적 등에 상관없이 누구나 당연히 누리는 기본적인 권리야.

놀이터나 공원 화장실에 낮은 세면대가 설치된 걸 본 적이 있지? 만약 높은 세면대만 있다면 키가 작은 어린이들은 손을 씻기 어려울 거야. 그래서 낮은 세면대를 만들어 키가 작은 사람도 손쉽게 세면대를 이용할 수 있게 한 것이지. 또 주차장에는 장애인 전용 주차 구역을 두어 안전하게 이동할 수 있는 권리를 보장하고 있어.

하지만 반대로 인권이 침해된 사례도 종종 볼 수 있어. 다문화 가정의 아이에게 피부색이나 억양이 다르다고 차별하는 사람이 있어. 피부색이 다르면 우리나라 사람이 아니라는 편견 때문이지. 또 키가 큰데도 친구의 누리 사랑방에 나쁜 댓글을 다는 것도 친구의 인권을 침해하는 경우야.

인권을 보장하기 위해 편견을 없애고, 다른 사람을 존중하고 배려하는 태도가 필요해. 국가나 지방 자치 단체에서는 다양한 사회 보장 제도를 만들었고, 장애인을 위한 공공 편의 시설을 설치해.

한줄 정리

인권: 사람이라면 누구나 태어나면서부터 당연히 가지는 기본적 권리.

인권 신장을 위한 옛날의 제도

격쟁

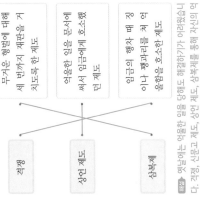

억울한 일을 당한 사람이 임금이 음금의 행차 때 징이나 꽹과리를 쳐서 임금에게 억울함을 호소할 수 있었어.

신문고 제도

백성들이 억울한 일이 있을 때 대궐 밖에 설치된 북을 쳐서 임금에게 알릴 수 있었어.

상언 제도

신분과 관계없이 억울한 일을 문서에 써서 임금에게 호소할 수 있었어.

삼복제

사형과 같은 무거운 형벌을 내릴 때는 신중해야 했어. 재판을 세 번까지 받을 수 있도록 한 이 제도는 오늘날까지 이어지고 있어.

우리나라에서 어린이의 인권 보호를 위해 노력한 분은?

과거에는 신분에 따라 차별이 심했어. 그뿐만 아니라 어린이의 인권이 무시되는 경우가 많았지. 방정환은 어린이를 독립된 한 사람으로 여기고, 모든 어린이가 꿈과 희망을 품고 행복하게 자라야 한다고 생각했어. 어린이 날을 만든 것도 바로 이 사람이야.

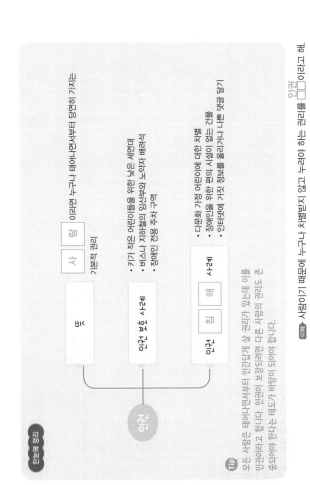

인권

뜻 | 이러면 누구나 태어나면서부터 당연히 가지는

기본적 권리
- 키가 작은 어린이들을 위한 낮은 세면대
- 버스나 지하철의 임산부와 노약자 배려석
- 장애인 전용 주차 구역

인권 보호 사례

침해 사례
- 다문화 가정 어린이에 대한 차별
- 장애인을 위한 편의 시설이 없는 건물
- 인터넷에 거짓 정보를 올리거나 나쁜 댓글 달기

한줄 정리

모든 사람은 태어나면서부터 인간답게 살 권리가 있는데 이를 인권이라고 합니다. 인권이 보장되려면 인권이 보장되려면 다른 사람의 인권을 존중하고 배려하는 태도가 바탕이 되어야 합니다.

Tip 사람이기 때문에 누구나 차별받지 않고 누려야 하는 권리를 **[인권]**이라고 해.

▲ 정답과 해설 44쪽

① 알맞은 말에 ○표를 하세요.

나이, 성별, 피부색이나 국적 등에 상관없이 사람이라면 누구나 당연히 누리는 기본적인 권리를 (**인권**) 이라고 한다.

해설 인권은 다른 사람이 함부로 빼앗을 수 없는 것이고, 태어나면서부터 자연적으로 갖게 되는 권리입니다.

② 알맞은 것끼리 선으로 이으세요.

무거운 형벌에 대해 세 번까지 재판을 받도록 한 제도	격쟁
억울한 일을 문서에 써서 임금에게 호소했던 제도	상언 제도
임금이 행차할 때 징이나 꽹과리를 쳐서 억울함을 호소한 제도	삼복제

해설 옛날에는 억울한 일을 당해도 해결하기가 어려웠습니다. 격쟁, 신문고 제도, 상언 제도, 삼복제를 통해 자신의 억울함을 호소할 수 있었습니다.

③ 인권 보호를 위해 노력한 예로 알맞은 것에 모두 ○표를 하세요.

- 주차장에 장애인을 위한 주차 구역을 따로 마련했다. ○
- 친구의 누리 사랑방에 친구를 험담하는 댓글을 달았다.
- 방정환은 어린이를 독립된 한 사람으로 보았고, 어린이 날을 정했다. ○

해설 친구의 누리 사랑방에 험담, 거짓 정보, 나쁜 댓글을 남기는 것은 인권을 침해하는 사례입니다.

3주차 확인 문제

1 고려 문화와 관련 있는 것을 모두 골라 기호를 쓰세요.

㉮ 불교 ㉯ 유교 ㉰ 성리학
㉱ 팔만대장경판 ㉲ 자격루 ㉳ 훈민정음

( )

정답: 고려는 왕실이나 귀족, 일반 백성에 이르기까지 널리 불교를 믿었습니다. 또 외적의 침입을 막고자 하는 염원을 담아 팔만대장경판 같은 뛰어난 문화유산을 남겼습니다. 자격루와 훈민정음은 조선 세종 때 만들어진 것입니다.

2 다음 빈칸에 들어갈 알맞은 말을 각각 쓰세요.

조선은 이성계를 중심으로 한 ㉠ 와/과 성리학을 공부하고 과거 시험에 합격해 관리가 된 ㉡ 이/가 손을 잡고 건국한 나라입니다.

(1) ㉠: (신흥 무인 세력) (2) ㉡: (신진 사대부)

해설: 고려 말 혼란스러운 상황에서 이성계를 중심으로 한 신흥 무인 세력과 신진 사대부가 중심이 되어 건국된 나라입니다.

3 세종 때 문화와 과학 기술의 발전으로 알맞은 것에 모두 ○표 하세요.

(1) 금속 활자로 『직지심체요절』을 인쇄했다. ( )
(2) 혼천의, 앙부일구와 같은 과학 기구를 만들었다. ( )
(3) 훈민정음을 창제해 일반백성도 쉽게 글을 익히도록 했다. ( )

해설: 『직지심체요절』은 고려 때 금속 활자로 인쇄된 책입니다.

4 다음 두 현상의 공통점은 무엇인가요? (③)

▲ 이슬

▲ 안개

① 용질이 용매에 녹아서 나타나는 현상
② 열이 통하지 않게 막아서 나타나는 현상
③ 공기 중의 수증기가 응결해 나타나는 현상
④ 산성 용액과 염기성 용액이 섞여서 나타나는 현상
⑤ 기압이 높은 곳에서 낮은 곳으로 공기가 이동해 나타나는 현상

해설: 이슬과 안개는 공기 중의 수증기가 응결해 나타나는 현상입니다. 물체의 표면에 달라붙어 있는 것이 이슬, 밤은 상태로 공기 중에 떠 있는 것이 안개입니다.

▶ 정답과 해설 45쪽

3주차 | 확인 문제

5 다음 설명에 알맞은 것을 골라 기호를 쓰세요.

㉮ 바람 ㉯ 저기압 ㉰ 고기압

(1) 상대적으로 공기가 무거운 것: ( )
(2) 상대적으로 공기가 가벼운 것: ( )
(3) 두 지점 사이에 기압 차가 생겨 공기가 이동하는 것: ( )

해설: 상대적으로 공기가 무거워 기압이 높은 것을 고기압이라고 하고, 상대적으로 공기가 가벼워 기압이 낮은 것을 저기압이라고 합니다. 기압 차로 공기가 이동하는 것을 바람이라고 합니다.

6 바닷가에서 낮과 밤에 부는 바람의 방향을 화살표로 각각 표시하세요.

(1) ㉠: ( )
(2) ㉡: ( )

해설: 낮에는 육지가 바다보다 빨리 데워져 대부분 육지가 바다보다 기압이 낮기 때문에 바다에서 육지로 바람이 붑니다. 밤에는 육지가 바다보다 빨리 식어서 육지가 바다보다 기압이 높기 때문에 육지에서 바다로 바람이 붑니다.

7 다음 빈칸에 들어갈 알맞은 말을 쓰세요.

임진왜란을 전후로 조선의 지배층은 붕당을 이루어 정치를 이끌어 나갔다. 처음에는 붕당 간의 다양한 의견이 나라를 운영하는 데 도움이 되었지만 점차 붕당 간의 갈등과 대립이 커져 정치가 혼란스러워졌다. 영조는 붕당이 구분 없이 능력 있는 인재를 고루 뽑아 정치를 하고자 했다.

( )

해설: 영조는 탕평책을 펼쳐 왕권을 강화하고 정치를 안정시키고자 했습니다.

3주차 | 확인 문제

▶ 정답과 해설 46쪽

12 합성어와 파생어로 구분해 기호를 쓰세요. 》

㉠ 국밥 　 ㉡ 햇감자 　 ㉢ 구름다리
㉣ 밤낫 　 ㉤ 낚시꾼 　 ㉥ 새파랗다

(1) 합성어: (㉠, ㉢, ㉣) 　 (2) 파생어: (㉡, ㉤, ㉥)

[해설] 합성어는 따로 쓰는 낱말들끼리 합쳐져 이루어진 것이고, 파생어는 낱말 앞이나 뒤에 붙어서 뜻을 더해 주는 것입니다. 파생어는 '햇', '풋', '군', '새' 처럼 혼자 쓰이지는 않지만 다른 낱말의 앞이나 뒤에 붙어서 뜻을 더해 주는 말이 함쳐진 것입니다.

13 다음 중 법을 어긴 경우는 무엇인가요? (⑤)

① 형의 장난감을 몰래 가지고 놀았다.
② 친구와 게임을 하다가 반칙을 했다.
③ 길에서 넘어진 친구를 도와주지 않았다.
④ 길에서 만난 친구에게 인사를 하지 않았다.
⑤ 학교 급식을 만들 때 식품 위생법을 어겼다.

[해설] 모든 국가가 만든 강제성이 있는 규칙으로, 어겼을 때 제재를 받습니다. ①, ②, ③, ④는 양심에 비추어 가슴 작으로 지켜야 하는 도덕에 해당합니다.

14 다음은 무엇에 대한 설명인지 쓰세요. 》

• 모든 사람이 태어나면서부터 갖게 되는 권리이다.
• 어떤 이유로도 이 권리가 침해당해서는 안 된다.

(인권)

[해설] 모든 사람은 태어나면서부터 인간답게 살아갈 수 있는 권리를 가집니다.

15 인권이 존중되는 모습을 바르게 선으로 이으세요. 》

장애인 운전자 ━━ 낮은 세면대
임산부 ━━ 임산부 전용 좌석
키가 작은 어린이 ━━ 장애인 전용 주차 구역

[해설] 사회적 약자가 불편을 겪지 않도록 편의 시설을 만들어 이용할 수 있게 하는 것도 인권을 보장하는 방법입니다.

3주차 | 확인 문제

8 다음 사건들이 일어난 까닭은 무엇인가요? (①) 》

병인양요 　 신미양요

① 조선에 통상을 요구하기 위해서
② 일본으로 가는 길을 내어 달라고
③ 조선의 학문과 기술을 배우기 위해서
④ 조선에 천주교를 널리 알리기 위해서
⑤ 조선의 혼란한 정치를 바로잡기 위해서

[해설] 병인양요는 프랑스, 신미양요는 미국이 조선과 통상을 하기 위해 처들어온 사건입니다.

9 강화도 조약에 대해 잘못 말한 친구의 이름을 쓰세요. 》

진우: 조선이 외국과 맺은 최초의 근대적 조약이야.
솔이: 일본의 위협 속에서 맺은 조약이야.
하영: 조선에 유리한 평등 조약이야.
시윤: 이 조약으로 조선이 개항을 하게 되었어.

(하영)

[해설] 강화도 조약은 일본의 위협 속에서 체결된 불평등 조약으로 조선에 불리한 내용이 담겼습니다.

10 다음 문장에서 주어 부분에 밑줄을 그어 보세요. 》

<u>내 친구는</u> 강아지를 매우 좋아합니다.

[해설] 주어는 동작이나 상태의 주체가 되는 말로, 문장에서 '누가' 또는 '무엇이'에 해당하는 말입니다.

11 다음 문장을 시간을 나타내는 말을 서술어의 호응 관계에 맞게 고쳐 쓰세요. 》

나는 내일 재미있는 동화책을 두 권이나 읽었다.

(나는 어제 재미있는 동화책을 두 권이나 읽었다.)

[해설] '내일'은 미래를 나타내는 말, '읽었다'는 과거 행동을 나타내는 서술어입니다.

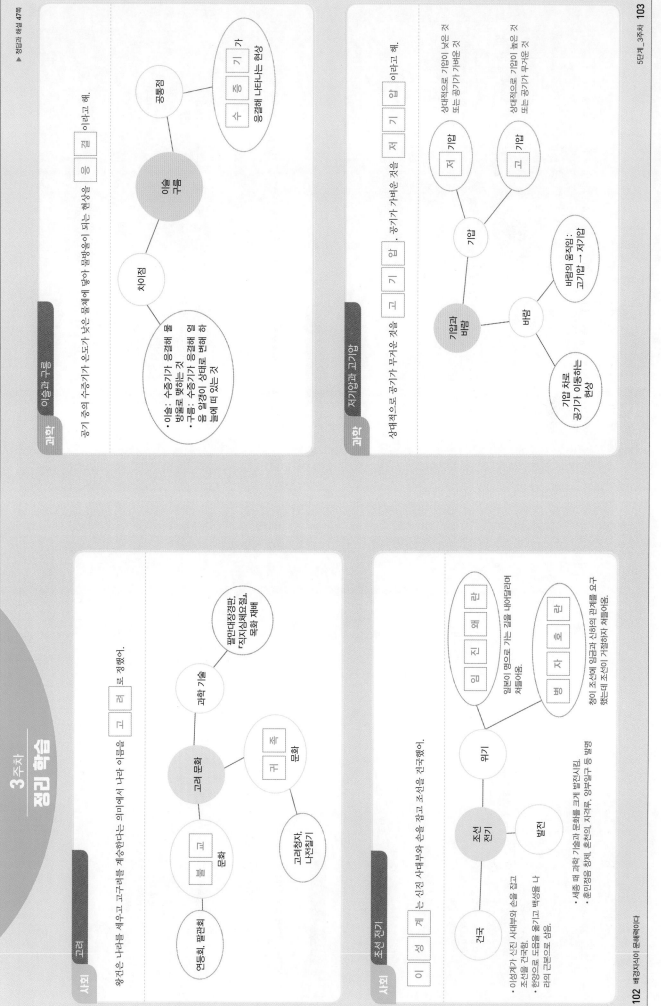

3주차 정리 학습

사회 | 고려

왕건은 나라를 세우고 고구려를 계승한다는 의미에서 나라 이름을 □고□려□로 정했어.

- 연등회, 팔관회 | 불□교 문화
- 고려 문화
  - 과학 기술: 팔만대장경판, 『직지심체요절』, 목화 재배
  - 귀□족 문화
  - 고려청자, 나전칠기

과학 | 이슬과 구름

공기 중의 수증기가 온도가 낮은 물체에 닿아 물방울이 맺히는 현상을 □이□슬□이라고 해.

- 차이점
  - 이슬: 수증기가 응결해 물방울로 맺히는 것
  - 구름: 수증기가 응결해 얼음 알갱이 상태로 변해 하늘에 떠 있는 것
- 이슬·구름
- 공통점
  - 수□증□기□가 응결해 나타나는 현상

사회 | 조선 전기

이□성□계□는 신진 사대부와 손을 잡고 조선을 건국했어.

- 건국
  - 이성계가 신진 사대부와 손을 잡고 조선을 건국함.
  - 한양으로 도읍을 옮기고 백성을 나라의 근본으로 삼음.
- 조선 전기
- 발전
  - 세종 때 과학 기술과 문화를 크게 발전시킴.
  - 훈민정음 창제, 혼천의, 자격루, 앙부일구 등 발명
- 위기
  - 임□진□왜□란: 일본이 명으로 가는 길을 내어달라며 쳐들어옴.
  - 병□자□호□란: 청이 조선에 임금과 신하의 관계를 요구했는데 조선이 거절하자 쳐들어옴.

과학 | 저기압과 고기압

상대적으로 공기가 무거운 것을 □고□기□압, 공기가 가벼운 것을 □저□기□압□이라고 해.

- 고기압: 상대적으로 기압이 높은 것 또는 공기가 무거운 것
- 저기압: 상대적으로 기압이 낮은 것 또는 공기가 가벼운 것
- 기압
- 기압과 바람
- 바람
  - 바람의 움직임: 고기압 → 저기압
  - 기압 차로 공기가 이동하는 현상

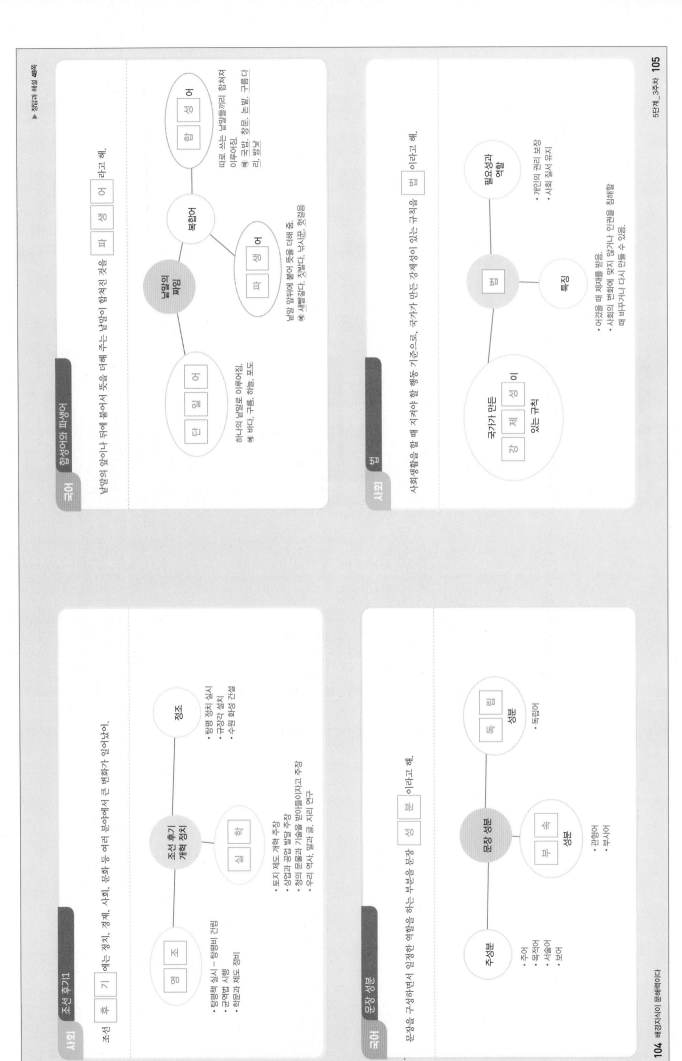

국어 · 합성어와 파생어

낱말의 앞이나 뒤에 붙어서 뜻을 더해 주는 낱말이 합쳐진 것을 [파][생][어] 라고 해.

- **복합어**
  - **합성어**: 따로 쓰는 낱말들끼리 합쳐져 이루어짐. 예) 국물, 논밭, 구름다리, 밤낮
  - **파생어**: 낱말 앞뒤에 붙어 뜻을 더해 줌. 예) 새빨갛다, 짓밟다, 낚시꾼, 헛걸음
- **단일어**: 하나의 낱말로 이루어짐. 예) 바다, 구름, 하늘, 포도

사회 · 법

사회생활을 함께 할 때 지켜야 할 행동 기준으로, 국가가 만든 강제성이 있는 규칙을 [법] 이라고 해.

- **법**
  - 국가가 만든 [강][제][성]이 있는 규칙
  - **필요성과 역할**
    - 개인의 권리 보장
    - 사회 질서 유지
  - **특징**
    - 어겼을 때 제재를 받음.
    - 사회가 변화에 맞지 않거나 인권을 침해할 때 바꾸거나 다시 만들 수 있음.

사회 · 조선 후기

조선 [후][기] 에는 정치, 경제, 사회, 문화 등 여러 분야에서 큰 변화가 일어났어.

- **조선 후기 개혁 정치**
  - **영조**
    - 탕평책 실시 – 탕평비 건립
    - 균역법 시행
    - 학문과 제도 정비
  - **정조**
    - 탕평 정치 실시
    - 규장각 설치
    - 수원 화성 건설
  - **실학**
    - 토지 제도 개혁 주장
    - 상업과 공업 발달 주장
    - 청의 문물과 기술을 받아들이자고 주장
    - 우리 역사, 지리 연구

국어 · 문장 성분

문장을 구성하면서 일정한 역할을 하는 부분을 문장 [성][분] 이라고 해.

- **문장 성분**
  - **주성분**: 주어, 목적어, 서술어, 보어
  - **부속 성분**: 관형어, 부사어
  - **독립 성분**: 독립어

4

주차

정답과 해설

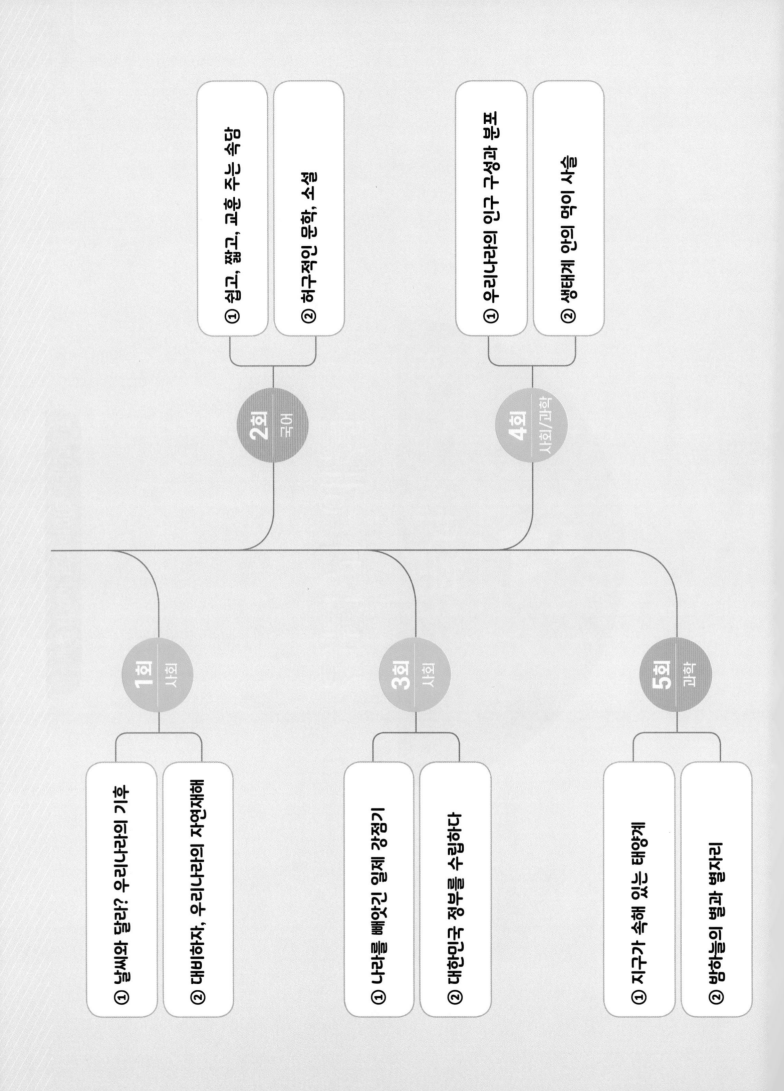

2회
국어
① 쉽고, 짧고, 교훈 주는 속담
② 허구적인 문학, 소설

4회
사회/과학
① 우리나라의 인구 구성과 분포
② 생태계 안의 먹이 사슬

1회
사회
① 날씨와 달라? 우리나라의 기후
② 대비하자, 우리나라의 자연재해

3회
사회
① 나라를 빼앗긴 일제 강점기
② 대한민국 정부를 수립하다

5회
과학
① 지구가 속해 있는 태양계
② 밤하늘의 별과 별자리

1회

4주차 ①

날씨와 달라? 우리나라의 기후

사회

날씨와 기후는 어떻게 다를까? 날씨는 그날그날의 대기 상태를 말하고, 기후는 오랜 기간 한 지역에 나타나는 평균적인 대기 상태를 말해. 기후를 설명할 때에는 기온, 강수량, 바람 등 기후 요소의 특성으로 나타낼 수 있어.

지구는 둥글기 때문에 위도에 따라 햇빛을 받는 양이 달라서 세계 각 지역의 기후는 다양하게 나타나. 즉, 적도에서 극지방으로 갈수록 독열대 기후, 열대 기후, 온대 기후, 냉대 기후, 한대 기후의 순으로 나타나지. 사계절이 있으며, 계절에 따라 불어오는 바람의 방향이 달라져.

기후의 종류

열대 기후는 적도 주변 지역에 나타나는 기후로, 일 년 내내 기온이 높고 강수량이 많아. 온대 기후는 기온과 강수량이 생활하기에 적당하고, 사계절이 뚜렷한 곳이 많지. 냉대 기후는 겨울은 무척 춥고 길며, 여름은 짧고 따뜻해. 한대 기후는 일 년 내내 춥고 눈이 많이 내려.

기후: 일정한 지역에서 여러 해에 걸쳐 나타난 기온, 비, 눈, 바람 따위의 평균 상태.

우리나라의 기후 특징

기온

대체로 8월이 가장 덥고, 1월이 가장 추워. 또, 남북으로 길기 때문에 남쪽 지방으로 갈수록 기온이 더 높고, 북쪽 지방으로 갈수록 기온이 더 낮아져. 겨울철에는 차가운 바람을 태백산맥이 막아 주어 동쪽 지방이 서쪽 지방보다 조금 더 따뜻해.

강수량

계절과 지역에 따라 비의 양에 큰 차이를 보여. 장마와 태풍의 영향으로 연평균 강수량의 절반 이상이 여름철에 집중되어 있어. 반대로 겨울에는 강수량이 적은 편이야.

바람

우리나라는 계절마다 바람이 부는 방향이 다른데, 이 바람이 불어. 여름에는 태평양에서 기온이 높고 습기가 많은 남동 계절풍이 불어오고, 겨울에는 넓고 추운 땅인 시베리아 쪽에서 기온이 낮고 건조한 북서 계절풍이 불어오지.

기후에 영향을 주는 요인은 뭐야?

기후에 영향을 주는 3요소는 기온, 강수량, 바람이야. 이외에도 습도, 일사량, 안개, 서리 등과 같이 대기의 상태도 기후에 영향을 줘.

한눈에 정리

기후 →
- 한대 기후: 기온이 매우 낮아 나무가 자라지 못함.
- 냉대 기후: 겨울이 춥고 긺.
- 우리나라 온대 기후
- 열대 기후: 일 년 내내 기온이 높음.

우리나라
- 기온
  - 남쪽이 북쪽보다 기온이 높음
  - 이 내륙 북부 지방보다 남부 지방이 겨울에 따뜻함.
- 강수량
  - 대체로 북부 지방보다 남부 지방의 강수량이 많음
  - 연평균 강수량의 절반 이상이 여름에 집중됨.
- 바람
  - 여름 – 남동 계절풍
  - 겨울 – 북서 계절풍

이해 오랜 기간 한 지역에 나타나는 평균적인 대기 상태를 기후 □□라고 해.

우리나라는 온대 기후에 속하며, 사계절이 뚜렷하고, 여름에 강수량이 집중되어 있습니다.

◉ 알맞은 답에 ○표를 하세요.

극지방에서 나타나며, 일 년 내내 춥고 눈이 많이 내리는 기후는 (한대 기후 , 냉대 기후)이다.

해설 남극이나 북극 지방에서 주로 나타나며, 일 년 내내 춥고 눈이 많이 내리는 것은 한대 기후입니다.

◉ 우리나라 기후의 특징으로 알맞은 것에 모두 ○표를 하세요.

대체로 8월이 가장 덥고, 1월이 가장 춥다. ○

겨울철에는 서해안이 동해안보다 따뜻하다.

일 년에 내릴 비의 절반 이상이 여름에 온다. ○

해설 겨울철에는 동해안이 서해안보다 조금 더 따뜻합니다.

◉ 알맞게 선으로 이어 보세요.

여름 — 북서 계절풍
겨울 — 남동 계절풍

해설 우리나라는 계절마다 바람이 부는 방향이 다른데, 여름에는 남동 또는 남서 계절풍, 겨울에는 북서 계절풍이 불어옵니다.

▶ 정답과 해설 52쪽

1회 4주차 ②
대비하자, 우리나라의 자연재해

자연재해: 태풍, 가뭄, 홍수, 지진, 화산 폭발, 해일 따위의 피할 수 없는 자연 현상으로 인하여 피해를 입는 것.

한눈에 정리 (TIP)
자연재해하는 황사, 가뭄, 폭염, 홍수, 태풍, 폭설, 한파 등과 같이 기후와 관련하여 발생하는 기상재해와 지진 및 화산 활동으로 인한 재해로 나눌 수 있습니다.

자연 현상으로 인해 피해를 입는 것을 자연재해라고 해. 자연재해는 홍수, 가뭄, 태풍, 황사처럼 기후와 관련된 것도 있고, 화산 활동과 지진처럼 지형과 관련된 자연재해가 있어.

우리나라는 여름철에 태풍이나 집중 호우로 많은 피해를 입고 있어. 태풍은 거센 바람과 함께 많은 비를 내려 피해를 주고, 집중 호우는 일정한 지역에 한꺼번에 많은 비가 내리면서 홍수가 발생해 큰 피해를 입히지.

우리나라에서 자주 발생하는 자연재해

황사 중국이나 몽골의 사막에서 발생한 미세한 모래 먼지가 우리나라까지 날아와 가라앉는 현상으로, 주로 봄철에 많이 발생해. 황사가 발생하면 외출할 때 마스크를 쓰고, 집에 돌아와서는 잘 씻어야 해.

가뭄 오랫동안 비가 오지 않거나 적게 오는 기간이 지속되는 현상으로, 봄부터 초여름에 주로 발생해. 가뭄의 피해를 줄이려면 저수지와 댐 등을 만들어야 해.

폭염 하루 최고 기온이 33℃ 이상으로 올라가는 매우 심한 더위로, 주로 한여름에 많이 발생해. 폭염이 발생하면 야외 활동을 자제하고 수분을 충분히 섭취해야 해.

홍수 한꺼번에 내린 많은 비로 하천이 흘러넘쳐 주변이 도로나 전답 등이 물에 잠기는 재해로, 댐이나 제방들을 쌓거나 빗물을 가두는 시설을 설치해 대비할 수 있어.

태풍 적도 부근에서 발생해 이동하는 동안 많은 비가 내리고 강한 바람이 불기 때문에 큰 피해를 줘. 보통 여름부터 초가을 사이에 우리나라에 영향을 주는데, 태풍이 접근하면 기상 특보를 청취하며 위험에 대비해야 해.

폭설 한꺼번에 눈이 많이 내리는 현상으로, 제설 장비를 준비해 대비해야 해.

태풍이 없어진다면?

태풍은 지구의 공기를 순환시키는 역할을 해. 만일 태풍이 없다면 적도 지방이 너무 뜨거워서 지구의 생태계가 파괴될 수 있어. 또 거센 바람으로 바닷물을 위아래로 잘 섞어서 산소를 공급하고 바다 생물들에게 먹이인 플랑크톤을 이동하게 하지. 태풍은 지구에 없어서는 안 될 존재야.

▲지구의 공기 순환

▲바닷물 순환과 산소 공급

자연재해 □□□□는 자연 현상으로 일어나는 재해지만, 예측하고 예방하면 그 피해를 줄일 수 있어.

(다이어그램)
황사 / 가뭄 / 폭염 / 홍수 / 태풍 / 한파 / 폭설 → 기후 관련된 자연재해
지진 / 화산 폭발 → 지형과 관련된 자연재해
→ 자연재해

◉ 알맞은 말에 ○표를 하세요.

태풍, 가뭄, 홍수, 폭설 등 피할 수 없는 자연 현상으로 인해 피해를 입는 것을 (**자연재해**)(이)라고 한다.

해설 홍수, 가뭄, 태풍 등 자연 현상으로 인해 피해를 입는 것을 자연재해라고 합니다.

◉ 알맞은 것에 모두 ○표를 하세요.

- 황사는 미세한 모래 먼지가 날아와 가라앉는 현상이다. ○
- 가뭄과 홍수의 피해를 줄이려면 댐을 만들어야 한다. ○
- 홍수는 한꺼번에 많은 눈이 내리는 현상이다. □

해설 홍수는 한꺼번에 비가 많이 내리는 현상입니다.

◉ 우리나라에서 계절에 따라 주로 발생하는 자연재해를 알맞게 선으로 이으세요.

봄 ──── 태풍
여름·초가을 ──── 폭설
겨울 ──── 황사

해설 봄에는 황사, 여름과 초가을에는 태풍, 겨울에는 한파와 폭설이 발생합니다.

2회 4주차 ①

국어

쉽고, 짧고, 교훈 주는 속담

'가는 말이 고와야 오는 말도 곱다'라는 말 들어봤지? 내가 말을 바르고 곱게 해야 상대방도 나에게 그렇게 말한다는 뜻을 가진 속담이야.

속담: 예로부터 전해 오는 쉽고 짧으면서도 소중한 교훈을 담고 있는 말.

은 예로부터 전해 오는 쉽고 짧으면서도 소중한 교훈을 담고 있는 말이야. 속담에는 우리 민족의 지혜와 해학, 생활 방식이 담겨 있을 뿐 아니라 소중한 삶의 교훈도 담겨 있어.

속담은 비유와, 교훈성, 풍자성을 지니고 있어서 속담을 사용하여 말하면 상대에게 효과적으로 자신의 생각을 표현할 수 있어. 또 듣는 사람이 흥미를 느낄 수 있지. 속담은 주장이 드러난 글이나 주장하는 말을 할 때도 자신의 의견을 뒷받침해 설득력을 높이는 효과적으로 전달함 수 있어.

일기나 주장하는 글, 독서 감상문 같은 글을 쓸 때도 자신의 생각을 속담을 활용해 효과적으로 써 봐. 그러면 전하려는 뜻을 더욱 분명하게 표현할 수 있어.

여러 가지 속담 알아보기

동물과 관련 있는 속담

미리미리 준비하라는 뜻의 '소 잃고 외양간 고친다', 당사자가 그 자리에 없다고 함부로 이야기해서는 안 된다는 뜻의 '호랑이도 제 말 하면 온다', 일을 분명하게 처리하지 않고 엉렁뚱땅 해치우는 것을 비유적으로 이르는 '구렁이 담 넘어가듯', 아무리 익숙하고 잘하는 사람도 가끔 실수할 때가 있다는 뜻의 '원숭이도 나무에서 떨어진다' 등이 있어.

전하고 싶은 내용을 동물의 행동이나 특징에 빗대어 쉽게 말할 수 있는 속담이 많아.

말과 관련 있는 속담

말과 관련된 속담에는 '화살은 쏘고 주워도 말은 하고 못 줍는다', '말 없는 말이 천 리 간다', '가는 말이 고와야 오는 말이 곱다', '입은 비뚤어져도 말은 바로 해라', '낮말은 새가 듣고 밤말은 쥐가 듣는다', '말 한마디에 천 냥 빛도 갚는다' 등이 있어.

고운말을 쓰는 것에 대한 중요성과 말을 함부로 하지 말고 바르게 해야 함을 강조하는 뜻을 가진 속담이 많아.

속담의 뜻은 어떻게 알아?

상황에 알맞은 속담의 뜻을 짐작해 봐.

말하는 상황과 의견을 확인해 보고 속담이 사용된 상황을 살펴봐. 그러면 속담에 담긴 뜻을 짐작할 수 있어.

정확한 뜻을 알아보고 싶으면 속담 사전을 찾아봐.

도서관에 있는 속담 사전이나 국립국어원 누리집에 있는 표준국어대사전을 활용하면 속담의 정확한 뜻을 쉽게 찾을 수 있어.

한번에 정리

속담 — 예로부터 전해 오는 쉽고 짧으면서도 소중한 교훈을 담고 있는 말

글을 쓸 때 / 말을 주고받을 때
└ 자신의 의견을 제시할 때
→ 자신의 생각과 의견에 어울리는 적절한 속담을 활용해 쓸 수 있어야 함.

듣는 사람이 흥미를 느낄 수 있음.
자신의 생각을 효과적으로 드러낼 수 있음.

주장의 | 논 | 리 |를 뒷받침해 상대를 쉽게 설득할 수 있음.

TIP 전해 오는 속담이 모두 유익한 내용이라고 할 수는 없으므로 상황에 알맞은 쉽고 짧은 속담은 예로부터 전해 오는 쉽고 짧으면서도 소중한 교훈을 담고 있는 말을 □ 이라고 해.

◉ 속담을 활용할 때의 좋은 점으로 알맞은 것에 모두 ○표를 하세요.

- 조상들의 삶의 모습을 엿볼 수 있다. ○
- 자신의 생각을 길게 표현할 수 있다.
- 주장의 논리를 뒷받침해 상대를 쉽게 설득할 수 있다. ○
- 듣는 사람이 흥미를 느낄 수 있다. ○

해설 속담을 사용하여 말하면 조상들이 삶의 모습을 통해 지혜와 슬기를 얻을 수 있고, 듣는 사람이 흥미를 느낄 수 있으며, 자신의 의견을 효과적으로 전달할 수 있다.

◉ 속담과 속담의 뜻을 선으로 이으세요.

원숭이도 나무에서 떨어진다 — 아무리 익숙하고 잘하는 사람도 가끔 실수할 때가 있다는 뜻

호랑이도 제 말 하면 온다 — 당사자가 없다고 이야기하지 함부로 말라는 뜻

해설 속담은 그 뜻을 바르게 알고 상황에 알맞게 사용해야 합니다.

◉ 속담의 정확한 뜻을 알아보는 방법으로 알맞은 것에 ○표를 하세요.

- 도서관에 있는 속담 사전이나 국립 국어원 누리집에 있는 표준국어대사전을 활용한다. ○
- 말하는 상황과 상대방이 말한 내용을 확인해 보고 속담이 사용된 상황을 살펴 그 뜻을 짐작해 본다.

해설 속담의 정확한 뜻을 알아보려면 도서관에 있는 속담 사전이나 국립국어원 누리집에 있는 표준국어대사전을 활용해야 합니다.

2회 4주차 ②

허구적인 문학, 소설

소설: 사실 또는 작가의 상상력에 바탕을 두고 허구적으로 꾸며 나간 이야기.

국어

우리가 잘 아는 해리포터 시리즈는 소설을 바탕으로 해서 만들어진 영화야. 소설은 사실 또는 작가의 상상력에 바탕을 두고 꾸며 나간 이야기지. 소설은 인물, 사건, 배경으로 이루어져 있어. 인물은 소설에 등장해 사건을 이끌어가는 주체를 말해. 사건은 주로 등장 인물들이 일으키는 갈등 등을 중심으로 일어나는 일들이야. 배경은 인물이 행동하고 사건이 일어나는 시대적, 사회적 환경이나 장소이고 시간과 공간을 물론 인물의 심리적 상황도 배경이 될 수 있어.

소설은 대부분 '발단-전개-위기-절정-결말'의 단계로 구성돼. 발단은 작품의 도입 단계로 인물과 배경이 제시되고, 사건과 주제가 암시돼. 전개는 갈등이 시작되는 단계로, 적극적인 행동과 사건이 구체적으로 일어나지. 위기는 새로운 상황이 발생하고 갈등을 보다 발전시키는 단계야. 절정은 '클라이맥스'라고 하여 갈등이 최고조에 이르러 극적인 변화를 일으키고, 주제가 선명하게 드러나는 부분이지. 결말은 모든 사건이 끝나고 갈등이 해소되는 단계야.

소설에 나타나는 갈등

내적 갈등

한 인물의 마음 속에서 일어나는 갈등으로 개인의 신념이나 욕구 충돌로 일어나는 갈등을 말해. 소설에서 인물이 심리적으로 계속 고민하며 결정하지 못해 마주거리는 행동, 내 안의 또다른 나와 다투는 것 등이 모두 내적 갈등이야.

외적 갈등

한 인물과 인물을 둘러싼 환경과의 대립을 통해 일어나는 갈등을 말해. 소설에서 인물과 서로 다른 가치관을 가진 인물들 사이의 갈등, 인물이 그 주변 환경과 부딪쳐 싸우며 겪는 갈등, 인물이 사회의 제도나 규칙 등에 의해 꼭 겪는 갈등, 인물이 타고나 운명에 의해 겪는 갈등이 모두 외적 갈등이야.

소설에 나타나는 시점은 뭐야?

'나'가 드러나는 1인칭 시점이 있어.

작품 속 주인공이 '나'가 서술자가 되어 자신의 이야기를 전개해 나가는 방식이 1인칭 주인공 시점이야. 이는 주인공의 내면 세계를 효과적으로 드러낼 수 있고 독자에게 친근감을 주지. 1인칭 관찰자 시점은 '나'가 주인공이 아니고 다른 주인공의 이야기를 서술해 나가는 방식이야. 이야기의 내용이 '나'가 관찰할 수 있는 내용으로 제한되지.

1인칭 관찰자 시점 · 1인칭 주인공 시점

서술자가 말하는 3인칭 시점이 있어.

서술자가 전지전능한 신의 입장에서 인물의 내면 심리나 성격, 행동 등을 서술하고, 작가의 의도를 가장 분명하게 전달할 수 있고 서술자와 인물, 서술자와 독자의 거리는 가깝지만 독자와 인물의 거리는 멀 수 있어. 3인칭 작가 관찰 시점은 서술자가 외부 관찰자의 입장에서 관찰한 비 도로 서술해 나가는 방식이야.

이해 사실 또는 작가의 상상력에 바탕을 두고 허구적으로 꾸며 나간 이야기를 소설 ☐☐이라고 해.

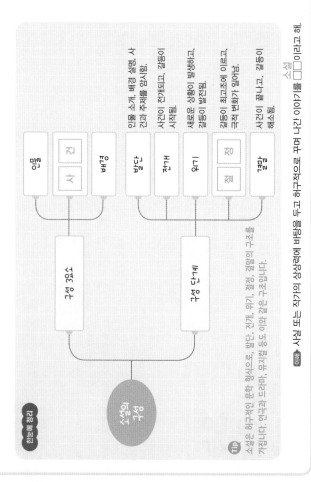

Tip 소설은 허구적인 문학 형식으로, 발단, 전개, 위기, 절정, 결말의 구조를 가집니다. 연극의 드라마, 뮤지컬 등도 이와 같은 구조입니다.

한눈에 정리

소설의 3요소
- 인물
- 사건
- 배경

구성 단계
- 발단 : 인물 소개, 배경 설명, 사건과 주제를 암시함.
- 전개 : 사건이 전개되고, 갈등이 시작됨.
- 위기 : 새로운 상황이 발생하고, 갈등이 발전됨.
- 절정 : 갈등이 최고조에 이르고, 극적 변화가 일어남.
- 결말 : 사건이 끝나고, 갈등이 해소됨.

◉ 소설의 구성 단계에 맞게 번호를 쓰세요.

발단 | 1
정정 | 4
위기 | 3
결말 | 5
전개 | 2

해설 소설은 보통 '발단-전개-위기-절정-결말'이 5단계로 구성됩니다.

◉ 알맞은 말에 ○표를 하세요.

인물과 인물, 인물과 환경 사이에서 생기는 대립, 갈등이나 운명, 개인과 사회 등의 갈등을 모두 (내적 · **외적**) 갈등이라고 한다.

해설 한 인물과 인물을 둘러싼 환경과의 대립을 통해 일어나는 갈등은 외적 갈등입니다.

◉ 3인칭 전지적 작가 시점에 대한 설명으로 알맞은 것에 ○표를 하세요.

서술자가 인물의 내면 심리나 성격, 행동 등을 서술해 나가는 방식 | ○

서술자가 외부 관찰자의 입장에서 관찰한 내용만으로 서술해 나가는 방식 | ☐

해설 서술자가 외부 관찰자의 입장에서 관찰한 태도로 서술해 나가는 방식은 3인칭 관찰자 시점입니다.

3회 4주차 ①

나라를 빼앗긴 일제 강점기

일제 강점기: 우리나라가 일제(일본 제국)에 의해 나라를 빼앗긴 1910년부터 광복을 맞은 1945년까지의 시기.

1945년 8월 15일이 어떤 날인지 알아? 맞아. 우리나라가 일제에게 빼앗긴 나라를 되찾은 날이야. 일제는 우리나라를 위협해 강화도 조약을 맺은 후 점점 우리 정치에 깊이 간섭했어. 1907년에 을사늑약을 맺어 우리의 외교권을 빼앗고, 1910년에는 국권을 강제로 빼앗아(국권 피탈) 일제 강점기가 시작되었어.

일제는 조선 총독부라는 통치 기구를 만들고 헌병 경찰을 앞세워 우리 민족을 강압적으로 통치했어. 일제의 탄압과 수탈 속에서도 우리 민족은 나라를 되찾으려는 의지를 키웠어. 1919년 3월 1일에는 많은 학생과 시민들이 탑골 공원에 모여 태극기를 흔들며 만세 시위를 벌였지. 일제의 탄압에도 이어졌어. 높은 일제는 총칼로 만세 시위를 진압하고, 많은 독립운동가를 서대문 감옥(서대문 형무소)에 가두어 큰 고통을 주었어. 하지만 독립을 향한 우리 민족의 열망은 더욱 높아졌어. 이후 독립을 위한 힘을 하나로 모으기 위해 여러 임시 정부를 하나로 통합해 대한민국 임시 정부를 수립하였어.

일제의 식민 통치

토지 조사 사업
조선 총독부는 토지의 소유자를 확인한다는 명분으로 토지 조사 사업을 벌였어. 그 결과 우리 농민은 많을 잃거나 더 많은 세금을 내게 되었어.

우리 말과 글, 이름 사용 금지
일제는 우리 민족의 독립 의지를 꺾기 위해 민족정신을 없애려고 했어. 우리 말과 글을 쓰지 못하게 하고, 일본식 성과 이름을 쓰도록 강요했지.

노동자, 전쟁 군인, 위안부 강제 동원
일제는 1937년에 중국에서 전쟁을 일으키고, 우리나라 사람들을 강제로 무기 공장이나 전쟁터에 동원했어. 또 여성들을 위안부로 전쟁터에 끌려가 모진 고통을 당했어.

나라를 되찾기 위한 노력

김좌진과 홍범도 독립군 부대는 만주로 연해주 일대에 독립운동 기지를 만들고 일본에 맞섰어. 김좌진과 홍범도는 청산리 대첩과 봉오동 전투에서 일본군을 상대로 크게 승리했어.

조선어 학회 우리 말과 글을 지키기 위해 한글을 보급하고 사전을 펴내는 데 힘썼어.

3·1 운동이 중국, 인도에도 영향을 주었다고?
3·1 운동은 독립을 향한 우리 민족의 강력한 의지를 보여준 시위였어. 당시 제국주의 나라들로부터 식민 지배를 받고 있던 여러 나라에 큰 영향을 주었지. 이후 중국에서 5·4 운동, 인도의 비폭력·불복종 운동이 일어났어.

[한눈에 정리]
1910년 국권 피탈 → 일제 강점기 → 1945년 광복

일제의 식민 통치
- 헌병 경찰의 한국인 감시
- 우리 민족의 독립운동 탄압
- 경제적 수탈, 인력 동원

3·1 운동가 대한민국 임시 정부
- 임시 정부 수립
- 독립운동, 한글과 역사 연구
- 우리 말과 글, 역사 연구

나라를 되찾기 위한 노력

조 선 총 독 부 / 설치

TIP
우리나라는 1910년에 일제에게 나라를 빼앗기고 일제 식민 통치를 받았습니다. 우리 민족은 일제의 탄압과 수탈 속에서도 독립의 의지를 꺾지 않고 1945년 8월 15일에 나라의 주권을 되찾아 광복을 맞이했습니다.

이해 우리나라가 일제에게 나라를 빼앗긴 때를 □□□□□라고 해.

정답과 해설 (55쪽)

◎ 알맞은 말에 ○표를 하세요.

1910년에 일제가 대한 제국의 국권을 강제로 빼앗은 (을사늑약 / **국권 피탈**)(으)로 우리나라는 일제의 식민지가 되었다.

해설 일제는 1907년에 을사늑약으로 대한 제국의 외교권을 강제로 빼앗고, 1910년에 국권마저 빼앗아 우리나라를 식민지로 삼았습니다.

◎ 일제가 강압적으로 우리 민족을 통치한 모습을 바르게 선으로 이으세요.

우리 말과 글, 이름 사용 금지	우리 민족은 땅을 잃거나 더 많은 세금으로 힘들어짐.
노동자, 전쟁 군인, 위안부 동원	우리 민족의 독립 의지를 꺾고 민족정신을 없애려고 함.
토지 조사 사업	중국에서 전쟁을 일으키고 우리 민족을 강제로 동원함.

해설 일제는 토지 조사 사업을 통해 경제적 수탈을 했고, 전쟁터와 무기 공장에 사람들을 강제로 동원해 고통받게 했습니다.

◎ 3·1 운동에 대한 설명으로 맞는 것에 ○표를 하세요.

- □ 일제에 대항해 무력으로 맞선 시위였다.
- □ 평화 시위였지만 일제는 무력으로 탄압하였다.
- ○ 시민 지배를 받던 주변 나라에 영향을 주었다.

해설 3·1 운동은 폭력을 사용하지 않은 만세 시위였지만 일제는 총칼로 무자비하게 진압했습니다. 3·1 운동은 이후 중국과 인도의 독립운동에도 영향을 미쳤습니다.

3회 ② 4주차

대한민국 정부를 수립하다

제2차 세계 대전 중 일본과 맞서 싸우던 연합국은 독립운동가들의 노력을 인정해 우리나라의 독립을 약속했어. 전쟁에서 연합국이 승리하면서 1945년 8월 15일, 우리 민족은 광복을 맞았지.

광복과 함께 대한민국 임시 정부를 비롯해 국내의 독립운동가들은 각자 독립된 국가를 만들고자 건국을 준비했어. 하지만 연합국을 이끌면서 미국과 소련은 우리나라에 남아 있는 일본군을 무장 해제시킨다는 이유로 각각 38도선 남쪽과 북쪽에 군대를 주둔시켰어. 이후 모스크바에 모인 미국, 영국, 소련의 외무 장관은 회의를 통해 한반도에 임시 정부를 수립하고, 특정 국가가 우리나라를 대신해 통치하는 신탁 통치를 한다는 결정을 내렸어.

한반도 임시 정부를 구성하는 방법을 두고 국제 연합(UN)은 남북한 총선거로 정부를 수립하기로 결정했어. 하지만 소련이 반대로 남한에서만 총선거를 치렀고, 제헌 국회가 구성되어 헌법을 제정했어. 제헌 국회 의원들은 이승만을 초대 대통령으로 선출했지. 그리고 1948년 8월 15일, 대한민국 정부 수립을 선포했어.

대한민국 정부 수립: 1948년 8월 15일에 대한민국 정부를 세운 일.

미국과 소련의 군정 실시

광복 후 연합국을 이끌었던 미국과 소련은 일본군의 무장 해제를 위해 38도선 남쪽과 북쪽에 각각 주둔했어. 이로써 남한과 북한은 서로 다른 길을 걷게 되었어.

남한과 북한의 정부 수립

국제 연합(UN)은 남북한 총선거로 통일 정부를 수립하기로 했어. 하지만 소련은 북한으로 선거 관리 위원단이 들어오지 못하게 했어. 결국 남한만 총선거를 치러 제헌 국회를 구성하고, 이승만을 초대 대통령으로 하는 대한민국 정부가 수립되었어. 한편 북한은 김일성을 수상으로 하는 조선 민주주의 인민 공화국이 수립되었어.

6·25 전쟁

북한은 남한을 무력으로 통일하고자 1950년 6월 25일 38도선을 넘어 남쪽을 공격했어. 치열한 전투 끝에 휴전이 결정되었고, 휴전선을 경계로 남북은 둘로 나누어져 지금까지 분단된 채 지내고 있어.

한눈에 정리

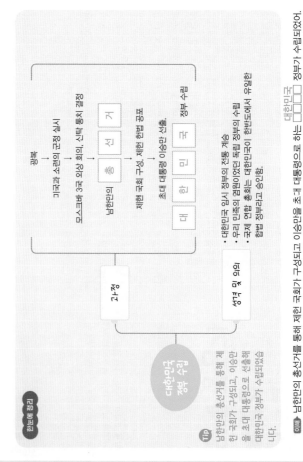

광복

→ 미국과 소련의 군정 실시
→ 모스크바 3국 외상 회의, 신탁 통치 결정
→ 남북한의 총선거 결정
→ 제헌 국회 구성, 제헌 헌법 공포
→ 초대 대통령 이승만 선출
→ 정부 수립

과정

대한민국 정부 수립

대 / 한 / 민 / 국

선거 및 의의
· 대한민국 임시 정부의 전통 계승
· 우리 민족의 염원이었던 독립 정부 수립
· 국제 연합 총회는 대한민국이 한반도에서 유일한 합법 정부라고 승인함.

Up 남한만의 총선거를 통해 제헌 국회가 구성되고, 이승만을 초대 대통령으로 하는 □□□□ 정부가 수립되었어.

◉ 알맞은 것에 ○표를 하세요.

국제 연합은 남북한 총선거로 통일 정부를 수립하기로 결정했다. 하지만 미국과 소련이 서로 이견이 달라서 (북한 · (남한))에서만 총선거를 하기로 결정하고, 5·10 총선거가 실시되었다.

해설 국제 연합은 남북한 총선거 결정에 따라 한국 임시 위원단을 보냈습니다. 그러나 소련의 반대로 한국 임시 위원단이 북한에 들어가지 못했고, 선거가 가능한 남한에서만 총선거가 실시되었습니다.

◉ 알맞은 인물에 ○표를 하세요.

남한에서는 5·10 총선거가 실시되어 최초로 국회 의원을 뽑았다. 이렇게 해서 구성된 제헌 국회는 (김구 · (이승만))을 초대 대통령으로 선출해 대한민국 정부 수립을 선포되었다.

해설 제헌 국회에 의해 이승만이 초대 대통령으로 선출되었고, 1948년 8월 15일에 대한민국 정부 수립을 선포했습니다.

◉ 6·25 전쟁에 대한 설명으로 맞는 것에 ○표를 하세요.

□ 북한이 남한에 미리 선전 포고를 했다.

○ 국군과 국제 연합군의 작전으로 북한군에 빼앗겼던 서울을 되찾았다.

□ 남한과 북한은 정전 협정을 맺고, 전쟁을 끝냈다.

해설 북한은 1950년 6월 25일 새벽에 기습적으로 남한을 공격했습니다. 38도선 부근에서 교착 상태였던 남북은 북한 추전선을 경계로 아직도 추전 상태입니다.

6·25 전쟁이 끝난 게 아니라고?

북한은 남한을 침략하기 위해 소련과 비밀 군사 협정을 맺고, 전투기를 비롯해 최신 무기를 구비했지. 1950년 6월 25일 새벽에 기습적으로 남한을 공격한 북한군은 3일 만에 서울을 함락시키고, 낙동강까지 밀고 내려갔어. 남한은 국제 연합군(UN군)과 함께 인천 상륙 작전을 펼쳐 서울을 되찾았어. 이후 밀고 밀리는 싸움 끝에 휴전 협정이 체결되어 지금까지 추전 상태야.

(6·25 전쟁 전개)
↑ 북한군의 남침
↑ 서울이 함락되고, 낙동강까지 후퇴
↑ 국군과 연합군의 인천 상륙 작전으로 서울을 되찾고 압록강까지 진격
↑ 중국군 개입으로 38도선 부근에서 치열하게 전투
→ 휴전으로 남북한 분단

4회 ①

우리나라의 인구 구성과 분포

사회

인구는 한 나라 또는 일정한 지역에 살고 있는 사람의 수를 말해.

우리나라의 인구 구성을 보면 14세 이하의 인구는 줄고, 65세 이상의 인구는 점점 늘어나 저출산·고령 사회가 되었어. 저출산·고령의 인구 문제로 떠오르고 있는 까닭은 청장년층의 인구 감소로 인한 노동력 부족, 경제 성장 둔화, 노인 복지 비용 증가 등의 문제가 떠오르고 있기 때문이야.

우리나라의 인구 분포를 보면 1960년대 이전에는 넓은 평야가 발달한 남중부 서쪽에 인구가 더 많았어. 평야는 농사를 짓기에 좋고, 교통이 발달했기 때문에 산간 지역보다 인구가 많았지. 1970~1980년대에 산업화의 영향으로 도시에 인구가 집중되었어. 현재 전체 인구의 70% 정도가 대도시에 집중되어 있어. 그래서 촌락에는 노년층이 많이 남게 되었어. 불균형한 인구 분포는 도시 지역에는 주택 부족, 교통 혼잡, 환경 오염 등의 문제를 발생시키고, 촌락 지역에는 일손 부족, 교육 시설 부족, 의료 시설 부족 등의 문제를 발생시켰어.

Tip 우리나라는 서울을 중심으로 인천과 경기의 수도권에 전체 인구의 약 절반이 모여 살고 있어 인구 불균형으로 인한 문제가 발생하고 있습니다.

인구: 일정한 지역에 사는 사람의 수.

고령화 현상의 진행

고령화 사회
65세 이상 인구가 전체 인구의 7% 이상인 사회

고령 사회
65세 이상 인구가 전체 인구가 전체 인구의 14% 이상인 사회

초고령 사회
65세 이상 인구가 전체 인구의 20% 이상인 사회

저출산·고령 사회의 문제점

경제적 어려움
일할 수 있는 젊은 노동력이 부족해져서 경제 성장을 더디게 해. 또 노인 부양을 위한 사회 보장 비용이 증가해.

노인 문제
급속한 고령화로 인해 노인들이 빈곤, 질병, 소외 문제가 발생해.

여성의 경제 활동 참가율이 증가할수록 출산율이 떨어진다고?

출산율이 감소하는 것에 영향을 주는 원인 중 하나로 여성의 경제 활동 참가율을 꼽을 수 있어. 외국의 경우 여성들의 경제 활동 참가율과 출산율이 높은 반면, 우리나라 여성의 경우 경제 활동 참가율과 출산율이 모두 낮은 편이야. 이것은 출산율 증가를 이끄는 가치관과 적절한 보육 환경이 부족하기 때문이야.

저출산 문제를 해결하기 위해서는 출산과 양육에 대한 인식의 변화와 함께 출산과 양육을 지원하는 다양한 정책과 제도가 충분히 마련되어야 해.

한눈에 정리

우리나라 인구

인구 구성의 특징
- 전체 인구수 약 5,100만 명

지[성비]
- 남자가 여자보다 약 10만 명 많음.
- 남녀의 여자의 비율이 점차 비슷해지고 있음.

출산
- 새로 태어나는 아기의 수가 점점 줄고 있음.

고[령] 사회
- 평균 수명이 길어져 전체 인구에서 노인층이 차지하는 비율이 계속 늘어남.

인구 분포의 변화

1960년대 이전: 지[형]의 영향을 많이 받음.
- 젊은 평야가 발달한 남부쪽 지역에 인구수가 많았음.

1960년대 이후: 산업[화], 교[통]의 영향을 많이 받음.
- 도시에 인구가 집중되는 불균형한 인구 분포로 인한 여러 가지 문제가 발생.

이해 한 나라 또는 일정한 지역에 살고 있는 □□의 수는 사망, 출생, 혼인 등 다양한 요인으로 결정된다.

◉ 저출산·고령 사회의 문제로 알맞은 것에 ○표를 하세요.

| 청장년층 인구의 감소로 노동력이 부족해지고, 경제 성장이 둔화될 수 있다. | ○ |
| 여성의 사회·경제 활동의 폭이 좁아진다. | □ |

해설 전체 인구에서 노년층 인구 비율이 높으면 일할 수 있는 젊은 노동력이 부족하다는 뜻이다.

◉ 각 시대의 인구 분포 변화의 특징으로 알맞은 것을 찾아 이으세요.

1960년대 이전 — 지형, 기후 등의 자연환경의 영향을 받음.

1960년대 이후 — 산업화와 교통 발달 등의 인문 환경의 영향을 받음.

해설 1960년대 이전에는 남서쪽 평야 지역에 사람이 많이 모여 살았고, 1960년대 이후에는 서울 등 대도시에 인구 밀도가 크게 높아졌습니다.

◉ 알맞은 내용에 ○표를 하세요.

(도시), 촌락)에 인구가 집중되어 있는 불균형한 인구 분포로 인해 도시에는 주택 부족, 교통 혼잡, 환경 오염 등의 문제가 발생하고, 촌락에는 일손 부족, 교육 시설 부족, 의료 시설 부족 등의 문제가 발생한다.

해설 도시에 인구가 집중되어 있고 촌락에는 노년층이 남아 있는 인구 분포의 불균형은 도시에 주택 부족, 교통 혼잡, 환경 오염 등의 문제가 발생하고 촌락에는 일손 부족, 의료 시설 부족 등의 문제가 나타나게 됩니다.

4회 ②
4주차
생태계 안의
먹이 사슬

과학

생태계는 햇빛, 공기, 물과 같은 비생물 요소와 동물, 식물과 같은 생물 요소가 서로 영향을 주고받으며 살아가는 곳이야.

생물이 살아가기 위해 필요한 양분을 얻는 방법에 따라 생물 요소를 생산자, 소비자, 분해자로 분류할 수 있어. 생산자는 햇빛을 이용해 살아가는 데 필요한 영양분을 스스로 만드는 생물을 말해. 소비자는 스스로 영양분을 만들지 못하고 다른 생물을 먹이로 해 살아가는 생물을 말하지. 분해자는 죽은 생물과 배설물 등을 분해하여 영양분을 얻는 생물이야.

한 생태계 안에서 생물들이 먹고 먹히는 관계가 사슬처럼 연결되어 있는 것을 먹이 사슬이라고 해. 먹이 사슬은 다른 먹이 사슬과 복잡하게 얽혀 먹이 그물을 이루지. 어떤 지역에 생물의 종류와 수가 일정하게 유지되는 것을 생태계 평형이라고 해. 자연에서는 생물들이 서로 먹고 먹히면서 생태계 평형이 조절되지만 가뭄이나 홍수, 지진 등의 자연재해로 생태계 평형이 깨지기도 하고 환경 파괴와 같이 인간에 의해 생태계가 파괴되기도 해.

먹이 관계가 복잡하면 유리한 점

먹이 사슬보다 먹이 그물처럼 먹이 관계가 더 복잡하면 한 종류의 먹이가 부족해지더라도 다른 먹이를 먹고 살 수 있어. 그래서 먹이가 부족해도 쉽게 멸종되지 않아.

생태계 평형

어떤 지역에 살고 있는 생물의 종류와 수 또는 양이 균형을 이루며 안정된 상태를 유지하는 것을 생태계의 평형이라고 하는데, 안정된 생태계에서 생물의 수는 먹이 단계가 올라갈수록 줄어드는 피라미드 형태를 나타내.

생태계 평형은 먹이 관계를 기초로 하여 유지되므로 생물의 종이 다양하여 먹이 그물이 복잡할수록 생태계의 평형이 잘 유지돼. 하지만 가뭄, 홍수, 태풍, 산불 등과 같은 자연재해나 댐, 도로 건설 등과 같이 인간에 의해 생태계가 파괴되기도 해. 한 번 깨진 생태계는 원래대로 회복되기까지 많은 시간과 노력이 필요해.

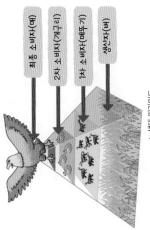

▲ 생태 피라미드

최종 소비자(매)
2차 소비자(개구리)
1차 소비자(메뚜기)
생산자(벼)

분해자가 없어진다면?

분해자는 주로 죽은 생물이나 배출물을 분해하여 양분을 얻는 생물이야. 만약 분해자가 없다면 우리 주변이 죽은 생물과 생물의 배출물로 가득차게 되겠지?

생태: 어떤 장소에서 서로 영향을 주고받는 생물 요소와 비생물 요소.
먹이 사슬: 생태계에서 생물의 먹이 관계가 사슬처럼 연결되어 있는 것.

한눈에 정리

구성 요소
- 생물 요소(살아 있는 것) 예) 동물, 식물
- 비생물 요소(살아 있지 않은 것) 예) 공기, 햇빛, 물, 흙

먹이 사슬 생태계에서 생물의 먹이 관계가 사슬처럼 연결되어 있는 것

먹이 그물 생태계에서 여러 개의 먹이 사슬이 얽혀 그물처럼 연결되어 있는 것

생태 피라미드 생태계에서 먹이 단계별로 생물의 수를 쌓아 올려 피라미드 모양을 이루는 것

생태계
생태계에서 생물의 먹이 관계는 사슬처럼 연결되어 있으며, 여러 개의 먹이 사슬이 그물처럼 연결되어 있습니다.

TIP 어떤 장소에서 서로 영향을 주고받는 생물 요소와 비생물 요소를 **생태계** □□□□라고 해.

알맞은 것끼리 선으로 이으세요.

생물 요소 ― 동물, 식물
비생물 요소 ― 물, 햇빛, 공기

물
식물
햇빛
동물

해설 생태계를 구성하는 생물 요소에는 동물과 식물이 있고, 비생물 요소에는 물, 햇빛, 공기, 흙 등이 있습니다.

알맞은 말에 ○표를 하세요.

생태계에서 생물의 먹이 관계가 사슬처럼 연결되어 있는 것을 (먹이 사슬 , 먹이 그물)이라고 하고, 여러 개의 먹이 사슬이 얽혀 그물처럼 연결되어 있는 것을 (먹이 사슬 , 먹이 그물)이라고 한다.

해설 생태계를 구성하는 생물의 먹이 관계는 먹이 사슬이 얽혀 그물처럼 연결되어 있습니다.

생태계 평형에 관한 설명으로 알맞은 것에 ○표를 하세요.

- 생태계 평형은 먹이 관계를 기초로 하여 유지된다. ○
- 한 번 깨진 생태계는 빠른 시간에 원래대로 회복된다.
- 가뭄, 홍수 등의 자연재해는 생태계 평형에 영향을 미치지 않는다.

해설 한번 깨진 생태계가 원래대로 회복되려면 오랜 시간과 노력이 필요합니다. 자연재해나 환경 파괴로 생태계가 깨지기도 합니다.

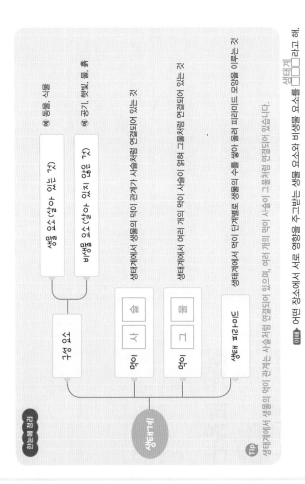
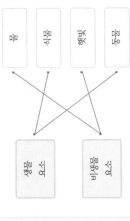

5회 4주차 ①

지구가 속해 있는 태양계

과학

지구는 태양계에 속해 있어. 태양으로부터 살아가는 데 필요한 대부분의 에너지를 얻어 살아가지. 만일 태양이 없다면 지구는 차갑게 얼어붙어 생물이 살지 못할 거야. 태양계란 태양과 태양의 영향을 받는 천체들 그리고 그 공간을 말해. 즉 태양과 행성, 위성, 소행성, 혜성 등이 태양계를 구성한 거야. 그중 지구와 같이 태양 주위를 도는 천체를 행성이라고 해. 태양계 행성으로는 수성, 금성, 지구, 화성, 목성, 토성, 천왕성, 해왕성이 있는데 모두 크기나 생김, 특징이 달라.

태양계 행성은 태양으로부터 얼마나 떨어져 있을까?
태양계 행성 중 태양과 가장 가까운 행성은 수성이고, 가장 멀리 있는 행성은 해왕성이야. 수성, 금성, 지구, 화성은 목성, 토성, 천왕성, 해왕성에 비하면 상대적으로 태양에 가까이에 있는 편이지. 태양과 지구 사이의 거리는 약 1억 5000만 km인데, 1시간에 900 km를 가는 비행기를 타고 가도 약 19년이 걸리는 거리라. 태양에서 멀어질수록 행성 사이의 거리도 멀어져. 태양과 지구 사이의 거리를 1로 보았을 때 수성은 0.4이고, 가장 먼 해왕성은 30.0이나 되지.

햇빛이 이런 일도 한다고?

과일의 맛

햇빛의 양에 따라 과일이 단맛을 내는 정도가 달라져. 과일을 수확하기 전에 햇빛을 많이 받으면 과일이 달고 맛있지만, 햇빛을 적게 받으면 달지 않아. 과일은 잎에서 광합성을 하여 양분을 열매에 저장한 것인데, 햇빛이 양분이 식물에 따라 저장하는 장소를 좌우하기 때문이야. 장마철에 수확한 과일의 맛이 없는 까닭을 이제 알겠지?

동물의 겨울잠

곰, 뱀, 개구리와 같이 겨울잠을 자는 동물들에게도 햇빛이 매우 중요해. 낮의 길이와 햇빛을 받는 양에 따라 겨울잠을 자는 시기와 장소를 정하기 때문이야. 그래서 낮의 길이가 점점 짧아지면 겨울잠을 잘 준비를 시작해. 반대로 낮이 길어지기 점점 길어지면 겨울잠에서 깨어나 봄을 맞을 준비를 하지.

태양과 행성을 제외한 태양계 구성원

위성 지구 주위를 도는 달처럼 행성의 주위를 도는 천체를 말해.

소행성 태양 주위를 도는 암석체로 행성보다 작아.

혜성 크기는 소행성과 비슷해. 핵과 핵을 감싸는 먼지와 가스로 된 대기가 있는 천체야. 태양에 가까워지면 꼬리가 생기기도 해.

유성체 소행성이나 혜성에서 떨어져 나온 작은 조각이야.

유성 유성체가 지구의 대기 안으로 들어올 때 대기와 마찰하면서 밝은 빛을 내는 것을 말해.

운석 유성체가 대기 중에서 완전히 소멸되지 않고 지구로 떨어진 거야.

태양계: 태양과 태양의 영향을 받는 천체와 그 공간.

● 알맞은 말에 ○표를 하세요.

지구와 같이 태양 주위를 도는 천체를 (**행성**, 위성)이라고 한다.

해설 행성은 태양 주위를 도는 천체 중 스스로 빛을 내지 못하는 천체입니다.

● 다음 행성의 크기를 비교하여 >, =, <로 표시하세요.

목성	>	지구

해설 목성은 지구보다 큰 행성입니다.

● 태양에서 행성까지의 거리에 대한 설명으로 옳은 것에 ○표를 하세요.

가장 가까운 행성은 수성이다. [○]

가장 멀리 있는 행성은 목성이다. [ ]

토성은 지구보다 태양에서 멀리 있다. [ ]

해설 태양에서 가장 멀리 있는 행성은 해왕성입니다.

한눈에 정리

태양계

구성원	태양, 행성 · 위성, 소행성, 해성 등
행성의 크기	지구보다 큰 행성: 목성, 토성, 천왕성, 해왕성
	지구보다 작은 행성: 수성, 금성, 화성
행성까지의 거리	태양에서 지구보다 가까이에 있는 행성: 수성, 금성
	태양에서 지구보다 멀리 있는 행성: 화성, 목성, 토성, 천왕성, 해왕성

이해 태양과 태양의 영향을 받는 천체를 그리고 그 공간을 □□□라고 해.

TIP 태양계에는 태양, 행성, 위성, 소행성, 해성 등이 있습니다.

5회 4주차 ②

밤하늘의 별과 별자리

별: 태양처럼 스스로 빛을 내는 천체.
별자리: 밤하늘에 무리 지어 있는 동물, 물건의 모습을 연결해 사람이나 동물, 물건의 이름을 떠올리고 이름을 붙인 것.

과학

별은 태양처럼 스스로 빛을 내는 천체야. 그럼 별도 행성과 어떻게 다를까? 행성은 스스로 빛을 내는 게 아니라 태양빛을 반사해. 그리고 태양 주위를 돌기 때문에 여러 날 동안 관측하면 보이는 위치가 변해. 하지만 별은 항상 같은 자리에 있는 것처럼 보이는데, 그건 별이 지구에서 아주 멀리 떨어져 있기 때문이야.

별의 움직임

별도 항상 같은 위치에 있는 것처럼 보이지? 하지만 별이 움직이지 않는 건 아니야. 별도 다른 천체들처럼 운동을 하지만 태양계처럼 보이는 위치가 변해. 하지만 별은 항상 같은 자리에 있는 것처럼 보이는데, 그건 별이 태양보다 훨씬 멀리 떨어져 있어서 움직임이 거의 느껴지지 않는 것뿐이야.

옛날 사람들이 밤하늘에 무리지어 있는 별을 연결해서 사람이나 동물, 물건의 모습을 떠올리고 이름을 붙였어. 이렇게 이름 붙인 것을 별자리라고 해. 나중반이 없던 때 사람들은 방위를 알기 위해 북쪽 하늘의 별자리인 북두칠성, 작은곰자리, 카시오페이아자리 등을 이용했어. 특히 북극성은 정확한 북쪽에 항상 있기 때문에 나침반이 없어도 북극성을 찾으면 북쪽을 찾을 수 있어. 북극성의 모양을 찾는 것

북쪽 밤하늘에서 볼 수 있는 별자리

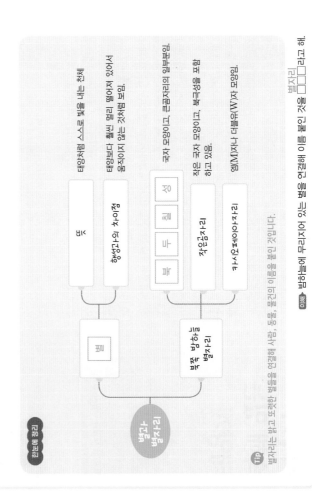

▲북두칠성   ▲작은곰자리   ▲카시오페이아자리

카시오페이아자리 이야기

카시오페이아는 그리스 신화에 나오는 인물로, 에티오피아의 왕비인데 오만하고 허영심이 매우 강했대. 자신의 딸 안드로메다가 바다 요정보다 예쁘다고 말해 바다 요정을 화나게 했지. 그래서 바다의 신 포세이돈이 괴물을 보내 에티오피아를 황폐하게 했어. 포세이돈은 카시오페이아가 죽은 후 밤하늘의 별자리가 되게 했대. 카시오페이아 왕비가 의자에 앉은 채 거꾸로 매달려 있는 모습으로 말이야.

가장 밝은 별은 북극성일까?

별의 밝기는 밝은 순서대로 6등성으로 분류하고 있는데, 북극성은 2등성이야. 밝은 편에 속하지만 가장 밝은 별은 아닌 거지. 가장 밝은 별은 가을철 남쪽 하늘에서 볼 수 있는 거야. 그렇다고 북극성이 중요하지 않은 건 아니야. 북극성은 언제나 항상 정북쪽에 있기 때문에 사람들에게 중요한 별자리로 여겨지지.

별
├ 태양처럼 스스로 빛을 내는 천체
└ 행성과의 차이점: 태양보다 훨씬 멀리 떨어져 있어서 움직이지 않는 것처럼 보임.

북쪽 밤하늘의 별자리
├ 북두칠성: 국자 모양이고, 큰곰자리의 일부분임.
├ 작은곰자리: 작은 국자 모양이고, 북극성을 포함하고 있음.
└ 카시오페이아자리: 엠(M)자나 더블유(W)자 모양임.

Tip 별자리라고 받고 뜻한 별들을 연결해 사람, 동물, 물건의 이름을 붙인 것이야.

이해 밤하늘에 무리지어 있는 별을 연결해 이름 붙인 것을 별자리□□□라고 해.

▲ 정답과 해설 60쪽

◎ 알맞은 말에 ○표를 하세요.

태양처럼 스스로 빛을 내는 천체를 (별),(별자리)(이)라고 하고, 밤하늘에 무리지어 있는 별을 연결해 사람이나 동물, 물건의 모습으로 떠올리고 이름 붙인 것을 (별, 별자리)(이)라고 한다.

해설 별자리는 별의 무리를 구분해 이름 붙인 것입니다.

◎ 다음 별자리의 이름은 무엇인지 쓰세요.

[북][두][칠][성]

해설 북두칠성은 일곱 개의 작은 별을 연결해 만든 별자리로 국자 모양입니다.

◎ 북극성을 찾을 때 이용하는 별자리에 모두 ○표를 하세요.

○ 북두칠성
□ 오리온자리
○ 카시오페이아자리

해설 북쪽 밤하늘에서 북극성을 볼 수 있는 북두칠성과 카시오페이아자리를 이용해 북극성을 찾을 수 있습니다.

4주차 | 확인 문제

▶ 정답과 해설 61쪽

5 소설에서 구성 단계 중 다음 역할을 하는 단계는 무엇인지 쓰세요. 〔국어〕

> 새로운 상황이 발생하고 갈등을 보다 발전시킨다.

(위기)

해설 소설은 보통 '발단-전개-위기-절정-결말'의 단계로 구성되어 있습니다. 새로운 상황이 발생하고 갈등을 발전 시키는 단계는 위기이고, 갈등이 최고조에 이르러 극적인 변화가 일어나는 단계는 절정입니다.

6 소설의 시점과 특징을 바르게 선으로 이으세요. 〔국어〕

1인칭 주인공 시점	작품 속 주인공인 '나'가 자신의 이야기를 서술하는 방식
1인칭 관찰자 시점	'나'가 관찰자의 입장에서 주인공의 이야기를 서술하는 방식
3인칭 전지적 작가 시점	서술자가 관찰자의 입장에서 객관적으로 서술하는 방식
3인칭 관찰자 시점	전지 전능한 입장에서 인물의 심리나 성격, 행동을 서술하는 방식

해설 소설의 시점은 소설에서 인물의 성격이나 행동, 심리 등을 누구의 관점에서 바라보고 이야기하는가로 구분할 수 있습니다.

7 일제의 식민 통치에 대한 설명으로 바르지 않은 것은 무엇인가요? (③) 〔사회〕

① 헌병 경찰을 앞세워 강압적으로 통치했다.
② 우리 민족을 통치하기 위해 조선 총독부를 설치했다.
③ 일본어를 쓰지 못하게 하고 우리 말과 글만 쓰게 했다.
④ 토지 조사 사업을 벌여 많은 땅을 빼앗거나 많은 세금을 거두었다.
⑤ 우리나라 사람들을 강제로 무기 공장이나 전쟁터로 끌고 갔다.

해설 일제는 우리의 민족정신을 없애기 위해 우리 말과 글을 금지하고, 이로도 일본식 성과 이름을 쓰게 했습니다.

8 다음 빈칸에 들어갈 알맞은 기구를 쓰세요. 〔사회〕

> 3·1 운동 이후 여러 지역의 임시 정부는 독립을 위한 힘을 하나로 모으기 위해 노력했다. 그 결 과 1919년 9월에 중국 상하이에서 여러 임시 정부를 통합한 _____이/가 수립되었다.

(대한민국 임시 정부)

해설 3·1 운동 이후 우리 민족은 독립의 힘을 하나로 모으고 독립운동을 체계적으로 하기 위해 여러 임시 정부를 통 합해 대한민국 임시 정부를 세웠습니다.

4주차
확인 문제

1 우리나라 기후의 특징으로 알맞지 않은 것은 무엇인가요? (②) 〔사회〕

① 온대 기후에 속한다.
② 1년 내내 강수량이 고른 편이다.
③ 대체로 8월이 가장 덥고, 1월이 가장 춥다.
④ 여름에는 남동 계절풍, 겨울에는 북서 계절풍이 분다.
⑤ 겨울에 동쪽 해안 지방이 서쪽보다 따뜻한 편이다.

해설 우리나라는 연중 강수량의 절반 이상이 여름에 집중되어 있습니다.

2 다음 설명에 알맞은 자연재해를 골라 기호를 쓰세요. 〔사회〕

㉮ 황사	㉯ 가뭄	㉰ 태풍
㉱ 홍수	㉲ 폭염	

(1) 하루 최고 기온이 33℃까지 올라가는 매우 심한 더위: (㉲)
(2) 적도 부근에서 발생해 이동하는 동안 강한 비와 강한 바람을 동반하는 것: (㉰)
(3) 중국이나 몽골 사막에서 발생한 미세한 모래 먼지가 우리나라까지 날아오는 것: (㉮)

해설 폭염은 여름, 황사는 봄, 태풍은 여름부터 초가을 사이에 많이 발생하는 자연재해입니다.

3 다음은 어떤 자연재해가 주는 이로움인지 쓰세요. 〔사회〕

▲ 지구의 공기 순환

▲ 바닷물 순환과 산소 공급

태풍

해설 태풍은 지구의 공기를 순환시키고, 거센 바람으로 바닷물이 위아래로 잘 섞여서 바다 생물들이 살아가는 데 큰 도움을 준다.

4 다음 상황에 어울리는 속담에 ○표를 하세요. 〔국어〕

> 일을 분부하게 처리하지 않고 엉뚱딴짝 해주는 상황

(1) 소 읽고 외양간 고친다. ( )
(2) 발 없는 말이 천 리 간다. ( )
(3) 구렁이 담 넘어가듯 한다. (○)

해설 (1)은 이미 일이 잘못된 뒤에는 후회해도 소용이 없다는 뜻으로, 아무 소용이 없다는 뜻의 속담이고, (2)는 말이란 순식 간에 멀리까지 퍼져 나가므로 말을 조심해야 한다는 의미를 담은 속담입니다.

4주차 | 확인 문제

▶ 정답과 해설 62쪽

12 다음 생태 피라미드를 보고, 설명에 알맞은 것을 골라 기호로 쓰세요. 〔과학〕

(1) 생산자에 해당하는 단계: ( )
(2) 개체 수가 가장 적은 단계: ( )

해설 제시된 생태 피라미드에서 생산자에 해당하는 것은 벼이고, 메뚜기는 1차 소비자, 개구리는 2차 소비자, 매는 3차 소비자에 해당합니다. 생태 피라미드에서 위로 갈수록 생물의 수나 양이 적어집니다.

13 다음 빈칸에 들어갈 알맞은 말을 쓰세요. 〔과학〕

태양계는 태양과 태양의 영향을 받는 천체들 그리고 그 공간을 말한다. 태양에서 ㉠
은/는 유일하게 스스로 빛을 내는 천체이고, 지구와 같이 태양의 주위를 도는 천체들을
㉡ (이)라고 한다.

(1) ㉠: (태양) (2) ㉡: (행성)

해설 ㉠은 태양계의 중심에 있으며 유일하게 스스로 빛을 내는 천체입니다. 태양의 주위를 도는 행성에는 지구를 비롯해 수성, 금성, 화성, 목성, 토성, 천왕성, 해왕성이 있습니다.

14 다음 설명에 알맞은 행성을 모두 골라 기호로 쓰세요. 〔과학〕

㉮ 화성   ㉯ 목성   ㉰ 토성
㉱ 수성   ㉲ 금성   ㉳ 해왕성

(1) 태양에서 지구보다 가까이 있는 행성: ( )
(2) 태양에서 지구보다 멀리 있는 행성: (㉮, ㉯, ㉰, ㉳)

해설 태양에서 행성들의 위치를 살펴보면 수성, 금성, 지구, 화성, 목성, 토성, 천왕성, 해왕성 순으로 태양에서 멀어져 있습니다.

15 다음 빈칸에 공통으로 들어갈 말을 쓰세요. 〔과학〕

나침반이 없던 옛날에는 방위를 알기 위해 북쪽 하늘의 별자리를 이용했다. 은/는
정확한 북쪽에 항상 있기 때문에 이를 기준으로 삼아 방위를 확인했다. 은/는 북두칠
성이나 카시오페이아자리를 이용해 찾을 수 있다.

북극성

해설 나침반이 없던 옛날에는 낮에는 태양을, 밤에는 주로 북극성을 보고 방위를 확인했습니다.

4주차 | 확인 문제

9 대한민국 정부 수립 과정입니다. 순서대로 기호를 쓰세요. 〔사회〕

㉮ 남한만의 총선거 실시
㉯ 제헌 국회 구성과 헌법 제정
㉰ 미군과 소련군이 각각 남한과 북한에서 군정 실시
㉱ 이승만을 초대 대통령으로 선출하고 대한민국 정부 수립 선포
㉲ 모스크바 3국 외상 회의를 통해 우리나라에 대한 신탁 통치 결정

(㉲) → (㉰) → (㉮) → (㉯) → (㉱)

해설 대한민국 정부 수립은 '광복 – 모스크바 3국 외상 회의 결정 실시 – 신탁 통치 결정 – 남한만의 총선거 실시 – 제헌 국회 구성 – 헌법 제정 – 초대 대통령 이승만 선출 – 대한민국 정부 수립 선포' 순으로 이루어졌습니다.

10 우리나라 인구 구성의 변화를 설명한 것입니다. 빈칸에 들어갈 알맞은 말을 쓰세요. 〔사회〕

우리나라 인구 구성을 살펴보면 아이를 적게 낳는 ㉠ 현상이 나타나면서 가장 어린 연령층이 크게 줄어 ㉡ 사회가 되었습니다. 반면 전체 인구에서 65세 이상 노인 인구가 크게 늘어나고 있습니다.

(1) ㉠: (저출산) (2) ㉡: (고령)

해설 우리나라의 현재 인구 구성을 보면 저출산·고령 사회에 속합니다.

11 각 생물 요소에 대한 설명으로 알맞은 것을 찾아 선으로 이으세요. 〔과학〕

생산자	죽은 생물과 배설물 등을 분해하여 영양분을 얻는 생물
소비자	스스로 영양분을 만들지 못하고 다른 생물을 먹이로 살아가는 생물
분해자	햇빛을 이용해 살아가는 데 필요한 영양분을 스스로 만드는 생물

해설 생물이 살아가기 위해 필요한 양분을 얻는 방법에 따라 생물 요소를 생산자, 소비자, 분해자로 분류할 수 있습니다.

4주차 정리 학습

국어 · 속담

▶ 정답과 해설 63쪽

예로부터 전해 오는 쉽고 짧으면서도 소중한 교훈을 담고 있는 말을 [속][담] 이라고 해.

속담

- 속담을 쓰는 상황
  [속][담] 쓰는 상황
  - 글을 쓸 때
  - 말을 주고받을 때
  - 자신의 생각과 의견을 제시할 때
  → 자신의 생각과 의견에 어울리는 적절한 속담을 활용해 쓸 수 있어야 함.

- 속담을 쓰면 좋은 점
  - 듣는 사람이 [흥][미] 를 느낄 수 있음.
  - 자신의 생각을 효과적으로 드러낼 수 있음.
  - 주장의 근거를 뒷받침해 상대를 쉽게 설득할 수 있음.

사회 · 일제 강점기

우리나라가 일제에 나라를 빼앗긴 때를 [일][제][강][점][기] 라고 해.

일제 강점기

- 일제의 [식][민] 통치
  - 조선 총독부 설치
  - 헌병 경찰이 한국인 감시
  - 우리 민족의 독립운동 탄압
  - 경제 수탈, 일본어 강요

- 나라를 되찾기 위한 노력
  - 3·1 운동과 대한민국 임시 정부 수립
  - 독립군 부대의 활약
  - 우리 말과 글, 역사 연구

사회 · 우리나라의 기후

오랜 기간 한 지역에 나타나는 평균적인 대기 상태를 [기][후] 라고 해.

우리나라의 기후

- [온][대] 기후
  사계절

- 여름에 남동 계절풍, 겨울에 [북][서] 계절풍이 붙어 옴.

- 8월이 가장 덥고, 1월이 가장 추움.

- 연평균 강수량의 절반 [이상이] 여름에 집중됨.

사회 · 자연재해

[자][연][재][해] 는 자연 현상으로 일어나는 재해이지만, 예측하고 예방하면 그 피해를 줄일 수 있어.

자연재해

- [기][후] 와 관련된 자연재해
  황사, 가뭄, 폭염, 홍수, 태풍, 한파, 폭설 등

- [지][형] 과 관련된 자연재해
  화산 활동과 지진

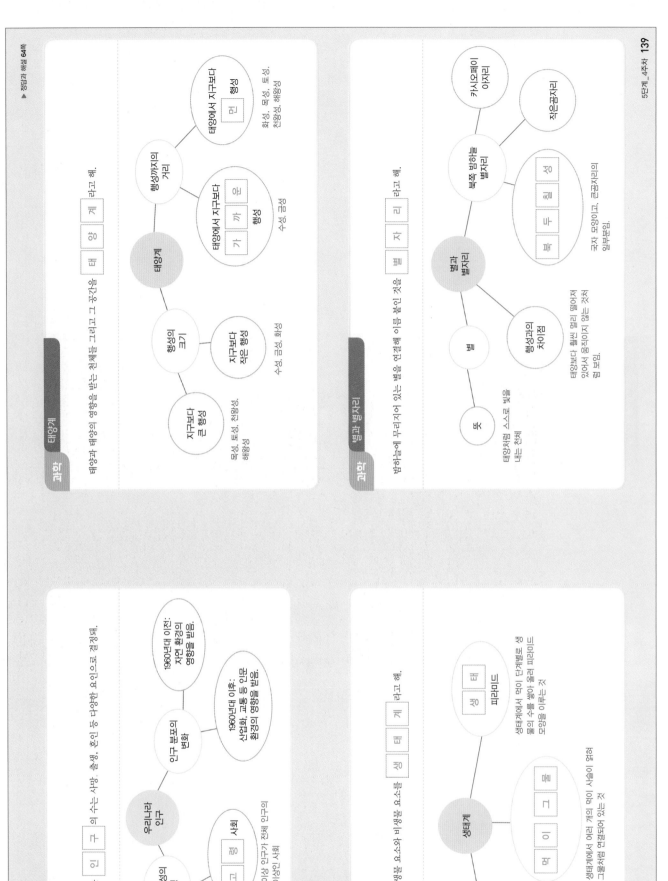

▶ 정답과 해설 64쪽

과학 | 태양계

태양과 태양의 영향을 받는 천체들 그리고 그 공간을 [태][양][계] 라고 해.

태양계
- 행성까지의 거리
  - 태양에서 지구보다 [먼] 행성: 화성, 목성, 토성, 천왕성, 해왕성
  - 태양에서 지구보다 [가][까][운] 행성: 수성, 금성
- 행성의 크기
  - 지구보다 큰 행성: 목성, 토성, 천왕성, 해왕성
  - 지구보다 작은 행성: 수성, 금성, 화성

과학 | 별과 별자리

밤하늘에 무리지어 있는 별을 연결해 이름 붙인 것을 [별][자][리] 라고 해.

별과 별자리
- 북쪽 밤하늘 별자리
  - 카시오페이아자리
  - 작은곰자리
  - [북][두][칠][성]: 국자 모양이고, 큰곰자리의 일부분임.
- 별: 태양처럼 스스로 빛을 내는 천체
- 뜻
- 행성과의 차이점: 태양보다 훨씬 멀리 떨어져 있어서 움직이지 않는 것처럼 보임.

사회 | 우리나라의 인구

한 나라 또는 일정한 지역에 살고 있는 [인][구] 이 수는 사망, 출생, 혼인 등 다양한 요인으로 결정돼.

우리나라 인구
- 인구 분포의 변화
  - 1960년대 이전: 자연 환경의 영향을 받음.
  - 1960년대 이후: 산업화, 교통 등 인문 환경의 영향을 받음.
- 인구 구성의 특징
  - 전체 인구수 약 5,100만 명
  - 저[출][산] 현상: 새로 태어나는 아기의 수가 점점 줄어들고 있음.
  - 고[령][화] 사회: 65세 이상 인구가 전체 인구의 14% 이상인 사회

과학 | 생태계와 먹이 사슬

어떤 장소에서 서로 영향을 주고받는 생물 요소와 비생물 요소를 [생][태][계] 라고 해.

생태계
- 먹이[사][슬]: 생태계에서 생물의 먹이 관계가 사슬처럼 연결되어 있는 것
- 먹이[그][물]: 생태계에서 여러 개의 먹이 사슬이 얽혀 그물처럼 연결되어 있는 것
- 생태[피라미드]: 생태계에서 먹이 단계별로 생물의 수를 쌓아 올려 피라미드 모양을 이루는 것

정답과 해설

배경지식이
문해력
이다

초등 1학년 ~ 중학 1학년
(학년별 3회분 평가 수록)

《 문해력 등급 평가 》

문해력 전 영역 수록

어휘, 쓰기, 독해부터
디지털독해까지 종합 평가

정확한 수준 확인

문해력 수준을 수능과
동일한 9등급제로 확인

평가 결과표 양식 제공

부족한 부분은 스스로 진단하고
친절한 해설로 보충 학습

문해력 본학습 전에 수준을 진단하거나 본학습 후에 평가하는 용도로 활용해 보세요.